T0110054

Printed in the United States
By Bookmasters

اشهر المعاقين في التاريخ
القديم والحديث

اشهر المعاقين في التاريخ
القديم والحديث

تأليف
زياد نايل الطراونة

الطبعة الأولى
1431هـ - 2010م

دار الطريق

الطبعة الأولى

٣٠٥,٩٠٨
الطراونة
أشهر المعاقين في التاريخ الحديث/ زياد نائل
الطراونة.-عمان: دار الطريق للنشر والتوزيع،٢٠١٠
(   ) ص
ر.أ: (٥٥/ ١/ ٢٠١٠)
الواصفات:/ المعاقون// التراجم/

* أعداد دائرة المكتبة الوطنية بيانات الفهرسة والتصنيف الأولية.

*يتحمل المؤلف كامل المسؤولية القانونية عن محتوى مصنفه ولا يعبرَ هذا المصنف عن رأي دائرة المكتبة الوطنية أو أي جهة حكومية أخرى.

مؤسسة الطريق للنشر
عمان- وسط البلد- شارع السلط- مجمع الفحيص
موبايل:٠٧٩٥٤٠٠٤٧٢
e-mail: dareltareek@yahoo.com

فهرس

المقدمة

بداية لابد من التعرف على معنى لفظة إعاقة، ورد في القاموس المحيط: العَوْقُ: الحبس والصرف والتثبيط، ويقول صاحب مختار الصحاح: عوق (عاقه) عن كذا، حبسه عنه وصرفه، وكانوا فيما مضى يسمون بالمقعدين ثم أطلقوا عليهم لفظ ذوي العاهات ثم مسمى العاجزين، ولما تطورت النظرة إليهم على أنهم ليسوا عاجزين لأن المجتمع هو الذي عجز عن استيعابهم وعجز عن تقبلهم وعجز عن الاستفادة منهم مما قد يزيد هوة عدم التعرف على مميزات أو مواهب أو صفات أو قدرات لديهم يمكن تنميتها وتدريبها بحيث يتكيفون مع مجتمعهم رغم عاهاتهم، بل ربما يفوقون غيرهم ممن نطلق عليهم تجاوزاً الأسوياء، أي عندما أدرك المجتمع أنه هو الذي يحوي تلك العوائق التي تمنع المعاقين من التكيف معه غيّر المجتمع نظرته تجاه المعاقين، عندئذ أصبحت المراجع العلمية والهيئات المتخصصة تسميهم المعاقون بمعنى وجود عائق يعوقهم عن التكيف مع المجتمع، وبهذا أصبحت كلمة معوق لا يقتصر مفهوماً على المعاقين عن الكسب والعمل فقط أيضاً عن التكيف نفسياً واجتماعياً مع البيئة، ولا شك أن التسميات السلبية مثل المكفوفون، الصم، المشلولون، المتلفون في أدمغتهم، والمتخلفون عقلياً وغيرها تترك أثراً سلبياً يلصق بالطفل حتى يكبر ووصمة تؤثر على علاقته الاجتماعية تأثيراً بالغاً، ولكن التسميات الإيجابية مثل ذوو الاحتياجات الخاصة أو ذو الصعوبات تعطي انطباعاً وتفاعلاً جيداً لمثل هؤلاء مع المجتمع وهذه المسميات أيدتها دراسات وتقارير وتقديرات أفادت العاملين مع هؤلاء وكذلك المجتمع بكامله، والإسلام قد حثنا على اختيار الأسماء والكنى الجميلة والجيدة ومناداة الإنسان بأحب الأسماء إليه

فالمسلم لا يحب لأخيه المسلم إلا ما يحب لنفسه كما أوضح أن إدخال السرور على المسلم مما يؤجر عليه.

وعندما نتتبع أحوال هؤلاء المعاقين عبر العصور نجد في التاريخ القديم أنه في الدولة الرومانية التي تميزت بالصبغة الحربية عملت على التخلص من المعوقين حيث وصف القانون الروماني الأصم بالعته والبلاهة، وقديماً كان الفراعنة يتخلصون من الأطفال المعاقين ولكنهم مع مرور الزمن اصطبغت قوانينهم بالروح الإنسانية فنجحوا في استخدام بعض العقاقير الطبية التي تستخدم في علاج بعض حالات ضعف السمع، وكان الفيلسوف آرسطو يرى أن أصحاب الإعاقة السمعية لا يمكن تعليمهم وكذلك أفلاطون يرى إخراج المعاقين من مدينته الفاضلة لأنهم لا يؤدون المطلوب منهم لنجاح هذه المدينة، وكان القانون الإنجليزي القديم يحرم بعض فئات المعاقين من الحقوق والواجبات التي لهم.

أما في العهد الإسلامي فقد اهتم الإسلام اهتماماً كبيراً بكل فئات المجتمع وحرص المسلمون على الرعاية الكاملة للضعفاء وذوو الاحتياجات الخاصة فلو افترضنا أن في المجتمع فئة قليلة من الناس ذوو احتياجات خاصة تكاد لا تذكر فإن هذه القلة تحت نظام الإسلام وحمايته ستجد من يقف جانبها ويساعدها، وعليه جاءت الآيات الكريمة في كتاب الله تعالى لتؤكد للجميع أن الله تعالى يحث على نصرة الضعيف وإعانته قدر الاستطاعة.

والمتأمل في آيات الله تعالى يجد نفسه أمام آيات كثيرة توحي بهذا المعنى (لَيْسَ عَلَى الضُّعَفَاءِ وَلَا عَلَى الْمَرْضَى وَلَا عَلَى الَّذِينَ لَا يَجِدُونَ مَا يُنْفِقُونَ حَرَجٌ إِذَا نَصَحُوا لِلَّهِ وَرَسُولِهِ مَا عَلَى الْمُحْسِنِينَ مِنْ سَبِيلٍ وَاللَّهُ غَفُورٌ رَحِيمٌ(91))

{التوبة: ٩١ } تدل الآية دلالة واضحة على أن الضعفاء والمرضى ليس عليهم أية مشقة إذا لم يقاتلوا مع إخوانهم الأصحاء.

وقد تكرر في القرآن لفظ: (لَيْسَ عَلَى الْأَعْمَى حَرَجٌ وَلَا عَلَى الْأَعْرَجِ حَرَجٌ وَلَا عَلَى الْمَرِيضِ حَرَجٌ)ففي الموضع الأول في آية 61 من سورة النور، يعني عدم الحرج في مسألة الأكل والشرب في بيوت الأقارب، والموضع الثاني في آية 17 من سورة الفتح ويقصد عدم الحرج عندما يتخلفون عن المعارك فإن لهم العذر المقبول عند الله، ففي زمن صدر الإسلام نجد أنفسنا أمام منزلة كبيرة وضعها الله سبحانه لهؤلاء الضعفاء ولعله من المناسب أن نذكر مكانة هؤلاء عند الله بعد أن آمنوا به وبرسوله ونصروا الدعوة الإسلامية منذ بدايتها وتحملوا في سبيلها الكثير، إن المتأمل في القرآن الكريم يجد أمامه مثلاً إيجابياً من أمثلة الاهتمام والرعاية، وهذا المثل القائم والخالد بخلود كتاب الله تعالى وهو عتاب الله تعالى لنبيه صلى الله عليه وسلم في قصة عبد الله بن أم مكتوم ذلك الأعمى الذي حضر إلى رسول الله صلى الله عليه وسلم ليجلس معه كما تعود فأعرض عنه رسول الله صلى الله عليه وسلم لعدم فراغه وانشغاله بدعوة كفار مكة وسادتها ومحاولة جذبهم إلى توحيد الله وأدار وجهه عنه والتفت إليهم، وبالطبع لم يرى ابن أم مكتوم ما فعله الرسول صلى الله عليه وسلم لأنه أعمى، فجاء عتاب الله لنبيه: (عَبَسَ وَتَوَلَّى (1) أَنْ جَاءَهُ الْأَعْمَى(2)) الآيات، وبهذه الآيات البينات أوضح الله تعالى لنبيه ولأمته أن المؤمن الضرير الكفيف هو أطيب عند الله من هؤلاء الصناديد الكفرة، فكان صلى الله عليه وسلم كلما رآه هش له ورحب وقال :[أهلاً بمن عاتبني فيه ربي...]، ورغم فقر ابن أم

مكتوم وثراء هؤلاء القوم إلا أنه عند الله أثقل ميزاناً وأحسن حالاً وأفضل مقاماً وربما يكون ابن أم مكتوم نبراساً لهؤلاء الضعفاء وكذلك الأغنياء.

ولا نبالغ إذا قلنا أن الخليفة عمر بن عبد العزيز قد حث على إحصاء عدد المعاقين في الدولة الإسلامية، ووضع الإمام أبو حنيفة تشريعاً يقضي بأن بيت مال المسلمين مسئول عن النفقة على المعوقين، أما الخليفة الوليد بن عبد الملك فقد بنى أول مستشفى للمجذومين عام 88 هـ وأعطى كل مقعد خادماً وكل أعمى قائداً ولما ولى الوليد إسحاق بن قبيصة الخزاعي ديوان الزمنى بدمشق قال : لأدعن الزّمِن أحب إلى أهله من الصحيح، وكان يؤتى بالزمِن حتى يوضع في يده الصدقة، والأمويون عامة أنشئوا مستشفيات للمجانين والبلهاء فأنشأ الخليفة المأمون مآوٍ للعميان والنساء العاجزات في بغداد والمدن الكبيرة ،وقام السلطان قلاوون ببناء بيمارستان لرعاية المعوقين، بل وكتب كثير من علماء المسلمين عن المعاقين مما يدل على اهتمامهم بهم مثل : الرازي الذي صنف (درجات فقدان السمع) وشرح ابن سينا أسباب حدوث الصمم.

بل إن من العلماء المسلمين من كان يعاني من إعاقة ومع هذا لم يؤثر ذلك عليهم بل أصبحوا أعلاماً ينصرون هذا الدين بالقول والفعل فمنهم :

1. أبان بن عثمان، كان لديه ضعف في السمع ومع هذا كان عالماً فقيهاً.
2. محمد بن سيرين، كان ذو صعوبة سمع شديدة ومع هذا كان راوياً للحديث ومعبراً للرؤى.
3. عبد الرحمن بن هرمز الأعرج.
4. سليمان بن مهران الأعمش.
5. أبو العباس الأصم.
6. ثابت بن يزيد أبو زيد الأحول.

7. سليمان بن أبي مسلم الأحول.
8. عبد الرحمن بن هرمز الأعرج أبو داود الهاشمي.
9. الفضل بن سهل الأعرج أبو العباس.
10. حميد الأعرج.

وفي هذا الزمان نجد أمثلة كثيرة ومنهم : سماحة الشيخ عبد العزيز بن باز رحمه الله مع أنه كان فاقداً للبصر إلا أنه كان إماماً زاهداً ورعاً ناصراً للدين.

دمج المعاق في المجتمع كيف قرره القران الكريم والسنة النبوية ؟

وقد أعطى الإسلام لهؤلاء المعاقين حقوقهم فحرص على دمج المعاق في مجتمعه، فقد ولى الرسول صلى الله عليه وسلم ابن أم مكتوم على المدينة عندما خرج لإحدى غزواته، كما يتجه الإسلام إلى المجتمع والمحيط الذي يعيش فيه المعاق فيعلمهم ويربيهم على السلوك الذي يجب عليهم أن يسلكوه في معاملتهم لإخوانهم وأهليهم من ذوي العاهات فهو يعلن بصريح العبارة أن ما حل بإخوانهم من بلاء لا ينقص قدرهم ولا ينال من قيمتهم في المجتمع فهم جميعاً سواء لا تفاضل بينهم إلا بالتقوى فقد يكون صاحب العاهة أفضل وأكرم عند الله من ألف صحيح معافى(إِنَّ أَكْرَمَكُمْ عِنْدَ اللَّهِ أَتْقَاكُمْ)فالميزان الحقيقي هو التقوى وليس المال أو الجاه أو الصحة أو الصورة الخارجية أو غير ذلك لأنه لا يمكن أن تتحقق الغاية السامية من هذه الحياة إلا إذا تحقق ميزان التقوى، هذا الميزان الذي له وقع أخّاذ في ضمير المسلم بما يحويه من الخير والاستقامة والصلاح والإصلاح للفرد والمجتمع وللإنسانية جمعاء، فالتقوى جماع لكل فضيلة.

وقد أكد الرسول صلى الله عليه وسلم هذه القيمة في أكثر من حديث ففي حجة الوداع التي حوت جوامع الكلم وأخطر قواعد الإسلام قال صلى الله عليه وسلم : [أيها الناس، إن ربكم

واحد وإن أباكم واحد، ألا لا فضل لعربي على عجمي ولا لأسود على أحمر إلا بالتقوى، خيركم عند الله أتقاكم]ولكي ينزع من النفوس بقايا القيم الأرضية قال صلى الله عليه وسلم: [إن الله لا ينظر إلى صوركم وأموالكم، ولكن ينظر إلى قلوبكم وأعمالكم].

ومن حقوقهم عدم السخرية منهم (يَا أَيُّهَا الَّذِينَ آمَنُوا لَا يَسْخَرْ قَومٌ مِنْ قَوْمٍ عَسَى أَنْ يَكُونُوا خَيْرًا مِنْهُمْ وَلَا نِسَاءٌ مِنْ نِسَاءٍ عَسَى أَنْ يَكُنَّ خَيْرًا مِنْهُنَّ وَلَا تَلْمِزُوا أَنْفُسَكُمْ وَلَا تَنَابَزُوا بِالْأَلْقَابِ بِئْسَ الِاسْمُ الْفُسُوقُ بَعْدَ الْإِيمَانِ وَمَنْ لَمْ يَتُبْ فَأُولَئِكَ هُمُ الظَّالِمُونَ)فالمجتمع الذي يزدري الأصحاء فيه أهل البلاء يكون مصدر شقاء وألم لهؤلاء قد يفوق ألم المصيبة وربما فاقها فعلاً، فكم من ذوي البلاء من حمل عاهته ورضي بواقعه إلا أنه لا يمكن أن ينسى نظرة احتقار من أحد الناس، بل إننا جميعاً قد ننسى كل متاعب الحياة ومصاعبها ولا ننسى بسمة سخرية أو كلمة استخفاف تلقيناها من الآخرين، ألم يقل أبو الطيب :

جراحات السنان لها التئام ولا يلتام ما جرح اللسان

وليعلم هؤلاء الأصحاء أن ما يرفلون به من صحة ومن ضروب النعم والخير ليس إلا من فضل الله وجوده وكرمه،(وَمَا بِكُمْ مِنْ نِعْمَةٍ فَمِنَ اللَّهِ ثُمَّ إِذَا مَسَّكُمُ الضُّرُّ فَإِلَيْهِ تَجْأَرُونَ)، وأن الذي وهبهم هذه النعم لقادر على سلبها منهم، وقادر أيضاً على إعطائها لمن كانت أعين أهل النعمة تزدريهم، فقد (قُلِ اللَّهُمَّ مَالِكَ الْمُلْكِ تُؤْتِي الْمُلْكَ مَنْ تَشَاءُ وَتَنْزِعُ الْمُلْكَ مِمَّنْ تَشَاءُ وَتُعِزُّ مَنْ تَشَاءُ وَتُذِلُّ مَنْ تَشَاءُ بِيَدِكَ الْخَيْرُ إِنَّكَ عَلَى كُلِّ شَيْءٍ قَدِيرٌ(26) .صدق الله العظيم

كما أن لأهل البلاء مكانة في المجتمع بمساهمتهم في خيره وإسعاده فقد رأى سعد بن أبي وقاص رضي الله عنه أن له فضلاً على من دونه، فقال صلى الله عليه وسلم : [هل تنصرون، وترزقون إلا بضعفائكم] رواه البخاري، وعند النسائي :[إنما نصر الله هذه الأمة بضعفتهم بدعواتهم وصلا تهم وإخلاصهم] قال ابن بطال: (تأويل الحديث أن الضعفاء أشد إخلاصاً في الدعاء وأكثر خشوعاً في العبادة لخلاء قلوبهم عن التعلق بزخرف الدنيا)، وقال الحافظ المهلب : (أراد صلى الله عليه وسلم بذلك حض سعد على التواضع ونفي الزهو على غيره وترك احتقار المسلم في كل حاله)، وقد نهى الإسلام عن الغيبة وذكر المسلم أخيه بما يكره، فبذلك يكون المجتمع ميدان رحب أنشأه الإسلام للحياة السعيدة الكريمة فيكون مجتمع لا يستخف بهؤلاء الضعفاء والمعاقين ولا يزدريهم.

وفي مقابل ذلك يتوجه الإسلام إلى خير علاج وأصلحه لنفس المعاق ليجتث منه القلق والشعور بالنقص ويحل مكانه الرضى والثقة والسعادة حيث يرشده إلى أن ما يعانيه من شدة العاهة لا ينقص من كرامته كما لا يحط من قيمته في الحياة، لأن العاهة الحقيقية هي تللك التي تصيب الدين والخلق للمسلم وبمعادلة بسيطة يقارن الإنسان بين فقد البصر مثلاً وفقد الشرف ويقارن بين بتر اليد أو الرجل وبتر الكرامة والأخلاق و تشوه الدين والضمير، إن تلك المقارنة لتحمل على الحمد والرضى بسلامة ذي العاهة الجسدية من الإصابة بعاهة النفس على النحو الذي ذكر في (أَفَلَمْ يَسِيرُوا فِي الْأَرْضِ فَتَكُونَ لَهُمْ قُلُوبٌ يَعْقِلُونَ بِهَا أَوْ آذَانٌ يَسْمَعُونَ بِهَا فَإِنَّهَا لَا تَعْمَى الْأَبْصَارُ وَلَكِنْ تَعْمَى الْقُلُوبُ الَّتِي فِي الصُّدُورِ (46)}{الحج: 46}.

ومع هذا فإن الإسلام لم يهمل العاهة والإعاقة ولم ينكر وجودها ولم يتجاهل أثرها على صاحبها لذلك وجه الإنسان إلى الصبر على ما يواجهه من نكبات

وكوارث تحل في جسمه أو ماله أو أهله، وليرجع كل منا إلى نفسه فإنه لا شك يجد في سيرته أو في سيرة من يعرف شدائد صنعت نعماً ومصائب صنعت رجالاً(مَا أَصَابَ مِنْ مُصِيبَةٍ فِي الْأَرْضِ وَلَا فِي أَنْفُسِكُمْ إِلَّا فِي كِتَابٍ مِنْ قَبْلِ أَنْ نَبْرَأَهَا إِنَّ ذَلِكَ عَلَى اللَّهِ يَسِيرٌ) (22لِكَيْ لَا تَأْسَوْا عَلَى مَا فَاتَكُمْ وَلَا تَفْرَحُوا بِمَا آتَاكُمْ وَاللَّهُ لَا يُحِبُّ كُلَّ مُخْتَالٍ فَخُورٍ) {الحديد: ٢٢ - 23} فالآية الأولى تعلن حقيقة أزلية وهي أن كل ما يجري في هذا الكون وما يتعرض له الإنسان في حياته إنما هو بقضاء الله وقدره وقيمة هذه الحياة أنها تسكب في النفس البشرية السكون والطمأنينة عند إستقبال الحوادث والمتاعب بيقينها أن كل ذلك كان بقضاء وقدر، وتأتي الآية الثانية لتوجه النفس البشرية إلى ما يجب أن تكون عليه عند المصيبة وعند النعمة فلا يأس في الأولى ولا افتخار في الثانية، وقد قررت السنة هذا المعنى فقال صلى الله عليه وسلم : [عجبا لأمر المؤمن إن أمره كله خير وليس ذلك إلا للمؤمن، إن أصابته سرّاء شكر فكان خيراً له وإن أصابته ضراء صبر فكان خيراً له]وأحاديث أخرى تحث على الصبر منه قولهصلى الله عليه وسلم : إن الله تعالى قال [إذا ابتليت عبدي بحبيبتيه فصبر عوضته منهما الجنة].

أبان بن عثمان بن عفان
الاعاقة : الشلل والصمم والحول

"قال ابن أبي الزناد عن أبيه عن عثمان سمعت أبان يقول من قال في أول يومه وليلته بسم الله الذي لا يضر مع اسمه شيء في الأرض ولا في السماء وهو السميع العليم لم يضره ذلك اليوم شيء أو تلك الليلة. فلما أصابه الفالج قال إني والله نسيت هذا الدعاء هذه الليلة ليمضي في أمر الله ".

- هو الامير العالم التابعي أبان بن عثمان بن عفان الأموي القرشي أبوعبد الله.
- كان من فقهاء التابعين وعلمائهم، أمير المدينة.
- أول من كتب في السيرة النبوية.
- وهو ابن الخليفة عثمان وأمه هي أم عمرو بنت جندب بن عمرو بن حممة بن الحارث الدوسى. مولده ووفاته في المدينة.
- قال عنه المزَى: قال عبد الحكيم بن عبد الله بن أبي فروة عن عمرو بن شعيب :" ما رأيت أحدا أعلم بحديث ولا فقه منه".
- قال علي بن المديني عن يحيى بن سعيد القطان: كان فقهاء المدينة عشرة، قلت ليحيى: عدهم، قال: سعيد بن المسيب وأبو سلمة بن عبد الرحمن، والقاسم وسالم، وعروة بن الزبير، وسليمان بن يسار، وعبيد الله بن عبد الله بن عتبة، وقبيصة بن ذؤيب، وأبان بن عثمان، وخارجة بن زيد بن ثابت.
- شارك في وقعة الجمل مع السيدة عائشة بنت أبي بكر - رضى الله عنهما -.
- تقدم عند خلفاء بني أمية فولي إمارة المدينة سنة 76 هـ إلى 83 هـ.

- وكان من رواة الحديث الثقات، ومن فقهاء المدينة أهل الفتوى.
- دون ما سمع من أخبار السيرة النبوية والمغازي، وسلمها إلى سليمان بن عبد الملك في حجه سنة 82 هـ فأتلفها سليمان.
- وكانت فيه دعابة أورد صاحب الأغاني حكايات منها.
- قال ابن أبي الزناد عن أبيه عن عثمان سمعت أبان يقول من قال في أول يومه وليلته بسم الله الذي لا يضر مع اسمه شيء في الأرض ولا في السماء وهو السميع العليم لم يضره ذلك اليوم شيء أو تلك الليلة. فلما أصابه الفالج قال إني والله نسيت هذا الدعاء هذه الليلة ليمضي في أمر الله. حديث صحيح ورواه عن أبان منذر بن عبد الله الحزامي ومحمد بن كعب القرظي أخرجه الترمذي قال ابن سعد ثقة له أحاديث عن أبيه.
- وعن عمرو بن شعيب قال ما رأيت أحدا أعلم بحديث ولا فقه من أبان بن عثمان وقال خليفة إن أبانا توفي سنة خمس ومئة أخوه عمرو ابن عثمان قديم الموت يروي عن أبيه وأسامة بن زيد وعنه سعيد بن المسيب وعلي بن الحسين وأبو الزناد وآخرون ثقة .
- وأصيب بالفالج مع شئ من الصمم، فكان يؤتى به إلى المسجد، محمولا في ما يشبة العربة الصغيرة.
- توفي سنة 105 هجرية الموافق 723م.

أبوالأسود الدؤلي
الاعاقة : العرج والفالج

"يحكى أنه أصابه الفالج فكان يخرج إلى السوق يجر رجليه، وكان موسراً ذا عبيد وإماء، فقيل له: قد أغناك الله عز وجل عن السعي في حاجتك، فلو جلست في بيتك، فقال: لا، ولكني أخرج وأدخل فيقول الخادم:قد جاء، ويقول الصبي:قد جاء، ولو جلست في البيت فبالت علي الشاة ما منعها أحد عني".

-   هو ظالم بن عمرو بن سفيان بن جندل بن يعمر بن حلس بن نفاثة ابن عدي بن الديل بن بكر الديلي، ويقال: الدؤلي، وفي اسمه ونسبه ونسبته اختلاف كثير.
-   المُرجّح عند المؤرخين أنه ولد قبل الهجرة النبوية بـ (16) عاماً.
-   عُرف بصفات عديدة فهو أعرج أصلع أبخر، بخيل شجاع ذكي.
-   وصل في عهد علي كرم الله وجهه الى اعلى المراتب إذ أصبح قاضيا للبصرة أميرا عليها.
-   كان وسيطا بين علي ومعاوية في معركة الجمل، وشارك في صفين، من سادات التابعين وأعيانهم، يعتبر أول من وضع علم النحو، وشكّل المصحف.
-   صحب الإمام علي بن أبي طالب كرم الله وجهه، وشهد معه وقعة صفين. وهو ملك النحو. فهو أول من ضبط قواعد النحو، فوضع باب الفاعل، المفعول به، المضاف وحروف النصب والرفع والجر والجزم.

- كان أبو الأسود ممن أسلم على عهد النبي محمد (صلى الله عليه وآله وسلم)، وغالب الظن أن أبا الأسود دخل الإسلام بعد فتح مكة، وبعد وفاة الرسول (صلى الله عليه وآله وسلم) انتقل إلى مكة والمدينة.

- قيل إنه كان يعلم أولاد زياد بن أبيه وهو والي العراقين يومئذ، فجاءه يوماً وقال له: أصلح الله الأمير، إني أرى العرب قد خالطت هذه الأعاجم وتغيرت ألسنتهم، أفتأذن لي أن أضع للعرب ما يعرفون أو به كلامهم؟ قال: لا، فجاء رجل إلى زياد وقال: أصلح الله الأمير، توفي أبانا وترك بنون، فقال زياد: توفي أبانا وترك بنون!! ادعو لي أبا الأسود، فلما حضر قال: ضع للناس الذي نهيتك أن تضع لهم.

- قيل لأبي الأسود: من أين لك هذا العلم؟ يعنون النحو، فقال: لقنت حدوده من علي بن أبي طالب.

- وقيل إن أبا الأسود كان لا يخرج شيئاً أخذه عن علي بن أبي طالب إلى أحد، حتى بعث إليه زياد المذكور: أن اعمل شيئاً يكون للناس إماماً ويعرف به كتاب الله عز وجل، فاستعفاه من ذلك، حتى سمع أبو الأسود قارئاً يقرأ: (إن الله بريء من المشركين ورسوله) كان الرجل يقرأ (رسولِه) مجرورة أي انها معطوفة على (المشركين) هذا يغير المعنى، لأن (رسولَه) منصوبة إي انها معطوفة على الله، فقال: ما ظننت أن أمر الناس آل إلى هذا، فرجع إلى زياد فقال: أفعل ما أمر به الأمير، فليبغني كاتباً لقناً يفعل ما أقول له، فأتي بكاتب من عبد القيس فلم يرضه، فأتي بآخر فقال له أبو الأسود: إذا رأيتني قد فتحت فمي بالحرف فانقط نقطة فوقه، وإن ضممت فمي فانقط بين يدي الحرف، وإن كسرت فاجعل النقطة من تحت، ففعل ذلك.

- وإنما سمي النحو نحواً لأن أبا الأسود قال: استأذنت علي بن أبي طالب أن أضع نحو ما وضع، فسمي لذلك نحواً.
- يحكى أنه أصابه الفالج فكان يخرج إلى السوق يجر رجليه، وكان موسراً ذا عبيد وإماء، فقيل له: قد أغناك الله عز وجل عن السعي في حاجتك، فلو جلست في بيتك، فقال: لا، ولكني أخرج وأدخل فيقول الخادم:قد جاء، ويقول الصبي:قد جاء، ولو جلست في البيت فبالت علي الشاة ما منعها أحد عني.
- وحكى خليفة بن خياط أن عبد الله بن عباس كان عاملاً لعلي بن أبي طالب على البصرة، فلما شخص إلى الحجاز استخلف أبا الأسود عليها، فلم يزل حتى قتل علي.
- بعض من أشعاره:حكى أبو غفر الدؤلي -وكان شاعراً- قال: كنت عند عبد الملك بن مروان إذ دخل عليه أبو الأسود الدؤلي-وكان أحول دميماً قبيح المنظر-فقال له عبد الملك: يا أبا الأسود، لو علقت عليك عودة من العين، فقال: إن لك جواباً يا أمير المؤمنين، وأنشد:

افنى الشباب الذي افنيت جدته   كر الجديدين من آت ومنطلق

- لم يتركا لي في طول اختلافهما شيئاً أخاف عليه لذعة الحدق أما والله لئن كانت أبلتني السنون وأسرعت إلي المنون لما اثبت ذاك إلا في موضعه، ولرب يوم كنت فيه إلى الآنسات البيض اشهى منك إليهن، وإني اليوم لكما قال امرؤ القيس:

أراهن لا يحببن من قل ماله   ولا من رأين الشيب فيه وقوما

ولقد كنت كما قال أيضاً:

ورعن إلى صوتي إذا ما سمعنـه   كما يرعوي عيط إلى صوت اعيسا

فقال عبد الملك: قاتلك الله من شيخ ما أعظم همتك.
وكان لأبي الأسود من معاوية بن أبي سفيان ناحية حسنة فوعده وعداً أبطأ عليه فقال:

لا يـكن برقك برقاً خـــلـبـاً   إن خــــير البرق ما الغيث معـه
لا تهـني بعـــد إذ أكـــرمـتـني   فقبيــــح عـــادة منـتـزعـه

ومن ذلك قوله:
ومـــا طـلـب المعيشـــة بالتمني   ولكـــن ألـق دلـــوك في الدلاء
تجـــيء بملئهـــا طـوراً وطـوراً   تجـــيء بحمـــأة وقليـــل مـاء

ومن شعره أيضاً-وله ديوان شعر-:
صبـغت أميـــة بالدمـــاء أكفنا   وطـــوت أميـــة دوننـــا دنياهـــا
ومن جميل شعره يذم الشباب:
غـدا منك في الدنيا الشباب فأسرعا   وكـان كجـار بان يومـــا فودعا
فقـــلـت لـــه أدبرْ ذميمـــا فإنني   قتلتك عِلمـا قبـــل أن تتصدعا
جـــنيتَ عـــلي الذنب ثم خذلتني   عليـــه فبئس الخلتـــان هما معا
وكـــنت سرابا ماصحـــا فتركتني   رهينـة مـــا أجني من الشر أجمعا
ومن حكمه الشعرية:
أكــرم صديق أبيـك حيث لقيته   و احب الكرامة من بدا فحباكها
و اكف المهمة من لـو انك مـرة   نزلت إليك مهمـــة لكفاكهـــا
و إذا اتاك بنو السبيل فأعطهـــم   من فضل نعمته التي أعطاكهـــا

لا تبــــدين نميمـــة حـــدثتها و تحفظن من الذي أنبـــاكهـــا
و تـرى سفيه القوم يترك عرضه دنســاً و يمســح نعله و شراكها
لا تلقــين مقــالــة مشهـــورة لا تستطيع إذا مضــت إدراكـهـا

- توفي بالبصرة سنة (69 هـ) في طاعون الجارف، وعمره خمس وثمانون سنة، وقيل إنه مات قبل الطاعون بعلة الفالج.

ابو البقاء العكبري

الاعاقة: العمى

"قيل : كان إذا أراد أن يصنف كتابا جمع عدة مصنفات في ذلك الفن، فقُرئت عليه،
ثم يملي بعد ذلك، فكان يقال : أبو البقاء تلميذ تلامذته"

- هو الشيخ الإمام العلامة النحوي البارع أبوالبقاء العكبري، اسمه محب الدين عبد
الله بن الحسين نسب إلى قرية قرب بغداد اسمها عكبرا.

- ولد في بغداد سنة ثمان وثلاثين وخمسمائة.

- أضر بالجدري وهو صغير، فكان يقرأ بعيون الناس.

- تتلمذ على عدد من العلماء منهم: ابن الجوزي، وابن الخشاب، وأبو البركات
الأنباري، ومن أشهر تلاميذه: ابن أبي الحديد، والمنذري، وياقوت الحموي، له عدد
كبير من المؤلفات، ناف على خمس وخمسين، منها: تسعة عشر في النحو.

- محب الدين أبو البقاء عبد الله بن الحسين بن أبي البقاء عبد الله بن الحسين
العكبري ثم البغدادي الأزجي الضرير النحوي الحنبلي الفرضي صاحب التصانيف.

- قال ابن النجار : قرأت عليه كثيرا من مصنفاته، وصحبته مدة طويلة، وكان ثقة،
متدينا، حسن الأخلاق، متواضعا، ذكر لي أنه أضر في صباه من الجدري.

- من تصانيفه : صنف " تفسير القرآن " وكتاب " إعراب القرآن " وكتاب " إعراب
الشواذ "، وكتاب " مشابه القرآن " و " عدد الآي " و " إعراب الحديث " جزء، وله "
تعليقة في الخلاف " و" شرح لهداية أبي الخطاب "، وكتاب "

المرام في المذهب " ومصنف في الفرائض، وآخر، وآخر. و" شرح الفصيح "، و" شرح الحماسة "، و" شرح المقامات " و" شرح الخطب "، وأشياء سماها ابن النجار وتركتها. حدث عنه ابن الدبيثي، وابن النجار، والضياء المقدسي، والجمال ابن الصيرفي، وجماعة.

- قيل: كان إذا أراد أن يصنف كتابا جمع عدة مصنفات في ذلك الفن، فقُرئت عليه، ثم يملي بعد ذلك، فكان يقال: أبو البقاء تلميذ تلامذته؛ يعني هو تبع لهم فيما يقرءون له ويكتبونه.

- أرادوه على أن ينتقل عن مذهب أحمد فقال، وأقسم: لو صببتم الذهب الذهب علي حتى أتوارى به، ما تركت مذهبي.

- توفي سنة 616هـ عن ثمانية وسبعين عاماً.

أبو العلاء المعري

الاعاقة العمى

"إن يأخذ الله من عيني نورهمـــا ففي فؤادي وقلبي منهما نـــور

قلبي ذكي وعقلي غير ذي دخـل وفي فمي صارم بالقول مشهــور"

..المعري

- هو أحمد بن عبد الله بن سليمان القضاعي التنوخي المعري (363 -449هـ)، (973 - 1057 م)، شاعر وفيلسـوف وأديـب عـربي سـوري، ولـد وتـوفي في معـرة الـنعمان في الشمال السوري. لقب بـ "رهين المحبسين" بعد أن اعتزل الناس لبعض الوقـت رهـين المحبسين كتب كثيرا ولم يبق سوى القليل.[1]وقد نشأ المعري في بيت علم ووجاهـة، وأصيب في الرابعة من عمـره بالجـدري فكـفّ بصره، وكـان نحيـف الجسـم.نبـغ في الشعر والتفسير والفلسفة.

- درس علوم اللغة والأدب والحديث والتفسير والفقه والشعر على نفر من أهله، وفيهم القضاة والفقهاء والشعراء، وقرأ النحو في حلب على أصحاب ابن خالويه ويدل شعره ونثره على أنه كان عالما بالأديان والمذاهب وفي عقائد الفرق، وكان آية في معرفة التاريخ والأخبار. وقال الشعر وهو ابن إحدى عشرة سنة. ويمكن استطراداً اعتبار فلسفة المفكر روبير غانم مرحلة جديدة متطورة من مراحل الفلسفة العربية.
- كان على جانب عظيم من الذكاء والفهم وحدة الذهن والحفظ وتوقد الخاطر. وسافر في أواخر سنة 398 هـ إلى بغداد فزار دور كتبها وقابله علمائها. وعاد إلى معرة النعمان سنة 400 هـ وشرع في التأليف والتصنيف ملازما بيته وكان كاتبه اسمه علي بن عبد الله بن أبي هاشم.
- عاش المعري بعد اعتزاله زاهدا في الدنيا، معرضا عن لذاتها، لا يأكل لحم الحيوان حتى قيل أنه لم ياكل اللحم 45 سنة، ولا ما ينتجه من سمن ولبن أو بيض وعسل، ولا يلبس من الثياب إلا الخشن. ويعتبر المعري من الحكماء والنقاد. وتوفي المعري عن 86 عاما ودفن في منزله بمعرة النعمان. ولما مات وقف على قبره 84 شاعراً يرثونه.
- وقد أثارت عبقرية المعري حسد الحاسدين فمنهم من زعم أنه قرمطي، ومنهم من زعم أنه درزي وآخرون قالوا إنه ملحد ورووا أشعارا أصطنعوا بعضها وأساؤوا تأويل البعض الآخر، غير أن من الأدباء والعلماء من وقفوا على حقيقة عقيدته وأثبتوا أن ما قيل من شعر يدل على إلحاده وطعنه في الديانات إنما دس عليه وألحق بديوانه. وممن وقف على صدق نيته وسلامة عقيدته الصاحب كمال الدين ابن العديم المتوفي سنة 660 هـ وأحد أعلام عصره، فقد ألّف كتابا أسماه العدل والتحري في دفع الظلم

والتجري عن أبي العلاء المعري وفيه يقول عن حساد أبي العلاء " فمنهم من وضع على لسانه أقوال الملاحدة، ومنهم من حمل كلامه على غير المعنى الذي قصده، فجعلوا محاسنه عيوبا وحسناته ذنوبا وعقله حمقا وزهده فسقا، ورشقوه بأليم السهام وأخرجوه عن الدين والإسلام، وحرفوا كلامه عن مواضعه وأوقعوه في غير مواقعه. و كان يحرم ايلام الحيوان ولذلك لم يأكل اللحم خمساً وأربعين سنة رفقا منه بالحيوان.

- درس على أبي العلاء كثير من طلاب العلم ممن علا شأنهم في العلم والأدب، ومنهم :أبو القاسم علي بن المحسن التنوخي. أبو الخطاب العلاء بن حزم الأندلسيـ أبو الطاهر محمد بن أبي الصقر الأنباري. أبو زكريا يحيى بن علي الخطيب التبريزي. ولم نجد أحد منهم إلا مثنيا على علم المعري وفضله، ومعجبا بشدة فطنته وقوة حافظته، ومعترفا بحسن عقيدته وصدق إيمانه. وقد شهد جميع شعراء عصره بفطنته وحكمته وعلمه، وعندما توفي المعري ودفن أجتمع حشد كبير من الشعراء والادباء في تكريمه.

نماذج من شعره

غـير مجـد في ملـــتي وإعتقـادي ... نـــوح باك ولا تـــرنم شـــادي

ودفـــين عـــلى بقايـــا دفـــين ... في طـــويل الازمـان والآبـــاد
أبكـــت تلكم الحمامـة أم غـــنت ... علـــى فـــرع غصنهـا الميـــاد
ربّ لحد قد صـــار لحـــدا مـــرارا ... ضاحك من تزاحـم الأضـــداد
خفف الوطء مـا أظن أديم الأرض ... إلا مـــن هـــذه الأجســـاد
سر إن استطعت فِي الهواء رويـــدا ... لا إختيالا على رفـات العبـــاد
صاح هذي قبورنا تمـــلأ الرحـــب ... فـــأين القبـور مـــن عهد عـاد
تعـــبُ كلهـــا الحيـــاة... فمـــا ... أعجب إلا من راغبُ فِي ازديـاد

ديوانه

وهو على ثلاثة أقسام:

1- لزوم ما لا يلزم؛ ويعرف باللزوميات.
2- سقط الزند.
3- ضوء السقط؛ ويعرف بالدرعيات.

كتبه

أما كتبه فكثيرة وفهرسها في معجم الأدباء:

- الأيك والغصون في الأدب يربو على مائة جزء.
- تاج الحرة في النساء وأخلاقهن وعظاتهن، وهو أربع مائة كراس.
- عبث الوليد، شرح به ونقد ديوان البحتري.

- رسالة الغفران.
- ديوان سقط الزند.
- رسالة الصاهل والشاحج.
- رسالة الملائكة.
- رسالة الهناء.
- رسالة الفصول والغايات.
- معجزة احمد (يعني أحمد بن الحسين المتنبي).

ولقد ألـف العديـد مـن معاصريـه، ومـن بعـدهم كتبـاً ودراسـات حـول آراء المعـرّي وفلسفته، مثل :

((أوج النحري عـن حيثيـة أبي العـلاء المعـري))، ليوسـف البـديعي، و((مـع ابي العـلاء المعري))، لطه حسين، و((رجعة أبي العلاء))لعباس محمود العقاد، وغيرهم كثير.

ابن باز

الاعاقة : العمى

- ولد الشيخ عبدالعزيز بن باز رحمة الله في ذي الحجة سنة 1330 هـ بمدينة الرياض.

- كان بصيرا ثم أصابه مرض في عينيه عام 1346 هـ وضعف بصره ثم فقده عام 1350 هـ

- وحفظ القرآن الكريم قبل سن البلوغ ثم جدّ في طلب العلم على العلماء في الرياض ولما برز في العلوم الشرعية واللغة تم تعيينه في القضاء عام 1357 هـ ولم ينقطع عـن طلب العلم حتى وفاته رحمة الله.

- تلقى العلم على أيدي كثير من العلماء ومن أبرزهم: الشيخ محمد بـن عبداللطيف قاضي الرياض، الشيخ صالح بن عبدالعزيز، الشيخ سعد بـن حمـد بـن عتيـق قاضي الرياض، الشيخ حمد بن فارس وكيل بيت المال في الرياض، سماحة الشيخ محمد بـن ابراهيم بن عبداللطيف آل الشيخ مفتي المملكة العربية السعودية وقد لازم حلقاته نحوا من عشر سنوات وتلقى عنه جميع العلوم الشرعية ابتداء مـن سنة 1347 هـ إلى سنة 1357 هـ الشيخ سعد وقاص البخاري من علماء مكة المكرمة اخذ عنه علم التجويد في عام 1355 هـ

- تولى الشيخ العديد من المناصب منها على سبيل المثال :

1- رئاسة هيئة كبار العلماء في المملكة.

2- رئاسة اللجنة الدائمة للبحوث العلمية والإفتاء في الهيئة المذكورة.

3- عضوية ورئاسة المجلس التأسيسي لرابطة العالم الإسلامي.

4- رئاسة المجلس الأعلى العالمي للمساجد.

5- رئاسة المجمع الفقهي الإسلامي بمكة المكرمة التابع لرابطة العالم الإسلامي.

6- عضوية المجلس الأعلى للجامعة الإسلامية بالمدينة المنورة.

7- عضوية الهيئة العليا للدعوة الإسلامية في المملكة.

ولم يقتصر نشاطه على ما ذكر فقط كان يلقي المحاضرات ويحضر الندوات العلمية ويعلق عليها ويعمر المجالس الخاصة والعامة التي يحضرها بالقراءة والتعليق بالإضافة إلى الأمر بالمعروف والنهي عن المنكر الذي اصبح صفة ملازمة له.

من مؤلفاته:

1. مجموع فتاوى ومقالات متنوعة.
2. الفوائد الجليلة في المباحث الفرضية.
3. التحقيق والإيضاح لكثير من مسائل الحج والعمرة والزيارة (توضيح المناسك).
4. التحذير من البدع ويشتمل على أربع مقالات مفيدة (حكم الاحتفال بالمولد النبوي وليلة الإسراء والمعراج وليلة النصف من شعبان وتكذيب الرؤيا المزعومة من خادم الحجرة النبوية المسمى الشيخ احمد).
5. رسالتان موجزتان في الزكاة والصيام.6- العقيدة الصحيحة وما يضادها.

- توفي الشيخ رحمه الله يوم الخميس 1420/1/27 هـ عن عمر يناهز 89 سنة قضاها رحمه الله في الجد والاجتهاد والعمل الصالح وطلب العلم

وتعلمه وبذله والدعوة إلى الله والجهاد في سبيله وقضاء حوائج المسلمين ومساعدتهم والوقوف معهم رحمه الله وغفر له واسكنه فسيح جناته ونور ضريحه وأنزله منازل الأبرار وجمعنا به في دار كرامته ومستقر رحمته.

ابن سيرين
الاعاقة: الصمم

"كان الشعبي يقول لنا عليكم بذلك الأصم يعني ابن سيرين"

- هومحمد بن سيرين الإمام شيخ الإسلام أبو بكر الأنصاري الأنسي البصري مولى أنس بن مالك خادم رسول الله.
- وكان أبوه من سبي جرجرايا تملكه أنس ثم كاتبه على ألوف من المال فوفاه وعجل له مال الكتابة قبل حلوله فتمنع أنس من أخذه لما رأى سيرين قد كثر ماله من التجارة وأمل أن يرثه فحاكمه إلى عمر رضي الله عنه فألزمه تعجيل المؤجل قال:
أنس بن سيرين ولد أخي محمد لسنتين بقيتا من خلافة عمر وولدت بعده بسنة قابلة.
- سمع أبا هريرة وعمران بن حصين وابن عباس وعدي بن حاتم وابن عمر وعبيدة السلماني وشريحا القاضي وأنس بن مالك وخلقا سواهم روى عنه قتادة وأيوب ويونس بن عبيد وابن عون وخالد الحذاء وهشام بن حسان وعوف الأعرابي وقرة بن خالد ومهدي ابن ميمون وجرير بن حازم وأبو هلال محمد بن سليم ويزيد بن إبراهيم التستري وعقبة بن عبد الله الأصم وسعيد بن أبي عروبة وأبو بكر سلمى الهذلي وحيان بن حصين وشبيب بن شيبة وسليمان بن المغيرة وخليد بن دعلج.
- قال خالد بن خداش حدثنا حماد عن أنس بن سيرين ولد أخي محمد لسنتين بقيتا من خلافة عمر.

- قال ابن عون كان محمد يأتي بالحديث على حروفه وكان الحسن صاحب معنى.
- عن عون بن عمارة حدثنا هشام حدثني أصدق من أدركت محمد بن سيرين قال حبيب بن الشهيد كنت عند عمرو بن دينار وقال والله ما رأيت مثل طاووس فقال أيوب السختياني وكان جالسا والله لو رأى محمد بن سيرين لم يقله.
- عن معاذ بن معاذ سمعت ابن عون يقول ما رأيت مثل محمد بن سيرين وعن خليف بن عقبة قال كان ابن سيرين نسيج وحده وقال حماد بن زيد عن عثمان البتي قال لم يكن بالبصرة أحد أعلم بالقضاء من ابن سيرين وعن شعيب بن الحبحاب قال كان الشعبي يقول لنا عليكم بذلك الأصم يعني ابن سيرين.
- وقال عوف الأعرابي كان ابن سيرين حسن العلم بالفرائض والقضاء والحساب.
- عن حماد بن زيد عن عاصم سمعت مورقا العجلي يقول ما رأيت أحدا أفقه في ورعه ولا أورع في فقهه من محمد بن سيرين وقال عاصم وذكر محمد عند أبي قلابة فقال اصرفوه كيف شئتم فلتجدنه أشدكم ورعا وأملككم لنفسه. وعنه ايضاو حدثنا أيوب عن أبي قلابه قال ومن يستطيع ما يطيق محمد يركب مثل حد السنان.
- وعن النضر بن شميل عن ابن عون قال ثلاثة لم تر عيناي مثلهم ابن سيرين بالعراق والقاسم بن محمد بالحجاز ورجاء بن حيوة بالشام.

- وعن محمد بن عمر الباهلي سمعت سفيان يقول لم يكن كوفي ولا بصري له مثل ورع محمد بن سيرين وعن زهير الأقطع كان محمد بن سيرين إذا ذكر الموت مات كل عضو منه على حدة.
- وعن ثابت البناني قال كان الحسن متواريا من الحجاج فماتت بنت له فبادرت إليه رجاء أن يقول لى صل عليها فبكى حتى ارتفع نحيبه ثم قال لي اذهب إلى محمد بن سيرين فقل له ليصل عليها فعرف حين جاء الحقائق أنه لا يعدل بابن سيرين أحدا.
- وعن الأنصاري حدثنا ابن عون قال كان إبراهيم بن الحسن والشعبي يأتون بالحديث على المعاني وكان القاسم وابن سيرين ورجاء بن حيوة يقيدون الحديث على حروفه.
- قال محمد بن جرير الطبري كان ابن سيرين فقيها عالما ورعا أديبا كثير الحديث صدوقا شهد له أهل العلم والفضل بذلك وهو حجة.
- قال المدائني كان سبب حبسه أن أخذ زيتا بأربعين ألف درهم فوجد في زق منه فأره فظن أنها وقعت في المعصرة وصب الزيت كله وكان يقول إني ابتليت بذنب أذنبته منذ ثلاثين سنة قال فكانوا يظنون أنه عير رجلا بفقر.
- قال ابن شبرمة دخلت على محمد بن سيرين بواسط فلم أر أجبن من فتوى منه ولا أجرأعلى رؤيا منه قال يونس بن عبيد لم يكن يعرض لمحمد أمران في ذمته إلا أخذ بأوثقهما قال بكر بن عبد الله المزني من أراد أن ينظر إلى أورع من أدركنا فلينظر إلى محمد بن سيرين.
- وقال هشام بن حسان كان محمد يتجر فإذا ارتاب في شيء تركه وقال ابن عون كان محمد من أشد الناس إزارة على نفسه وقال غالب القطان خذوا بحلم ابن سيرين ولا تأخذوا بغضب الحسن حماد بن سلمة عن أيوب قال

كان محمد يصوم يوما ويفطر يوما وقال ابن عون كان محمد يصوم عاشوراء يومين ثم يفطر بعد ذلك يومين قال جرير بن حازم كنت عند محمد فذكر رجلا فقال ذاك الأسود ثم قال إن لله اني اغتبته معاذ بن معاذ.

- عن ابن عون أن عمر بن عبد العزيز بعث إلى الحسن فقبل وبعث إلى ابن سيرين فلم يقبل.
- وعن ضمرة بن ربيعة عن رجاء قال كان الحسن يجيء إلى السلطان ويعيبهم وكان ابن سيرين لا يجيء إليهم ولا يعيبهم وقال هشام ما رأيت أحدا عند السلطان أصلب من ابن سيرين.
- وعن أبو شهاب الحناط عن هشام بن حسان (أن) ابن سيرين اشترى بيعا من منونيا فأشرف فيه على ربح ثمانين ألفا فعرض في قلبه شيء فتركه قال هشام ما هو والله بربا.
- وقال هشام ترك محمد أربعين ألفا في شيء ما يرون به اليوم بأسا وعنه قال قلت مرة لرجل يا مفلس فعوقبت قال أبو سليمان الداراني وبلغه هذا فقال قلت ذنوب القوم فعرفوا من أين أتوا وكثرت ذنوبنا فلم ندر من أين نؤتى.
- وعن قريش بن أنس حدثنا عبد الحميد بن عبد الله بن مسلم بن يسار أن السجان قال لابن سيرين إذا كان الليل فاذهب إلى أهلك فإذا أصبحت فتعال قال لا والله لا أكون لك عونا على خيانة السلطان.
- قال معمر جاء رجل إلى ابن سيرين فقال رأيت كأن حمامة التقمت لؤلؤة فخرجت منها أعظم ما كانت ورأيت حمامة أخرى التقمت لؤلؤة فخرجت أصغر مما دخلت ورأيت أخرى التقمت لؤلؤة فخرجت كما دخلت فقال ابن سيرين أما الأولى فذاك الحسن يسمع الحديث فيجوده بمنطقه ويصل فيه

من مواعظه وأما التي صغرت فأنا أسمع الحديث فأسقط منه وأما التي خرجت كما دخل فقتادة فهو أحفظ الناس.

- وعن ابن المبارك عن عبد الله بن مسلم المروزي قال كنت أجالس ابن سيرين فتركته وجالست الإباضية فرأيت كأني مع قوم يحملون جنازة النبي فأتيت ابن سيرين فذكرته له فقال مالك جالست أقواما يريدون أن يدفنوا ما جاء به النبي.
- وعن بكار بن محمد عن ابن عون أن محمدا كان إذا كان عند أمه لو رآه رجل لا يعرفه ظن أن به مرضا من خفض كلامه عندها.
- وعن جعفر بن برقان عن ميمون بن مهران قال قدمت الكوفة وأنا أريد أن أشتري البز فأتيت ابن سيرين بالكوفة فساومته فجعل إذا باعني صنفا من أصناف البز قال هل رضيت فأقول نعم فيعيد ذلك علي ثلاث مرات ثم يدعو رجلين فيشهدهما وكان لايشتري ولا يبيع بهذه الدراهم الحجاجية فلما رأيت ورعه ما تركت شيئا من حاجتي أجده عنده إلا اشتريته حتى لفائف البز أبو كدينة.
- عن ابن عون قال كان ابن سيرين إذا وقع عنده درهم زيف أو ستوق لم يشتر به فمات يوم مات وعنده خمس مئة زيوفا وستوقة.
- وعن عبد الوهاب بن عطاء أنبأنا ابن عون قال (كانت) وصية محمد بن سيرين ذكر ما أوصى به محمد بن أبي عمرة أهله وبنيه أن يتقوا الله ويصلحوا ذات بينهم وأن يطيعوا الله ورسوله إن كانوا مؤمنين وأوصاهم بما أوصى به " إبراهيم بنيه ويعقوب يا بني إن الله اصطفى لكم الدين فلا تموتن إلا وأنتم مسلمون " وأوصاهم أن لايدعوا أن يكونوا إخوان الأنصار ومواليهم في الدين فإن العفاف والصدق خير وأبقى وأكرم من الزنى

والكذب وأوصى فيما ترك إن حدث بي حـدث قبـل أن أغـير وصـيتي فـذكر الوصية محمد بن سعد أنبأنا بكار بن محمـد السـيريني حـدثني أبي عـن أبيـه عبد الله بـن محمد بن سيرين قال لما ضمنت على أبي دينه قال لي بالوفاء قلت بالوفاء فـدعى لي بخير فقضى عبد الله عنه ثلاثين ألف درهم فما مات عبد الله حتى قومنا مالـه ثلاث مئة ألف درهم أو نحوها.

- قال أيوب السختياني أنا زررت على محمد القميص (يعني) لما كفنه وروى أيوب عن محمد أنه كان يأمر أن يجعل لقميص الميت أزرار ويكف قال غير واحد مات محمد بعد الحسن البصري بمئة يوم سنة عشر ومئة.

- وعن خالد بن خداش حدثنا حماد بن زيد قال مات ابن سـيرين لتسـع مضين مـن شوال سنة عشر ومئة.

- وعن أبي صالح كاتب (الليث) حدثني يحيى بن أيوب أن رجلـين تآخيـا فتعاهـدا إن مات أحدهما قبل الآخر أن يخبره بما وجد فمات أحدهما فرآه الآخر في النوم فسـأله عن الحسن البصري قال ذاك ملك في الجنة لا يعصي قال فابن سيرين قال ذاك فيما شاء واشتهى شتان ما بينهما قال فبأي شيء أدرك الحسن قال بشدة الخوف والحزن.

أبو طالب
" الاعاقة العرج "

قالت عرجت فقد عرجت فما الذي

أنكرت من جلدي وحسن فعالي" أبو طالب

- هو عبد مناف بن عبد المطلب بن هاشم، وكنيته أبو طالب، ولد قبل مولد النبي (صلى الله عليه وآله) بخمس وثلاثين سنة، وكان سيد البطحاء وشيخ قريش ورئيس مكة.
- تزوج أبو طالب فاطمة بنت أسد، فولدت له أكبر أبناءه من الذكور : (طالب) وبه يكنى، وعقيل، وجعفر، وعلي، ومن الإناث : أم هاني واسمها (فاخته)، وجمانة.
- كانت فاطمة بنت أسد بمنزلة الأم لرسول الله (صلى الله عليه وآله)، رَبَى في حجرها، فكان يناديها أمي، وكانت تفضله على أولادها في البِرِّ، وكان له زوجات أُخَرٌ غير فاطمة بنت أسد.
- مات عبد الله بن عبد المطلب والنبي (صلى الله عليه وآله) حمل في بطن أمه، وحينما ولد (صلى الله عليه وآله) تكفله جده عبد المطلب.ولما حضرت الوفاة عبد المطلب أوصى ولده أبا طالب بحفظ رسول الله (صلى الله عليه وآله) وحياطته وكفالته، وكان عمره ثماني سنين، فكفله أبو طالب وقام برعايته أحسن قيام.

- وكان أبو طالب يحب النبي (صلى الله عليه وآله) حبا شديداً، وفي بعض الأحيان إذا رأى النبي (صلى الله عليه وآله) يبكي ويقول : إذا رأيته ذكرت أخي عبد الله، وكان عبد الله أخاه لأبويه.

- قيل انه لما بعث النبي محمد (صلى الله عليه وآله) صَدّقه أبو طالب وآمن بما جاء به من عند الله، ولكنه لم يظهر إيمانه بل كتمه ليتمكن من القيام بنصرة رسول الله (صلى الله عليه وآله) ومن أسلم معه.فإنه لم يكن يعبد الأصنام، بل كان يعبد الله ويوحده على الدين الذي جاء به إبراهيم (عليه السلام)، وخير دليل على ذلك هو خطبته التي ألقاها في طلب يد خديجة لابن أخيه محمد (صلى الله عليه وآله) قبل أن يبعث بخمسة عشر عاماً.وقد صرح أبو طالب عما في داخل نفسه وما يؤمن به في اشعاره الكثيرة المشحونة بالإقرار على صدق النبي وحقيقة دينه، ناهيك عن الروايات الواردة عن النبي الأكرم (عليهم السلام) في شأن إيمانه.

- كان شاعرا وبطلا من أبطال قريش، واعرجا، وعيرته بعض نسائه بالعرج فقال :

قالت عرجت فقد عرجت فما الذي

أنكرت من جلدي وحسن فعالي

- مات في السابع من رمضان سنة عشرة للبعثة النبوية الشريفة، وكان عمره آنذاك ست وثمانون سنة، وقيل تسعون سنة.

- حينما علم النبي (صلى الله عليه وآله) بذلك، قال لابن عمّه : (إمض يا علي فتول غسله وتكفينه وتحنيطه، فإذا رفعته على سريره فأعلمني) ففعل ذلك، فلما رفعه على السرير اعترضه النبي (صلى الله عليه وآله) وقال : (وصلتك رحم، وجزيت خيراً يا عم، فلقد ربيتَ وكفلتَ صغيراً،

ووازرت ونصرت كبيراً). ثمّ أقبل على الناس وقال : (أما والله لأشفعن لعمي شفاعة يعجب لها أهل الثقلين).

الأحنف بن قيس

الاعاقة: الحنف " التواء الساقين "

"كانت امه ترقصه وهو طفل وتقول:
" والله لولا حنف برجله،وقلة أخافها من نسله، ما كان في فتيانكم من مثله".

- هو الصحابي الجليل الأحنف بن قيس ابن معاوية بن حصين أبو بحر التميمي اسمه ضحاك وقيل صخر.

- اشتهر بلقب لأحنف لحنف رجليه وهو العوج والميل، قال سليمان بن أبي شيخ كان أحنف الرجلين جميعا ولم يكن له إلا بيضة واحدة.

- ضرب به المثل في الحلم والورع كما ضرب المثل في الذكاء بالقاضي إياس فكانوا يقولون: "في حلم أحنف وفي ذكاء إياس".

- دعا له النبي صلى الله عليه وسلم فقال "اللهم اغفر للأحنف فكان الأحنف يقول فما شيء أرجى عندي من ذلك".

- كان سيد تميم،أسلم في حياة النبي صلى الله عليه وسلم.

- حدث عن عمر وعلي وأبي ذر والعباس وابن مسعود وعثمان بن عفان وعدة، وحدث عنه عمرو بن جاوان والحسن البصري وعروة بن الزبير وطلق ابن حبيب وعبد الله بن عميرة ويزيد بن الشخير وخليد العصري وآخرون وهو قليل الرواية.

- قال ابن سعد: كان ثقة مأمونا قليل الحديث وكان صديقا لمصعب ابن الزبير فوفد عليه إلى الكوفة فمات عنده بالكوفة.

- قال أبو أحمد الحاكم هو الذي فتح مدينة مرو الروذ وكان الحسن وابن سيرين في جيشه ذاك.

- وروي عن الأحنف قال بينا أنا أطوف بالبيت في زمن عثمان إذ لقيني رجل من بني ليث فأخذ بيدي فقال ألا أبشرك قلت بلى قال أما تذكر إذ بعثني رسول الله إلى قومك بني سعد أدعوهم إلى الإسلام فجعلت أخبرهم وأعرض عليهم فقلت إنه يدعو إلى خير وما أسمع إلا حسنا فذكرت ذلك للنبي صلى الله عليه وسلم فقال "اللهم اغفر للأحنف فكان الأحنف يقول فما شيء أرجى عندي من ذلك" رواه أحمد.
- وروي عن الأحنف أيضا أنه قدم على عمر بفتح تستر فقال قد فتح الله عليكم تستر وهي من أرض البصرة فقال رجل من المهاجرين يا أمير المؤمنين إن هذا يعني الأحنف الذي كف عنا بني مرة حين بعثنا رسول الله في صدقاتهم وقد كانوا هموا بنا قال الأحنف فحبسني عمر عنده سنة يأتيني في كل يوم وليلة فلا يأتيه عني إلا ما يحب ثم دعاني فقال يا أحنف هل تدري لم حبستك عندي قلت لا يا أمير المؤمنين قال إن رسول الله صلى الله عليه وسلم حذرنا كل منافق عليم فخشيت أن تكون منهم فاحمد الله يا أحنف".
- قال خليفة توجه ابن عامر إلى خراسان وعلى مقدمته الأحنف فلقي أهل هراة فهزمهم فافتتح ابن عامر أبرشهر صلحا ويقال عنوة وبعث الأحنف في أربعة آلاف فتجمعوا له مع طوقان شاة فاقتتلوا قتالا شديدا فهزم الله المشركين قال ابن سيرين كان الأحنف يحمل ويقول "إن على كل رئيس حقا أن يخضب القناة أو تندقا" وقيل سار الأحنف إلى بلخ فصالحوه على أربع مائة ألف ثم أتى خوارزم فلم يطقها فرجع.

- وعن ابن إسحاق أن ابن عامر خرج من خراسان معتمرا قد أحرم منها وخلف على خراسان الأحنف وجمع أهل خراسان جمعا كبيرا وتجمعوا بمرو فالتقاهم الأحنف فهزمهم وكان ذلك الجمع لم يسمع بمثله.

- قيل للأحنف بم سودوك قال لو عاب الناس الماء لم أشربه. وقال خالد بن صفوان كان الأحنف يفر من الشرف والشرف يتبعه.

- وقيل للأحنف إنك كبير والصوم يضعفك قال اني أعده لسفر طويل وقيل كانت عامة صلاة الأحنف بالليل وكان يضع أصبعه على المصباح ثم يقول حس ويقول ما حملك يا أحنف على أن صنعت كذا يوم كذا.

- وروي أبو الأصفر أن الأحنف استعمل على خراسان فأجنب في ليلة باردة فلم يوقظ غلمانه وكسر ثلجا واغتسل.

- وقال عبد الله بن بكر المزني عن مروان الأصفر سمع الأحنف يقول اللهم إن تغفر لي فأنت أهل ذاك وإن تعذبني فأنا أهل ذاك.

- قال مغيرة ذهبت عين الأحنف فقال ذهبت من أربعين سنة ما شكوتها إلى أحد.

- قال الحسن ذكروا عن معاوية شيئا فتكلموا والأحنف ساكت فقال يا أبا بحر مالك لا تتكلم قال أخشى الله إن كذبت وأخشاكم إن صدقت.

- وعن الأحنف عجبت لمن يجري في مجرى البول مرتين كيف يتكبر.

- قيل عاشت بنو تميم بحلم الأحنف أربعين سنة، وفيه قال الشاعر:

إذا الأبصار أبصرت ابن قيس ظللن مهابة منه خشوعا

-45-

- قال سليمان التيمي قال الأحنف ثلاث في ما أذكرهن إلا لمعتبر ما أتيت باب سلطان إلا أن أدعى، ولا دخلت بين اثنين حتى يدخلاني بينهما، وما أذكر أحدا بعد أن يقوم من عندي إلا بخير.
- وقال: ما نازعني أحد إلا أخذت أمري بأمور: إن كان فوقي عرفت له قدره، وإن كان دوني رفعت قدري عنه، وإن كان مثلي تفضلت عليه.
- وقيل إن رجلا خاصم الأحنف وقال لئن قلت واحدة لتسمعن عشرا فقال لكنك إن قلت عشرا لم تسمع واحدة.
- وقيل إن رجلا قال للأحنف بم سدت وأراد أن يعيبه. قال الأحنف بتركي ما لا يعنيني كما عناك من أمري ما لا يعنيك. كان الاحنف بن قيس من سادات تميم العربية....و كان ذكيا، حليما، لا يغضب بسرعة.... وقال لست بحليم ولكني أتحالم.
- وجاءه يوما رجل و لطمه على وجهه.فقال له الاحنف : لم لطمتني فقال الرجل : لقد اعطاني بعض الناس مالا ، و طلبوا مني ان اضرب سيد بني تميم على وجهه.فلم يغضب الاحنف ، بل اجابه بهدوء : لقد اخطات سيد بني تميم.فان الحارثة بن قدامه هو سيد بني تميم الكبير فذهب الرجل الى حارثة بن قدامه، و لطمه على وجهه....فقام حارثة و قطع يده.....و هذا ما اراده الاحنف بن قيس.....حيث تمكن من معاقبة الرجل الذي اعتدى عليه ، دون ان يدخل معه بمشاكل ، بل جعل الاخرين يقومون بهذا العمل نيابة عنه...و هذا يدل على ذكاء الاحنف ، و سرعة بديهته.......

- وروي عن ذي الرمة قال شهدت الأحنف بن قيس وقد جاء إلى قوم في دم، فتكلم فيه وقال احتكموا قالوا نحتكم ديتين قال: ذاك لكم فلما سكتوا قال أنا أعطيكم ما سألتم. فاسمعوا: إن الله قضى بدية واحدة وإن النبي (صلى الله عليه وسلم) قضى بدية واحدة وإن العرب تعاطى بينها دية واحدة وأنتم اليوم تطالبون وأخشى أن تكونوا غدا مطلوبين فلا ترضى الناس منكم إلا بمثل ما سننتم قالوا ردها إلى دية.

- من كلمات الأحنف عن الأحنف ثلاثة لا ينتصفون من ثلاثة شريف من دنيء وبر من فاجر وحليم من أحمق.

- وقال من أسرع إلى الناس بما يكرهون قالوا فيه ما لا يعلمون وسئل ما المروءة قال كتمان السر والبعد عن الشر. والكامل من عدت سقطاته. وقال رأس الأدب آلة المنطق. لا خير في قول بلا فعل ولا في منظر بلا مخبر. ولا في مال بلا جود ولا في صديق بلا وفاء. ولا في فقه بلا ورع ولا في صدقة إلا بنية. ولا في حياة إلا بصحة وأمن.

- وقيل: كان الأحنف إذا أتاه رجل وسع له فإن لم يكن له سعة أراه كأنه يوسع له وعنه قال جنبوا مجالسنا ذكر النساء والطعام إني أبغض الرجل يكون وصافا لفرجه وبطنه.

- وعنه قال: لا ينبغي للأمير الغضب لأن الغضب في القدرة مفتاح السيف والندامة.

مواقف من حياته

قيل كان زياد معظما للأحنف فلما ولي بعده ابنه عبيد الله تغير أمر الأحنف وقدم عليه من هو دونه ثم وفد على معاوية في الأشراف. فقال لعبيد الله: أدخلهم على قدر مراتبهم فأخر الأحنف. فلما رآه معاوية أكرمه لمكان سيادته وقال إلي يا أبا بحر وأجلسه معه وأعرض عنهم فأخذوا في شكر عبيد الله بن زياد وسكت الأحنف. فقال له لم لا تتكلم قال إن تكلمت خالفتهم. قال: اشهدوا أني قد عزلت عبيد الله فلما خرجوا كان فيهم من يروم الإمارة ثم أتوا معاوية بعد ثلاث وذكر كل واحد شخصا وتنازعوا. فقال معاوية: ما تقول يا أبا بحر قال إن وليت أحدا من أهل بيتك لم تجد مثل عبيد الله فقال قد أعدته قال فخلا معاوية بعبيد الله، وقال كيف ضيعت مثل هذا الرجل الذي عزلك وأعادك وهو ساكت فلما رجع عبيد الله جعل الأحنف صاحب سره.

1- موقفه مع أمير المؤمنين علي:

شهد الأحنف جميع حروب الإمام علي، إلا حرب الجمل، إذ قال لأمير المؤمنين قبل الخروج : يا أمير المؤمنين، إختَر مني واحدة من اثنتين، إما أن أقاتل معك بمئتي محارب، وإما أن أكف عنك ستة آلاف سيقاتلون مع طلحة والزبير، فقال أمير المؤنين (عليه السلام) : أكفف عنا الستة آلاف أفضل، فذهب الأحنف إليهم ودعاهم إلى القعود واعتزل بهم، وكان ذلك سبباً في عدم ذهابه إلى حرب الجمل.

2- موقفه من خلافة معاوية :

روى صاحب أعيان الشيعة : دخل الأحنف يوماً على معاوية، فقال له معاوية : أنت الشاهر علينا السيف يوم صفين، ومخذل الناس عن أم المؤمنين [عائشة] ؟، فقال له : يا معاوية لا تذكر ما مضى منا، ولا تردّ الأمور على أدبارها،

والله إن القلوب التي أبغضناك بها، يومئذٍ لفي صدورنا، وإن السيوف التي قاتلناك بها لعلى عواتقنا، والله لا تمدّ إلينا شبراً من غدر، إلا مددنا إليك ذراعاً من ختر [غدر].

- عن أيوب عن محمد قال نبئت أن عمر ذكر بني تميم فذمهم فقام الأحنف فقال: يا أمير المؤمنين ائذن لي. قال تكلم قال إنك ذكرت بني تميم فعممتهم بالذم وإنما هم من الناس فيهم الصالح والطالح فقال صدقت فقام الحتات وكان يناوئه فقال يا أمير المؤمنين ائذن لي فأتكلم قال اجلس فقد كفاكم سيدكم الأحنف.
- قال الشعبي اوفد أبو موسى الأشعري وفدا من البصرة إلى عمر منهم الأحنف بن قيس فتكلم كل رجل في خاصة نفسه. وكان الأحنف في آخر القوم فحمد الله وأثنى عليه ثم قال أما بعد يا أمير المؤمنين فإن أهل مصر نزلوا منازل فرعون وأصحابه وإن أهل الشام نزلوا منازل قيصر وأصحابه وإن أهل الكوفة نزلوا منازل كسرى ومصانعه في الأنهار والجنان، وفي مثل عين البعير وكالحوار في السلى تأتيهم ثمارهم قبل أن تبلغ وإن أهل البصرة نزلوا في أرض سبخة زعقة نشاشة لا يجف ترابها ولا ينبت مرعاها وطرفها في بحرأجاج وطرف في فلاة لا يأتينا شيء إلا في مثل مريء النعامة فارفع خسيستنا وانعش وكيستنا، وزد في عيالنا عيالا وفي رجالنا رجالا، وصغر درهمنا وكبر قفيزنا ومر لنا بنهر نستعذب منه فقال عمر عجزتم أن تكونوا مثل هذا، هذا والله السيد قال فما زلت أسمعها بعد.
- وفاته مات الأحنف سنة 67هـ وقيل: مات في إمرة مصعب بن الزبير على العراق رحمه الله. عن عبد الرحمن بن عمارة بن عقبة قال حضرت جنازة

الأحنف بالكوفة فكنت فيمن نزل قبره فلما سويته رأيته قد فسح له مد بصري فأخبرت بذلك أصحابي فلم يروا ما رأيت. و قال أبو عمرو بن العلاء توفي الأحنف في دار عبيد الله بن أبي غضنفر فلما دلي في حفرته أقبلت بنت لأوس والسعدي وهي على راحلتها عجوز فوقفت عليه وقالت من الموافق به حفرته لوقت حمامه؟ قيل لها الأحنف بن قيس قالت والله لئن كنتم سبقتمونا إلى الاستمتاع به في حياته لا تسبقونا إلى الثناء عليه بعد وفاته . ثم قالت لله درك من مجن في جنن ومدرج في كفن وإنا لله وإنا إليه راجعون نسأل من ابتلانا بموتك وفجعنا بفقدك أن يوسع لك في قبرك وأن يغفر لك يوم حشرك . أيها الناس إن أولياء الله في بلاده هم شهوده على عباده وإنا لقائلون حقا ومثنون صدقا وهو أهل لحسن الثناء أما والذي كنت من أجله في عدة ومن الحياة في مدة ومن المضمار إلى غاية ومن الآثار إلى نهاية الذي رفع عملك عند انقضاء أجلك لقد عشت مودودا حميدا ومت سعيدا فقيدا ولقد كنت عظيم الحلم فاضل السلم رفيع العماد واري الزناد منير الحريم سليم الأديم عظيم الرماد قريب البيت من الناد.

- قال قرة بن خالد حدثنا أبو الضحاك انه أبصر مصعبا بن الزبير يمشي في جنازة الأحنف بغير رداء. وسمعه يقول:اليوم مات سيد العرب.
- قال المقريزي ولد الاحنف عام 3 قبل الهجره وتوفي بالكوفه عام 72هـ.

أدلر

الاعاقة : الكساح

".......ثم ان الكساح الذي اصابه باكرا وضعف البنية لتي كان عليها اضفيا على جسمه شكلا مشوها او غير عادي. وهذا التشويه الجسماني اوجد في نفسه ارادة الكفاح والصراع ضد الوسط ليفوق اقرانه فيغطي بهذه ضعته ويستر ضعفه".

- ألفرد أدلر Alfred Adler طبيب وعالم نفس نمسوي.

- من مواليد فيينا عام 1870م.

- في سيرته المدرسية يتبين ان (الفرد ادلر)كان التلميذ الاخير في صفه كما كان ضعيفا جدا في الرياضيات لكنه لم يلبث ان انتقل في العام نفسه الى مرتبة الاول في تلك المادة نتيجة ما حز في نفسه التهديد الذي تلقاه بتحويله

الى مهنة اسكافي. ثم ان الكساح الذي اصابه باكرا وضعف البنية التي كان عليها اضفيا على جسمه شكلا مشوها او غير عادي. وهذا التشويه الجسماني اوجد في نفسه ارادة الكفاح والصراع ضد الوسط ليجلي وليفوق اقرانه فيغطي بهذه ضعته ويستر ضعفه.

ظهر اهتمامه بحالات العصاب neurosis في وقت مبكر بعد ممارسته الطب، وكان أن دعاه فرويد Freud إلى حلقته، وبقي أدلر في الحلقة حتى انسحابه منها عام 1911م لخلاف بينه وبين فرويد.

- أنشأ الاتجاه في علم النفس المعروف باسم علم النفس الفردي، وأظهر اهتماماً خاصاً بالتلميذ في المدرسة وتربية الأطفال، وحصل على شهادة معهد التربية في فيينة عام 1924م.

- عرف فرويد وتتلمذ على يديه غير ان نجاحه المتنامي لم يجعله ينس شعوره الذي يلح عليه بضرورة التقدم العملاقي لشفاء نفسه المتأثرة دوما باحساسه بانه غير البشر هيئة وجسدا. مما دفعه الى ان ينشق عن فرويد استاذه الذائع الصيت ثائرا عليه منتقدا اياه ليؤسس مدرسة خاصة به. وليشبع ميله الى الشهرة.

- رأى ادلر ان ارادة القوة وحب السيطرة والرغبة في ان نشعر الناس بقيمنا هي الدافع الاول. والدافع في ذلك رغبته في معالجة نفسه التي كوتها نيران الاحاسيس بالدونية اضافة الى انه اعطى اهمية خاصة الى العلاقات الداخلية في الانسان الى المنافسة الى الارادة. والجدير بالذكر ان ادلر كان يبحث عن كل عمل يقوم به عن دواء لشفاء نفسه المتألمة من متطلبات التعويض التي تفوق قدرة الجسد وطاقاته المتواضعة. فكان يسعى باستمرار

الى اشعار الآخرين بأهميته وبقيمته على الرغم مما هو عليه من اعاقة شكلا وجسدا. وهكذا استطاع ادلر بارادته الفذة التغلب على ضعفه وعيبه كما استطاع بهذه الارادة الساعية دوما لاثبات الذات تشكيل مدرسة نفسية خلدت اسمه وساعدته على ان يتخطى اعاقته وضعفه.

- انتقل إلى الولايات المتحدة الأمريكية حيث عُيّن أستاذاً لعلم النفس الطبي في جامعة كولومبية بنيويورك عام 1927م ثم بمدرسة الطب في لونغ آيلنـد Long Island بولاية نيويورك عام 1932م. وقد كثرت جولاتـه العلميـة في الولايـات المتحـدة وأوربـة لإلقاء المحاضرات.

- ألّف أدلر وحاضر في موضوعات كثيرة بينها علم النـفس الفـردي، والبنيـة العصـابية، وتفسير الأحلام، والطبيعة الإنسانية، وخلّـف عـدداً مـن الكتـب والمقـالات بالألمانيـة والإنكليزية. وقد نشأت بتأثير من تفكيره العلمي عدة جمعيات لعلم النفس الفردي في الولايات المتحـدة وأقطـار أوربـة، وظهـرت عـدة معاهـد خاصة بالتـدريب عـلى أسلوبه في المعالجة النفسية، وأخذ عددٌ من المدارس بأفكاره التربوية.

- يرى أدلر أن جسد الإنسان يعمل باستمرار ليتلاءم مع مطالب العالم الخارجي، وأنه يحافظ على توازنه بإجراءات دفاعية وتعويضية، وأن العمل النفسي يأخذ مجراه بترابط وتفاعل مع الجسد ويكون موجهاً بالنزوع إلى الأمن والتكامل والتفوق. لذلك لا يجوز النظر إلى الإنسان من منطلق ثنائية الجسد والنفس بل من وحدة الفرد.

- الطفل، كما يراه أدلر، فرد يحاول أن يتحكم بمحيطه، وهو يتعلم من ذلك أموراً كثيرة بشأن ما يستطيع وما لا يستطيع فعله. ويكون في جملة ما تقوده

إليه ملاحظاته وتقديره للأشياء ومقارنة نفسه بالآخرين، وفيها جميعها الكثير من الخطأ، تكوّن الشعور بالنقص أو الدونيّة، وذلك لكثرة ما يناله من مشاعر الإحباط، ويتطلب هذا الشعور منه تعويضاً، ويكون هذا الحال أساساً فيما يحصل لدى الفرد من توتر، ولدى بعضهم من أعراض عصابية. ومن هذه الزاوية، يقول أدلر، "تبدو كل أشكال تعبير الفرد «موسومة» بأثر أسلوب حياته.والحياة تواجه الإنسان بعدد من المسائل تتصل بالعمل، والعلاقات مع الآخرين، والحب والجنس، والكون، وتكيّف الإنسان مع نفسه. وحين تكون شروط طفولة الفرد غير مناسبة، وتكون مشاعر الإحباط متراكمة لديه، فإنه قد يتجه نحو الهروب من حل المشكلات، ويكون السلوك العصابي، مثل القلق والوساوس والمخاوف، شكلاً من أشكال هذا الهروب. ومن هنا يمكن القول إن أثر مشاعر الإحباط لدى فرد ما، وعجزه عن حل مشكلاته، وأسلوب الحياة لديه، وتدخل اللاشعور عنده - تتفاعل هذه كلها لتؤدي إلى تكوّن عصاب لديه يجنبه استمرار الشعور بالأذى أو الخطر الناجم عن حالة الإحباط.إن مثل هذا الفرد في حاجة إلى معالجة. إنه ليس مريضاً، ولكنه إنسان مضطرب نفسياً". وأسلوب المعالجة الذي يأخذ به أدلر ينطلق من مشروع متكامل يستهدف إعادة تربية ذلك الفرد ويعتمد على كشف الغطاء عن الأخطاء في أسلوب الحياة لديه، وعلى الدخول إلى اللاشعور، كما يعتمد على التشجيع وإنماء الاهتمامات الاجتماعية وتعديل الإدراكات والقيم والدوافع بحيث يغدو ذلك الفرد في النهاية بعيداً عن وطأة الشعور بأنه دون الآخرين، وقادراً على إدراك أن الأخطار التي كانت تبدو له كبيرة هي في الواقع صغيرة ومعقولة.

- في عام 1910م انتخب رئيسا للتجمع النمساوي للتحليل النفسي.
- توفي في أبردين Aberdeen باسكتلندة في أثناء جولته الأخيرة. عام 1937.

أديسون

الاعاقة: الصمم

"....و بينما كان في إحدى غرف القطار مع قواريره الكيميائية وآلته الطابعة وجرائده إذ وقع اهتزاز شديد بالقطار ؛ فوقعت المواد الكيميائية واشتعلت النيران فأطفأها عامل بالقطار :وألقى به وبأدواته على أقرب رصيف ؛ وصفعه صفعة على أذنه أدت به إلى صمم كامل في إحدى أذنيه؛ والأخرى تعمل بنسبة 80 %.

- هو توماس ألفا إديسون.

- ولد في ميلان في ولاية أوهايو في الولايات الأميريكية المتحدة في الحادي عشرـ مـن شهر شباط1847.

- لم يتعلم في مدارس الدولة إلا ثلاثة أشهر فقط، فقد وجده ناظر المدرسة طفلا بليدا متخلفا عقليا!.

- وظهرت عبقريته في الاختراع وإقامة مشغله الخاص حيث أظهر سيرته المدهشة كمخترع.
- لما أتم الخامسة عشر من عمره أظلمت الحياة في وجهه فوالده قد أفلس وأمه قد أصابها مرض عضال فبدأ بعمل جديد في شركة ويسترن يونيون وفي إحدى الليالي اشتد الألم على الأم وقرر الطبيب أنها في حاجة إلى جراحة عاجلة ولكن لابد من الانتظار حتى الصباح فالطبيب يحتاج إلى إضاءة والأم يقتلها الألم. فسيطرت الفكرة على إديسون فكيف يجد طريقة للإضاءة ليلاً وتكون أقوى من ضوء الشموع، فعمل بداب وأمل لا ينقطع يصل الليل بالنهار ليحقق الحلم حاول وجرب أكثر من 9999 مرة لإيجاد سلك حراري يشتعل طويلا فجرب كل المعادن واحدا تلو الآخر دون كلل أو ملل واتهم بالجنون ولكنه توصل إلى فتيل يستمر ساطعا دون تحطم وظل هو ومساعديه ثلاثة أيام بلا نوم يراقبون بحذر الفتيل والزجاج المضاء حتى تحقق الحلم ، وانهالت عليه البرقيات والرسائل تعال أضئ مدننا فأسس شركة باسمه للإضاءة الكهربية والتدفئة في نيويورك وأضاء بذلك مراكز الشركات والمؤسسات والصحف والمسارح في أمريكا وتوسع نشاطه ليمتد إلى خارج حدود دولته وبدأ بإيطاليا وبرلين بألمانيا وبعد ذلك كان الانتشار في جميع أنحاء العالم.
- ومن اختراعاته مسجلات الإقتراع والبارق الطابع والهاتف الناقل الفحمي و المصدح (الميكرفون)و الحاكي (الفونوغراف)أو الفرامافون واعظم اختراعاته المصباح الكهربي، والكثير وأنتج في السنوات الأخيرة من حياته الصور المتحركة الناطقة.

- عمل خلال الحرب العالمية الأولى لصالح الحكومة الأمريكية، وقد سجل أديسون باسمه أكثر من ألف اختراع وهو عدد لا يصدقه العقل.

- بدأ حياته العملية وهو يافع ببيع الصحف في السكك الحديدية، لفتت انتباهه عملية الطباعة فسبر غورها وتعلم أسرارها،و بينما كان في إحدى غرف القطار مع قواريره الكيميائية وآلته الطابعة وجرائده إذ وقع اهتزاز شديد بالقطار فوقعت المواد الكيميائية واشتعلت النيران فأطفأها عامل بالقطار وألقى به وبأدواته على أقرب رصيف وصفعه صفعة على أذنه أدت به إلى صمم كامل في إحدى أذنيه والأخرى تعمل بنسبة 80 % وحرم من صعود القطارات ليقتصر عمل المكافح الصغير على المحطة فقط.

- في عام 1862م قام بإصدار نشرة أسبوعية سماها (Grand Trunk Herald).

- عمل موظفا لإرسال البرقيات في محطة للسكك الحديدية مما ساعده عمله هذا لاختراع أول آلة تلغرافية ترسل آلياً.

- تقدم أديسون في عمله وانتقل إلى بوسطن في ولاية ماساتشوستس، وأسس مختبره هناك في عام 1876م.

- واخترع آلة برقية آلية تستخدم خط واحد في إرسال العديد من البرقيات عبر خط واحد ثم اخترع الكرامفون الذي يقوم بتسجيل الصوت آليا على أسطوانة من المعدن، وبعدها بسنتين قام باختراعه العظيم المصباح الكهربائي.

- في عام 1887م نقل مختبره إلى ويست أورنج في ولاية نيـو جيـرسي، وفي عـام 1888م قام باختراع kinetoscope وهو أول جهاز لعمـل الأفـلام، كـما قـام بـاختراع بطاريـة تخزين قاعدية.

- في عام 1913م أنتج أول فيلم سينمائي صوتي. في الحرب العالميـة الأولى اختـرع نظام لتوليد البنزين ومشتقاته من النباتات.

- خلال هذه الفترة عين مستشارا لرئيس الولايات المتحدة الأمريكية. سجل أديسـون أكثر من 1000 براءة اختراع.

- منح وسام ألبرت للجمعية الملكية من فنون بريطانيا العظمى.

- في 1928م استلم الميدالية الذهبية من الكونجرس.

- يقول أديسون (أن أمي هي التي صنعتني، لأنها كانت تحترمني وتثق بي، أشعرتني أني أهم شخص في الوجود، فأصبح وجودي ضروريا من اجلها وعاهدت نفسي أن لا اخذلها كما لم تخذلني قط).

- ويقول انالم افعل اى شئ صدفة ولم اخترع ايا من اختراعاتي بالصـدفة بـل بالعمـل الشاق؛ انا ابدا من حيث انتهى اخر رجل.لو فعلنا كل الاشياء التـي نحـن قـادرون عليها لاذهلنا انفسنا.ان كثيرا من اخفاقات الحياة هى لاناس لم يـدركوا كـم كانوا قريبين من بلوغ النجاح . ليس معنى ان شيئا ما لم يعمل كما تريد منه انه بـلا فائدة.العبقرية 1%الهام و99%. انـا فخور اني لم اخترع اسلحة. انـالم افشـل بـل وجدت 10 آلاف طريقة لاتعمل.

- ملاحظة / قيل أن أديسون قبل اختراعـة للمصباح الكهربائي قـد حاول أكـثر مـن 1000 محاولة لهذا الاختراع العظيم و لم يسمها محاولات فاشلة

بل أسماها تجارب لم تنجح.. ولنا هنا أن نـتعلم مـن هـذا المخـترع الصـبر والثقـة بالنفس و التفاؤل.

- توفي اديسون في ويست أورنج في 18 تشرـين الأول 1931م وعنـدما تـوفي اطفيـت جميع انوار أمريكا.

الأعشى بن قيس
الاعاقة : العشى

"لقب بالأعشى لأنه كان ضعيف البصر، والأعشى في اللغة هو الذي لا يرى ليلا"

- اعشى قيس ت(7 هـ/629 -570 م) هوالشاعر ميمون بن قيس، من بني قيس بن ثعلبة من بكر بن وائل. لقب بالأعشى لأنه كان ضعيف البصر، والأعشى في اللغة هو الذي لا يرى ليلا ويقال له : أعشى قيس والأعشى الأكبر. ويكنى الأعشى : أبا بصير، تفاؤلاً.
- والأعشى الكبير. عاش عمراً طويلاً وأدرك الإسلام ولم يسلم، ولقب بالأعشى لضعف بصره، وعمي في أواخر عمره. مولده ووفاته في قرية منفوحة باليمامة، وفيها داره وبها قبره.
- هو من فحول الشعراء في الجاهلية. وسئل يونس عن أشعر الناس فقال: «امرؤ القيس إذا غضب، والنابغة إذا رهب، وزهير إذا رغب، والأعشى إذا طرب».
- من شعراء الطبقة الأولى في الجاهلية، كان كثير الوفود على الملوك من العرب، والفرس، فكثرت الألفاظ الفارسية في شعره. غزير الشعر، يسلك فيه كل مسلك، وليس أحد ممن عرف قبله أكثر شعراً منه. كان يغني بشعره فلقب بصنّاجة العرب.

- اعتبره أبو الفرج الأصفهاني، كما يقول التبريـزي: أحـد الأعـلام مـن شـعراء الجاهليـة وفحولهم، وذهب إلى أنّه تقدّم على سائرهم، ثم استدرك ليقول: لـيس ذلـك بمُجْمَـع عليه لا فيه ولا في غيره.
- أبوه قيس بن جندل هو الذي سمّي بقتيل الجوع، سمّاه بذلك الشاعر جهنّام في معرض التهاجي فقال: أبوك قتيلُ الجوع قيس بن جندلٍ- وخالُك عبدٌ من خُماعة راضعُ وتفسير ذلك أن قيساً لجأ إلى غار في يوم شديد الحرارة فوقعت صخرة كبيرة سدّت عليه مدخل ذلك الغار فمات جوعاً.
- يفهم من قول ابن قتيبة: وكان ميمون بن قيس- أعمى، أن لقبه كما يرى- إنّما لحقه بسبب ذهاب بصره، ولعلّ الذين كنّوه بـأبي بصـير، فعلـوا ذلـك تفـاؤلاً أو تلطفـاً، أو إعجاباً ببصيرته القوية، ولذا ربطوا بين هذا الواقع الأليم وبين كنيته "أبي بصير" لكـنّ آخرين لم يذهبوا هذا المذهب والعشى في نظرهم تبعاً لدلالته اللغوية لـيس ذهـاب البصر بل ضعفه، فلئن كان الأعشى لا يبصر ليلاً فلا شيء يحول دون أن يكـون سـليم البصر نهاراً. ومن هذه الزاوية اللغوية على الأرجح كنّـي الأعشى- بـأبي بصـير بباعـث الثناء على توقّد بصيرته، وتعويضاً يبعث على الرضا في مقابل سوء بصر، ولعلّ ما جاء في شعر الأعشى حين طلبت إليه ابنته- كما قال في بعض قصـائده- البقـاء إلى جانبهـا لتجد بقربه الأمن والسلام ولتطمئن عليه بالكفّ عن الترحال وتحمل مصاعب السفر والتجوال- هو الأقرب إلى تصوير واقعه وحقيقـة بصره، فهـو يصـف مـا حـلّ بـه في أواخر حياته من

الضعف بعد أن ولّى شبابه وذهب بصره أو كاد وبات بحاجة إلى من يقوده ويريه طريقه، وإلى عصاه يتوكأ عليها، هكذا يصف نفسه فيقول:

رأتْ رجُلاً غائب الوافدين مُخلِف الخَلْق أعشى ضَريراً

وأما تفسير لقب الأعشى الآخر- أي: "صنّاجة العرب"- فمختلف فيه هو الآخر، فقد سمّي- كذلك- لأنه أول من ذكر الصّنج في شعره، إذ قال:ومُستجيبٍ لصوتِ الصَّنْج تَسَمعُهُ- إذا تُرَجِّع فيه القينةُ الفُضُلُ لكن أبا الفرج أورد تعليلاً مخالفاً حين نقل عن أبي عبيدة قوله: وكان الأعشى غنّى في شعره، فكانت العرب تسميه صنّاجة العرب. وإلى مثل هذا أشار حمّاد الرواية حين سأله أبو جعفر المنصور عن أشعر النّاس، فقال "نعم ذلك الأعشى صنّاجها".

- الأعشى أوّل من سال بشعره" لكنّ هذا الحكم لا يخلو من تعريض تكمن وراءه أسباب شتّى من الحسد وسطحية الرأي وربما العصبيّة القبلية. إن الأعشى- نفسه لم ينكر سعيه إلى المال، ولكنّه كان دائماً حريصاً على تعليل هذا المسعى والدافع إليه، فلم يجد في جعل الثناء قنطرة إلى الرخاء والاستمتاع بالتكسّب عاراً فهوعنده جنى إعجابٍ وسيرورة شعر. وفي مثل هذا الاتجاه يقول لابنته مبرّراً مسعاه إلى الثروة، رافضاً الثّواء على الفقر والحرمان:

وقد طُفتُ للمالِ آفاقَهُ عُمانَ فحِمص فأورى شِلمْ

أتيتُ النّجاشيَّ في أرضه وأرضَ النَّبيط، وأرضَ العجمْ

فنجران، فالسَّروَ من حِمْيرٍ فأيَّ مرامٍ له لم أَرُمْ

ومن بعدِ ذاك إلى حضرموت فأوفيت همّي وحينا أَهُمْ

أَلمْ تــري الحَضْــرَ إذ أهلُـــه   بنَعُـــمى- وهــل خالدٌ من نَعِمْ

- كان الأعشى بحاجة دائمة إلى المال حتى ينهض بتبعات أسفاره الطويلة ويفي برغباته ومتطلباته فراح بلاد العرب قاصداً الملوك.. يمدحهم ويكسب عطاءهم. ولم يكن يجتمع إليه قدر من المال حتى يستنزفه في لذّته.. ثم يعاود الرحلة في سبيل الحصول على مال جديد، ينفقه في لذّة جديدة. هذا هو الغرض من استدرار العطاء بعبارة الثناء، فكسبه النوال إنما كان لتلك الخصال التي عدّدنا، ولم يكن الأعشى- في حياته إلا باذلاً للمال، سخياً على نفسه وذويه وصحبه من النّدامى ورفاقه في مجالس الشراب، فلا يجد غضاضة أن يحيط ممدوحه بسيرته هذه كقوله مادحاً قيس بن معد يكرب:

فجِئتُــكَ مُرتــاداً مــا خبّروا   ولـــولا الذي خبّـــروا لم تَرَنْ

فــلا تحــرِمنّي نــداكَ الجزيل   فإنّـــي أمـــرؤ قَبْلكُــمْ لم أهَنْ

- بحكم ما تقدّم من فعل النشأة وتكوين العرى الأولى في شخصيّة الأعشى- تطالعنا في ثنايا ديوانه، وبالدرس والتحليل والاستنتاج جوانب غنيّة من عالم الشاعر نكتفي منها بلُمع نتلمس مصادرها في قصائده ومواقفه وردّات أفعاله وانفعالاته. وفي قمة ما يمور به عالمه النفسي والفكري اعتقادٌ أملاه الواقع بعبثية الحياة، وتداخل مهازلها بصلب طبيعتها التي لا تني في تشكيلها وتبدّلها بصور شتى لا تغيّر من جوهرها المرتكز على ظاهرة التلوّن وعدم الثبات والزوال. وقد ضمّن الأعشى- شعره هذه التأمّلات وهو يصف الموت الذي يطوي الملوك والحصون والأمم والشعوب كمثل قوله في مطلع مدحه المحلّق:

أرقتُ وما هــذا السُّهادُ المــؤرّقُ   وما بي من سقم وما بــي مَعْشَقُ

ولكن أرانــي لا أزالُ بحــادثٍ		أُغادي بما لم يمسِ عنـدي وأطرقُ

فمـا أنتَ إنْ دامتْ عليك بخالدٍ		كما لم يُخلَّدْ قبل ساسا ومَـوْرَقُ

- وكِسرى شهِنْشاهُ الذي سار مُلكُهُ- له ما اشـتهى راحٌ عتيـقٌ وزنْبـقُ ولا عاديـاً لم يمنـع الموتَ مالُه- وحصنٌ بتيماءَ اليهوديّ أبلقُ.
- والأعشى من كبار شعراء الجاهلية: جعله ابـن سـلاّم أحـد الأربعـة الأوائـل، في عـداد امرئ القيس والنّابغة وزهير فهو "بين أعلام" الجاهلية وفحول شعرائها، وهو متقـدّم كتقدّم من ذكرنا دونما إجماع عليه أو عليهم، ومع ذلك فليس هذا بالقليل:

أو لم يُسأل حسّان بن ثابت... عن أشعر الناس كقبيلة لا كشاعر بعينه فقـال: "الـزّرق من بني قيس بن ثعلبة" ولا غرو أنّه عنـى في المقـام الأول الأعشى- أبـا بصـير، وهـو مـا أكـده الكلبي عن مروان بن أبي حفصة حين أشاد بالأعشى وأحلّه مرتبة الشاعر الشاعر لقوله:

كـــلا أبَوَيْكـــم كان فرعَ دِعامةٍ		ولكنّهـم زادوا وأصبحت ناقصاً

وحدّث الرياشي نقلاً عن الشعبيّ ففضّل الأعشى- في ثلاثـة أبيـات واعتـبره مـن خلالهـا أغزل النّاس وأخنثهم وأشجعهم، وهي على التوالي:

غـــرّاء فرعاءُ مصقولُ عوارضُها		تمشي الهُوَيْنى كما يمْشي الوَجى الوَحِلُ

قالتْ هريرةُ لمّـــا جِئتُ زائرَهـــا		ويلي عليـــكَ وويلي منـــك يا رجلُ

قالوا الطِّرادُ فقلْنا تلكَ عادتُنـــــا		أو تنزِلـــونَ فإنّـــا معْشـــرٌ نُـــزُلُ

- كان الأعشى يعتبر الشرّ في الطبيعة البشرية قدراً ليس يدفع فهل غذّى فيه هذا الاعتقاد الكفاح في سبيل متع الوجود وجعله يرتضي بالتالي مصيره، وهو مصير الورى جميعاً أي حتمية الزوال.
- له القصائد الطوال الجياد. يتغنى بشعره فسموه: "صناجة العرب" - ويقولون ان الأعشى هو أول من انتجع بشعره، يقصدون بذلك أنه كان يمدح لطلب المال. ولم يكن يمدح قوماً إلا رفعهم، ولم يهج قوماً إلا وضعهم لأنه من أسير الناس شعراً وأعظمهم فيه حظاً. ألم يزوج بنات المحلق بابيات قالها فيه، كما جاء في كتب الأدب اشتهر بمنافرة له مع علقمة الفحل. امتاز عن معظم شعراء الجاهلية بوصف الخمر.
- قال أبي زيد القرشي في جمهرته: "الأعشى أمدح الشعراء للملوك، وأوصفهم للخمر، وأغزرهم شعراً وأحسنهم قريضاً".
- أما معلقته فمطلعها:

ما بكاء الكبير في الأطلال وسؤالي وما ترد سؤالي

- ترجم بعض قصائده الطوال، المستشرق الألماني "غاير" منها : قصيدته المعلقة، والقصيدة الثانية "ودع هريرة". وقد عني بشرحها مطولاً، وطبعت معلقته في كتاب : المعلقات العشر.

أندريا بوتشللي

الاعاقة: العمى

"عندما بلغ 12 عاما من عمره فقد البصر تماما بعد إصابته في مباراة لكرة القدم. ولم تمنعه الإعاقة من مواصلة طريقه الموسيقي الذي أصبح كل حياته."

- ولد "أندريا بوتشيللي" في الثاني و العشرين من أيلول سبتمبر من العام 1958 "لاتجاتيكو - توسكانا \ إيطاليا (Lajatico، Tuscany ، Italy)،

- يعد أندريا بوتشللي واحد من أشهر مطربي الأوبرا في العالم.

- ولد وهو يعاني من مشاكل في البصر بسبب إصابة عينيه بالمياه الزرقاء. وعندما بلغ 12 عاما من عمره فقد البصر تماما بعد إصابته في مباراة لكرة القدم. ولم تمنعه الإعاقة من مواصلة طريقه الموسيقي الذي أصبح كل حياته.

- عمل اندريا بوتشيللي كمحام لمدة عام إذ انه حاز على الدكتوراه في القانون من جامعة "بيسا"، بعدها شرع في تعلم الموسيقا على يد المايسترو "لوتشيانو بيتاريني".

في عام 1994 غنى بوتشيللي أغنيته "Il mare calmo della sera" في مهرجان سان ريمو، حيث حاز على المرتبة الذهبية، و في نفس العام دور "ماكداف" في أوبرا "ماكبيث" لجيوزيبه فيردي"، إضافة لغنائه أمام البابا يوحنا بولس الثاني في عيد الميلاد.

- في عام 1995 غنى أغنيته المشهورة Con Te Partiro حيث حل في المرتبة الرابعة في مهرجان سان ريمو.
- في عام 1996 انطلق "بوتشيللي" إلى العالمية عندما غنى مع السوبرانو البريطانية "سارة بريتمان" أغنيته "ograve&Partir Con Te;" التي ضربت و بقوة و بقيت في قائمة الـ top ten الألمانية لمدة ستة شهور بعد اطلاقها.
- في كل من عامي 1998 و 1999 باشر بوتشيللي جولاته بين أمريكا الشمالية و الجنوبية بمرافقة "سيلين ديون" بعدها أدى أول أوبرا تبث كاملة عبر الانترنت و مباشرة حيث نقلت من بيت الأوبرا في ديترويت بمرافقة "دينفس غرايفز".
- في العام 2000 كرر "حصل على جائزتين في حفل الموسيقى العالمي world music awards. ثم تابع ا حياته الفنية ليظهر و يحيي الحفلات في جميع أنحاء العالم، حتى أنه غنى في مباراة كل النجوم الأمريكية أو الـ nba all stars week-end 2006 في هيوستن، كما أنه غنى في نفس العام أغنية "Because We Believe" من ألبومه Amore في حفل اختتام الألعاب الاولمبية الشتوية.

أوغست رينوار

الاعاقة : شلل اليدين

"إبتداء من عام 1911 لم يعد يستطيع التحرك بمفرده واستخدم مقعداً متحركاً وبما أن يديه أصيبتا بالشلل ربط فرشاة الرسم بخيوط على يده اليمنى ليتمكن من الرسم".

* ولد بيار أوغست رينوار في 25 فبراير (شباط) 1841.

* خلال الأعوام 1854 – 1858 عمل رساماً على الخزفيات. يرسم الأزهار والأشخاص على أوان وصحون خزفية. في عام 1858 اصبحت مهنته غير مطلوبة بعد أن تم ابتكار طريقة للطباعة الآلية على الأواني الخزفية.

* في عام 1860 عمل في متحف اللوفر في باريس كناقل لوحات روبنز وفراغونار وبوشيه لحساب المتحف.

- في عام 1862 دخل إلى مدرسة الفنون الجميلة ليدرس قواعد وأساليب الرسم الزيتي وتعرف في هذه المدرسة على الرسامين مونيه وسيزلي وبازيل.

- في عام 1863 بدأ يرسم لوحاته في الهواء الطلق في غابات فونتنبلو سوية مع سيزلي مونيه وبازيل لعدم توفر المال الكافي لديه لاستئجار استوديو للرسم.

- في عام 1864 قرر العمل كرسام مستقل واستأجر استوديو بمساعدة أحد الرسامين الأثرياء الذين رأوا فيه موهبة فنية رائعة. قبلت إدارة "الصالة" عرض لوحته " الراقصة اسمرالدا" ولكنه بعد انتهاء المعرض مزقها إرباً لأنها لم تجد من يشتريها.

- في عام 1865 انطلق مع اصدقاءه سيزلي ومونيه وبيساور إلى الغابات المحيطة بباريس ليرسموا لوحاتهم في الهواء الطلق وفي نفس السنة استأجر صديقة سيزلي استديو فذهب رينوار للعمل فيه بناء على دعوة سيزلي.

- في عام 1866 ظل ينتقل بين مسكن سيزلي وباريس ثم انتقل إلى منزل بازيل عندما تزوج سيزلي. رفضت " الصالة" عرض صوره رغم توسط الرسامين كورو ودوبيني. رسم لوحة " في حانة الأم أنطوني".

- في عام 1867 إنضم الرسام مونيه إلى رينوار وبازيل. رفضت "الصالة" عرض لوحة رينوار "ديانا". اتفق مع بازيل وبيسارو و سيزلي على إنشاء " صالة المرفوضين". رسم لوحة "ليزا".

- في عام 1868 طلب منه الكونت بيبسكو رسم لوحتين له ولعائلة. رسم أيضاً صوراً لسيزلي و زوجته وقبلت " الصالة" أخيراً عرض لوحة "ليزا" واعترفت لجنة إدارتها بأعمال رينوار.
- في عام 1870 دخل إلى الخدمة العسكرية في فرقة الخيالة وقتل صديقه الرسام بازيل في المعارك.
- وفي عام 1871 عاد إلى باريس بعد تسريحه من الجيش واستقر في منزل والديه في بوجيفال.
- في عام 1872 اشترى تاجر اللوحات دوران – رويل لوحتين لرينوار. إنضم إلى بيسارو ومانيه سيزان في توقيع استرحام إلى وزير الثقافة للموافقة على إنشاء "صالة المرفوضين".
- في عام 1873 تعرف الى الكاتب الأديب DURET في استوديو ديغاس واشترى دوريه لوحته " ليزا". تمكن بعد ذلك من الانتقال إلى استوديو واسع في مونمارتر و انضم إلى مجموعة فنانين تأسست حديثاً ضمت كل من سيزان وديغاس ومانيه وبيسارو وسيزلي.
- وفي عام 1874 أقيم أول معرض للوحات الانطباعيين في استديو المصور نادار وباع ثلاث لوحات من بينها "المقصورة".
- في عام 1875 نظم رينوار مزاداً للوحاته سوية مع لوحات موريزو وسيزلي ومونيه في فندق دروو حيث وقعت مشادات مشينه. تمكن في هذا المزاد من بيع عشرين لوحة ولكن بثمن بخس للغاية.
- في عام 1876 عرض 15 لوحة من لوحاته في معرض الفنانين الانطباعيين الثاني في باريس. طلب منه شارنتييه ناشر الكتب صنع لوحات له ولعائلته

ففعل رينوار ذلك وحصل على مبلغ محترم من المال ساعده في التغلب على مشاكلها المالية.

- في عام 1877 عرض 22 لوحة مع أعمال فنانيين انطباعيين آخرين ونظم مزاداً ثانياً لأعماله بلاشتراك مع كايبوت وبيسارو وسيزلي وباع عشرين لوحة بمبلغ ألفي فرنك فقط.
- في عام 1878 قدم لوحاته في " الصالة" ومنها لوحة " مدام شاربانتيه و أطفالها". في عام 1879 لم يشترك في المعرض الرابع لأعمال الرسامين الإنطباعيين. أقام معرضاً خاصاً باعماله في مكاتب مجلة "LA VIE MODERNE".
- في عام 1880 كسر ذراعة اليمنى ورسم بالذراع اليسرى. بدأت الشكوك تغمره حول فنه. أمضى بعض الوقت مع آلين شاريغو زوجته المستقبلية. رسم لوحات لأطفال أحد رجال المصارف.
- في عام 1881 سافر إلى الجزائر ثم عاد إلى فرنسا حيث رسم " غداء مجموعة البحارة" أظهر فيها صور أصدقاءة.
- في عام 1882. ابدأ يرسم المناظر الطبيعية بصحبة سيزان في الريف الفرنسي. عرض تاجر اللوحات دوران – رويل 25 لوحة لرينوار في المعرض السابع للرسامين الانطباعيين. أمضى الربيع في الجزائر والصيف في الجنوب الفرنسي. في عام 1883 بدأت الفترة من حياته التي عرفت بـ "فترة الجفاف". عرض له دوران رويل 70 لوحة بيعت كلها كما بدأت شهرته تتسع في أوروبا. بيعت لوحات له في معارض فنية في لندن وبوسطن وبرلين. أنجز خلال تلك السنة مجموعة من اللوحات "الراقصة" وبدأ يبحث

عن مواضيع للوحاته مع مونيه على شواطيء البحر الأبيض المتوسط بين مارسيليا وجنوا.

- في عام 1885 ولد إبنه البكر بيار وبدأت نوبات من الانهيار العصبي تنتابه. في عام 1886 عرض في بروكسيل مع مجموعة "العشرين" ثماني لوحات له ثم عرض 32 لوحة في أحد معارض نيويورك بيعت جميعها. في أكتوبر (تشرين الأول) مزق كافة لوحاته التي رسمها خلال الشهرين السابقين. وفي عام 1887 إرتبط بصداقة متينة مع MORISOT".
- في عام 1888 أمضى فصل الصيف في بوجيفال في الريف الفرنسي. أصيب بنوبة حادة من التهاب المفاصل الرئياني وبالشلل في وجهه. في عام 1889 إضطر إلى تجنب المناطق الباردة وأمضى معظم أوقاته في ESSOYES ذات الطقس المعتدل. رفض الاشتراك في المعرض العالمي في باريس وغمرته الشكوك حول فائدة وقيمة أعماله. في عام 1890 عرض لوحاته في بروكسيل مع مجموعة "العشرين" وتزوج ألين شاريغو بصورة رسمية في 14 إبريل (نيسان) وفي عام 1891 سافر إلى طولون لتمضية فصل الصيف هناك. إشترى دوران رويل اللوحات "الراقصة" الثلاث بمبلغ 7500 فرنك لكل منها.
- في عام 1892 نظم دوران رويل أكبر معرض لأعمال رينوار عرض فيه حوالي 110 لوحة. إشترت الحكومة الفرنسية أول لوحة من لوحات رينوار. سافر إلى إسبانيا وأعجب هناك تيتيان وفيلاسكويز وغويا المعرضية في متحف برادو.

- في عام 1894 توفي صديقه وراعيه كايبوت وعين رينوار منفذاً لوصيته. لم تهتم المتاحف بشراء أعمال كايبوت. أقامت غبريالا رينار إبنة عم زوجته في منزله كمربية وبقيت تعمل لديه حتى عام 1914. إستخدمها رينوار كموديل في لوحات كثيرة له. في 15 سبتمبر (أيلول) ولد طفله الثاني جان الذي أصبح مخرجاً سينمائياً مشهوراً. تعرف بتاجر اللوحات فولار. إضطر بسبب التهاب المفاصل الرثياني أن يستخدم عكازات عند المشي.

- في عام 1895 رحل إلى جنوب فرنسا طلباً للدفء ثم عاد إلى باريس لحضور جنازة صديقه موريزو. في عام 1896 سافر إلى بايروت لحضور مهرجانات واغنز ولكنه غضب من التجميد المفرط للشعب الألماني لهذا الموسيقى. في عام 1897 سقط عن دراجته الهوائية وكسر ذراعه اليمنى. في عام 1898 سافر إلى هولندا لعرض بعض لوحاته وفي فصل الشتاء أصيب بنوبة شديدة من التهاب المفاصل شلَت ذراعه اليمنى تماماً.

- في عام 1899 أمضى فصل الشتاء في نيس وعاد يرسم في الهواء الطلق وحاول معالجة التهاب المفاصل في حمامات إيكس لي بان الحارة. أنهى صداقته مع ديغاس وسيزلي. في عام 1900 اشترك في المعرض العالمي للرسامين الذي أقيم في باريس وعرض فيها بعض لوحاته. منح وسام جوقة الشرف من قبل الحكومة الفرنسية. إزداد التهاب المفاصل وتشوهت يداه وذراعاه. في عام 1901 ولد إبنه الثالث كلود في شهر أغسطس (آب) وكان الإبن المفضل لديه.

- في عام 1902 انتقل إلى كان مع أفراد عائلته وساءت صحته. ضعف بصره وأصيب بالتهاب القصبات الهوائية. واجه بعض المشاكل بسبب تزوير

بعض لوحاته. في عام 1904 بدأ يرسم وهو جالس على كرسي متحرك. حقق نجاحاً كبيراً عندما عرض لوحاته في "الصالة" وباع كل اللوحات التي عرضها فيها (35 لوحة). في عام 1905 استقر نهائياً في CAGNES في الجنوب الفرنسي وعرض 60 لوحة في لندن. ازداد عدد محبي لوحاته وانتخب رئيساً فخرياً "للصالة".

- في عام 1906 استأنف الرسم بالأخص رسم لوحات للمربية غبريالا. في عام 1907 بيعت لوحته "مادم شاربانتييه وأطفالها" بمبلغ 84 ألف فرنك إلى متحف متربوليتان في نيويورك. إشترى رينوار فيلا “LES COLETTES” في قرية CAGNES وفي عام 1908 انتقل إلى مسكنه الجديد.
- استمر يرسم خلال عام 1909 رغم مرضه المؤلم ورسم لوحات "الراقصات" ووقف إبنه كلود موديلاً له عندما رسم لوحة "المهرج". في عام 1910 صنع خصيصاً له مرسماً متحركاً لتمكينه من العمل بسهولة. بعض أن طرأ تحسن طفيف على صحته سافر مع افراد عائلته إلى ميونيخ وأعجب باللوحات المعروضة في متحف بينوتيك وبالأخص لوحات روبنز وبعد عودته أصيب ساقاه بالشلل التام.
- إبتداء من عام 1911 لم يعد يستطيع التحرك بمفرده واستخدم مقعداً متحركاً وبما أن يديه أصيبتا بالشلل ربط فرشاة الرسم بخيوط على يده اليمنى ليتمكن من الرسم. منح وساماً رفيعاً آخراً من الحكومة الفرنسية.

- في عام 1912 استأجر رينوار استوديو في نيس. أصيب بانهيار عصبي نظراً لعدم تمكنه من الرسم بعد أن شل ذراعاه. حصلت لوحاته على أسعار مرتفعة عند عرضها في "الصالة".

- في عام 1913 بدأ يعمل مثالاً بمساعدة الشاب غينول. كان رينوار يملي على المساعد ما يجب أن يصنع.

- في عام 1914 أصيب ولداه بجراح بليغة خلال المعارك في الحرب العاملة الأولى فأصيب بحزن عميق. وغادرت المربية غبريالا منزله لتتزوج وبات رينوار بدون موديل. توفيت زوجة رينوار حزنا على ولديها.

- في عام 1917 عرضت لوحة لرينوار في المتحف الوطني في لندن وعرض تاجر اللوحات فولار ستين لوحة له في زيوريخ.

- في عام 1919 أكمل اللوحة الكبيرة " استراحة بعد السباحة" وهو يتألم. زار متحف اللوفر على مقعده المتحرك حيث عرضت إحدى لوحاته بجانب لوحة للرسام فيرونيز.

- في نوفمبر (تشرين الثاني) من ذلك العام أصيب بالتهاب رئوي نتج عنه احتقان في الرئتين. توفي في 3 ديسمبر (كانون الأول) ودفن في مقبرة ESSOYES بجوار زوجته آلين في 6 ديسمبر (كانون الأول).

بشار بن برد

الاعاقة: العمى

"قال بشار حين رد على خصومه الذين عيروه بعماه:

وعـيرني الاعـداء والعيب فيهمو   فليس بعـار ان يقـال ضـرير

اذا ابصر المـرء المـروءة والتقـى فان عمى العينين لـيس يضـير

رايـت العمى اجرا، وذخرا وعصمة وإنــي الى تلك الثـلاث فقـير

- هوالشاعر المشهور بشار بن برد بن يرجوخ،، شاعر فارسي الأصل.
- ولد عام 91 هـ فى مدينه البصره و نشأ في بني عقيـل نشـأة عربيـة خالصةفاسـتوى لسانه على الكلام الفصيح.
- من مخضرمي الدولتين الأموية والعباسية كنيته أبا معـاذ ويلقـب بالمرعـث لرعثـات كانت في أذنه.
- بدأ الشعر في سن مبكرة فما كاد يبلغ العاشرة حتى تفجرت موهبتة.
- كان مولعا بالهجاء ولم يتوان عن التعرض لكبار الشعراء كجرير الـذي استصـغره ولم يرد عليه.
- أمسك بزمام اللغة وسخرها في شعره باتقان وكان لعوبا بالمعاني والألفاظ في الشعر.
- هو من طبقات المحدثين بـإجماع الـرواة ورئاسـته علـيهم فقـد كـان لبشـار قريحـة سمحة وعقل نير وخيال يأتي بالصور الطريفـة مـن الواقـع بالإضـافة إلى متانـة لغتـه وسعتها وغناها.
- عاش حياة مديدة في ظلمة العمى. غير أن بصيرته دفعته ليكـون متمايـزاً عـن سـواه من المبصرين.
- أكثر من شعر الغزل حتى فاق فيه عمر بن أبي ربيعة ، أشهر الغزليين، ونساء غزله من طبقته الفقيرة (مغنيات وجواري). وكان شعره الغزلي

شائعاً في البصرة يرويه النساء والرجال. وتشبيهاته تعد أحسن وأفضل من غيره مع أنه كان أعمى البصيرة منذ ولادته.

- كتب عنه العقاد قال" كان: (من أصحاب المزاج الذين يغلب عليهم اللهو والفجور والشغف باللذات والملاهي، وما تسوله غواية اللحم والدم، وتغري به المطالب الجسدية، والشهوات الحسية، فما كان له إلا أن يطيع طبيعته... ولد أعمى، والده قن وهو قن، عاش في بيت لا يعرف للكرامة معنى، وانتهت حياته بالجلد حتى الموت، إذ سمعوه يؤذن وهو سكران، في غير وقت الأذان، فكان زنديقاً، فأمر الخليفة المهدي بجلده. كان يهجو الخلفاء العباسيين، فعندما توفي أحد الخلفاء واستلم زمام الأمور خليفة عباسيّ آخر، قال بشار بن برد:

خليفةٌ ماتَ لم يحزنْ لهُ أحدٌ وآخرٌ قامَ لم يفرحْ بهِ أحدُ

- من اشعاره المشهورة:

إذا كنت في كل الأمور معاتباً صديقك لم تلق الذي لاتعاتبه

فعش واحداً او صل أخاك فإنه مقارف ذنب مرة ومجانبه

إذا أنت لم تشرب مرارعلى القذى ظمئت وأي الناس تصفو مشاربه

لقد أسمعت لو ناديت حياً لكن لا حياة لمن تنادي

- قال الأصمعي : (كان بشار من أشد الناس تبرماً بالناس).
- وقالوا كان بشار : جباناً رعديداً جشعاً نهماً شهوانياً فاحشاً ماجناً مستهتراً أفسد بغزله نساء البصرة وشبانها فهذا مالك بن دينار يقول فيه:"ما شيء أدعى أهل هذه المدينة إلى الفسق من أشعار هذا الأعمى.

- وكان بشار مداحاً مستجدياً فهو يقول لخالد بن برمك :

فإن تعطني أفــرغ عليك مدائحي   وإن تأب لم يضـــرب علي سداد
ركابي على حرف وقلبي مشيـــع   ومالـــي بأرض الباخـلين بـلاد

- وعن بخله قالوا أراد أبو الشمقمق أن ينال منه دراهماً فقال له يـا أبـا معـاذ مـررت بصبية ينشدون هذا البيت : إن بشار بن برد   تيس أعمى في سفينه....فأخرج بشار مائتي درهم وقال خذها ولا تكن راوية الصبيان يا أبا الشمقمق.

-

هلاك بشار :

هجا بشار عظام الدولة العباسية وأشراف الناس والخليفة المهدي ووزيـر ابـن أبي داؤد فقد وضعهما بين الغناء والطرب فهو يقول :

بني أمية هبـــوا طـال نومكـم   إن الخليفـة يعقـــوب بن داؤد
ضاعت حلافتكم ياقـــوم فانتبهوا   خليفـــة الله بين الزق والعـود

- ويقال أن بشارا " هجا " المهدي بأبيات يشمئز القلم مـن نقـل عباراتهـا فبلـغ الخـبر المهدي فكاد أن ينشق غيظا من بشار فأمر بإحضاره وكان في حراقه وأمر بأن يضرب سبعين سوطاً فضرب حتى شارف على الموت وألقى في سفينة حتى مات فجاء بعـض أهله فحملوه إلى البصرة ودفن فيها وقد فرح الناس بموته وهنأ بعضهم بعضاً وقيـل في خبر موته أنه أذن وهو سكران

فضربه المهدي حتى أتلفه ومن هجائه لصالح بن داؤد أخي يعقوب الوزير:

هـــم حملـــوا فـوق المنابر صالحاً
أخـــاك فضجت من أخيك المنابر

- وقد وصف الدكتور (طه حسين) في حديث الأربعاء شعر بشار بالكـذب ونفـى عنـه صدق العاطفة.
- وقال أبو هاشم الباهلي يهجو بشار وحماد عجرد:

قـــد تتبع الأعمـــى قفا عجـرد
فأصبحنـــا جـــارين فـي دار

قالت بقـــاع الأرض لا مـــرحبا
بـــروح حمـــاد وبشـــــار

صـــارا جميعـــا في يـــدي مالك
في النـــار والكفـــار في النـار

- ومما يدل علي كفر قوله :

إبليس خـــير مـن أبيكـم آدم
يا ليتني كـــنت تفـــاحا مفلجة

إبليس مـــن نـــار و آدم طينـة
والنـــار معبودة مذ كانت النار

ومن اجمل اشعاره:

ان العيــون التي في طرفهــا حور... قتلننـــا ثــم لــم يحيـين قتلانا

قلــت احسنت يا سؤلي ويا املي... فاسمعيني جـــزاك الله احســانا

يا حبــذا جبــل الريان من جبل... وحبـــذا ساكــن الريان من كانا

قالت فهلا فدتك النفس احسن من.. هذا لمــن كان صب القلب حيرانا

يا قوم اذنى لبعض الحي عــاشقة... والأذن تعشـــق قبل العين أحيانا

فقلت احسنت انت الشمس طالعــة.. اضرمت في القلب والاحشاء نيرانا

فاسمعيــني صــوتا مطربا هزجا... يا ليتني كــنت تفاحـا مفلجة...

يزيد صبــا محبــا فيــك اشجـــانا أو كـنت من قضب الريحان ريحانا

حتى إذا وجــدت ريحـــي فأعجبها فحركت عودهــا ثم انثنت طربا...

... ونحــن في خلــوة مثلت إنسانا تشدو به ثــم لا تخفيــه كتمـــانا

أصبحــت اطــوع خلق الله كلهم.. قلــت اطربينا يا زيــن مجلسنا..

لاكثــر الخلق لي في الحــب عصيانا فهـــات انك بالاحســان أولانا

لو كنت اعلــم أن الحــب يقتلني.. فغنت الشرب صوتا مؤنقا رملا..

اعـــددت لي قبــل أن القــاك اكفانا يذكي الســرور ويبكي العين ألوانا

لا يقتــل الله مــن دامت مودته... والله يقتــل أهــل الغدر أحيانا

- أجمع الرواة على أن بشار بن برد مات مقتولا سنة 168هـ بأمر من الخليفة المهدي حيث رماه بالزندقة.

بيتهوفن
الاعاقة : الصمم

".....وقد أصبحت أعمال (بيتهوفن) التى أبدعها بعدما أصيب بالصمم التام، تعد من أعظم و أروع من كل ما قدم قبل ذالك ، ، ،

- ولد "لودفيج فان بيتهوفن"بمدينة بون بألمانيا في16 ديسمبر عام 1770.

- كـان أبـوه "يوهـان فـان بتهـوفن" قـد تـزوج مـن أمـه "ماريـا ماجدلينا لايـم" عـام 1767.ويرجع العائلة إلى أصل فلمنكي قبل أن يقيم جده لأبيه بمدينة بـون ويؤسـس هذا الفرع من العائلة.

- كان أبوه يعمل مغنيا بكنيسة البلدة وكانت شخصيته باهتـة لا يفكـر في غـده أو في مسؤولياته تجاه العائلـة.. ومـع ذلـك فـإن الفضـل يرجـع إليـه في اكتشـاف موهبـة لودفيج غير العادية في سن مبكرة.
- كانت صورة "موتسارت" الطفل المعجزة عالقة بذهن والده.. ففكر على الفـور في أن يخلق من لودفيج معجزة مماثلة، ولم يستطع التحقق من أن هناك زهـوراً أصـيلة لا تتفتح مبكرة، وأن موهبة ابنه كانت من النوع العميق المستوعب البطيء التفتح.
- كانت صورة طفولته الأولى تتبلور في وقفته عـلى كـرسي صـغير أمـام مفـاتيح البيـانو والدموع تنهمر من عينيه، فقد كان والده يجبره بقسـوة عـلى المِران المتواصـل دون مراعاة لطفولتـه واحـتمال صـحته. كـان الوالـد يعـود متـأخراً مترنحـاً مـن الشراب، وبرفقته صديقه "توبياس" الذي كان يدرس البيانو للصـغير لـودفيج.. فيوقظانـه مـن فراشـه ويجبرانـه عـلى التمـرين حتـى الصـباح، وبعـد نـوم قليـل يـذهب للمدرسـة الابتدائية وهو في حالة نعاس وذهول وصمت. كانت ملابسه غير مرتبة وشـعره غـير مهذب. تعلم الكتابة بخط جيد جميل وإن بدا في أيامه الأخيرة غـير واضـح، وتمكـن من دراسة اللغتين الفرنسية واللاتينية بشكل مرض، رغـم أن هجـاءه للغتـه الأصـلية (الألمانية) لم يكن صحيحاً. أما الرياضيات فكانت بالنسـبة لـه مشـكلة كـبرى.. وظـل كذلك طوال حياته حتى وهو عـلى فـراش المـوت كـان ابـن أخيـه كـارل يسـاعده في عمليات الجمع البسيطة.
- عندما بلغ الحادية عشرة من عمره كان لا يتعلم شيئا غـير الموسـيقى، وهـذا يـدلنا على أنه لم يتمكن من التأقلم مع الحياة المحيطة به رغم حدة ذكائه

وقوة استيعابه لأمور عديدة أخرى.. لم يتفوق في كل ما يجيده البشر ـ من علوم ودراسات وعلاقات اجتماعية، فقد كانت له حياة أخرى لا يجاريه إنسان فيها.. حياة تغمرها الروحانيات والثراء الفني العميق.

- قال عنه "ريس" Ries الذي كان يعرفه جيداً في هذه المرحلة من عمره: "كان يبدو قميئاً.. مغلوبا على أمره.. تخلو حركاته من الرشاقة والمظهر الحسن.. كان نادرا ما يمسك بشيء دون أن يسقط من يده وينكسر، لم تنج منه أي قطعة من أثاث المنزل. فقد كانت زجاجات الحبر تنقلب يوميا لتغرق كل شيء، حتى أصابع البيانو، لم يكن يجيد الرقص أو الظهور بالمظهر اللائق..".

- عندما بلغ الرابعة عشرة من عمره، حصل على وظيفة عازف الأرغن المساعد بكنيسة الدوق "فرانز مكسيميليان" الذي كان الابن الأصغر للإمبراطورة ماريا تيريزه، وهذا يدل على المستوى الفني الكبير الذي كان قد وصل اليه في ذلك الوقت.. وكان قبل ذلك ينوب عن عازف الأورغن عند غيابه. وبالإضافة إلى عزف الأورغن، فإن وظيفته تضمنت العمل كعازف للهاربسيورد بمسرح القصر ـ لتدريب المغنين على خشبة المسرح، وكان في ذلك الوقت يدرس التأليف بعمق مع أستاذه "نيف" Nefe الذي أذاع في كل البقاع خبر الموهبة المعجزة لتلميذه العبقري..

- عندما ذهب بتهوفن إلى فينا للمرة الأولى - وكان في السادسة عشرة - كان قد وصل إلى مستوى نادر في عزف البيانو، وكتب عدداً من الأعمال الجيدة. وكان ذلك في عام 1787 وقد انتقى فينا بالذات لأنها كانت كعبة الموسيقى ومقر موتسارت العظيم الذي كان في أوج مجده.. وعندما عزف لموتسارت، لم يتأثر الأخير الذي كان قد استعرض أكبر مواهب العالم في

عزف البيانو.. ولكنه ذهل عندما بدأ بتهوفن في الارتجال.. ولا يعـرف أحـد يقينـا مـا إذا كان قد درس بالفعل على يد موتسارت أم لا، لأنه بعد شهرين فقط مـن وصـوله إلى فينا، جاءته أنباء اشتداد المرض على أمه فعاد إلى بون ليجدها على فراش الموت..

- كانت أمه رمزاً للحب والوفاء.. وكان بتهـوفن يتحـدث عنهـا بكـل تبجيـل وتكـريم، فهي التي منحته الرعاية والحب الذي افتقده في والده.. كانت رقيقة وديعة، تصارع الحياة ببطولة وارادة وعنف لتحفظ للأسرة بقاءها وقوتهـا الضـروري.. عـاد بتهـوفن ليجد حالة والده تسوء في السكر والعربدة حتـى أنـه أنقـذه في إحـدى المـرات مـن اعتقال البوليس.. وعندما بلغ لودفيج التاسعة عشرة، كان أبوه قد فصـل مـن عملـه وتحمل الصغير المسؤولية الكاملة للعائلة..
- كـان لبتهـوفن أصـدقاء عديـدون سـماهم "ملائكـة الرعايـة"، وكـان أهمهـم عائلـة "بروينن‍ج" Breuning التي كانت تتمتع بمركز اجتماعي مرموق إلى جـاب الخصـوبة الثقافية مما كان له أشد الأثر على تكوين فكر بتهوفن وثقافته في هذه المرحلـة مـن حياته.. وصديق آخر حميم كان الكونت فالدشتين waldstein الذي كـان يقـدم لـه المساعدات المالية دون أن يجرح كبرياءه..
- في عام 1792 سافر بتهوفن إلى فينا للمرة الثانية ليعيش في وسط التجربة الموسـيقية الكبرى، وليواصل دراسته مع هايدن العظيم بعد أن كـان موتسـارت قـد رحـل عـن العالم وهو في عمر الزهور. وكان هايدن قد سـمع عـن عبقريـة بتهـوفن عنـدما مـر ببون 1790، فبدأ في تدريسه على الفور واستمر يباشره لمدة عام كامل لم يشعر فيـه بتهوفن بالسعاددة لأنه لم يحقق ما

رجاه من علم موسيقي على يد زعيم الكلاسيكيين " بابا هايدن ".. أما من وجهة نظر هايدن.. فإنه لم يكن يعلم ماذا يفعل مع الشاب الريفي المتمرد.. فلم يتبع بتهوفن أي قاعدة عن ثقة. وكان دائماً يسأل: "لماذا ؟" و "كيف ؟".. الاّ أن هايدن قد عامله بأبوة ورعاية بعد أن تأكد من تقدمه العاصف في مجالات التأليف والعزف الخارق للعادة على البيانو..

- لقي نجاح بتهوفن كل تقدير أدبي ومادي من الطبقة الأرستقراطية بفينا، وهي الطبقة الذواقة للموسيقى التي احتضنت العبقري الشاب وأغرقته بالتكريم وبعروض العزف والتدريس، حتى أصبح وقته لا يتسع لقبول عروض جديدة.. ومما هو جدير بالذكر أن صديقه الكونت فالدشتاين كان قد قدمه إلى النبلاء بخطابات مهدت لقدومه إلى فينا كما أن حاكم بون الذي كان عماً لإمبراطور النمسا وموسيقياً مجيداً كان قد طلب له الرعاية والتقدير..
- كان الأرستقراطيون يتوقعون المديح والشكر والتبجيل والانحناءات من الفنانين الذين يتلقون منهم المساعدات.. ولكن بتهوفن كان على النقيض من ذلك فلم يقبل أن يلتقي بأحد منهم إلاّ كندٍّ مساو على أقل تقدير.. وكانت حياته الأولى قد خلقت منه شخصية قوية الارادة، عاطفية، مندفعة ثائرة. وقد غمره أهل فينا، لذوقهم الموسيقي الراقي، بكل وسائل التكريم والرعاية. وعاش أجمل وأسعد أيام حياته. فكانت موسيقاه تحقق له دخلاً كبيرا مكنه من تشغيل خادم خاص وشراء حصان وملابس أنيقة. كما حاول أن يتعلم الرقص الذي كان من ضرورات مجتمع القصور الذي كان

قد أصبح بتهوفن أهم مرتاديه، بعد أن تأكدت شهرته كأعظم موسيقي في المدينة، بعد هايدن..

- كان يحب إنجلترا، وفكر كثيراً في السفر للإقامة الدائمة بباريس.. ولكن جاذبية فينا كانت أقوى، لما لاقاه فيها من استقرار وسعادة ونجاح.. كانوا يلقبونه بـ "عملاق عازفي البيانو".. وقام بجولات ناجحة وساحقة ببراج وبرلين ودرسدن ونورنبرج، ولكنه عاد إلى فينا حيث مركز الإشعاع الفني، وقمة الحضارة الموسيقية، وكان أصدقاؤه المقربون في تلك الفترة هم عائلتا الكونت "لشنوفسكي" و "البرونزفيك".
- لازمته عادة المشي طوال حياته فكانت رياضته البدنية والعقلية على السواء. وفي جيب معطفه، كان يحتفظ بورق الموسيقى الذي كان يدون عليه أفكاره أثناء المشي، وكثيراً ما كان يتوغل في غابات فينا ويجلس إلى جوار جذع شجرة لتدوين أفكاره. وقد أصبحت تسويداته هذه المرجع الرئيسي لأعظم أعماله، كما أن دراسة ما دون بها، أثبت أنها تضمنت أضعاف ما خلفه من تراث موسيقي نادر..
- قادته عاطفته وحساسيته المفرطة إلى الوقوع الدائم في الحب، وكان يحن إلى الزواج والاستقرار ليتخلص من حياة التشرد. ولم تتحقق له تلك الأمنية ربما لأن أغلب السيدات اللائي تقدم اليهن كن من طبقة اجتماعية أعلى من طبقته، ولكن هيمل Hummel عازف البيانو الشهير قال في ذلك: "إنه يوجد أكثر من مئة سيدة تتمكن من عزف البيانو أحسن مني، وكل هذا العدد من الفنانات يَتُقْن إلى الاستمتاع بعزف بتهوفن والتصفيق له بجنون وإعجاب.. ولكن أي واحدة منهن لا يمكن أن تقبل أن تطارحه الغرام..

لأنه لا توجد من تستطيع أن تطارح الغرام لإله خاصة إذا كان هذا الإله أصم..".

- في عام 1798 بدأ بتهوفن يشعر بالصمم - وهو التاريخ الذي حدده بنفسه لبداية الكارثة - ولم يأخذ هذه الأعراض مأخذ الجد في بادىء الأمر لأنه ربط بين هذا المرض وما كان يعاني منه من ضعف المعدة والدوزنتاريا. وبعد ذلك بعامين بدأت الحقيقة تتأكد له.. فأخفى المرض عن جميع الناس، لأنه شعر بالمهانة والعذاب مع ما كان يشوِّه وجهه من مرض لازمه منذ طفولته.. وهو آثار لمرض الجدري.. كتب لصديقه الدكتور فيجلريبون : "إن أذني تصفر وتؤلمني بشكل دائم ليل نهار، وإن الله وحده ليعلم ماذا سيصير إليه أمري".
- بدأ ينسحب من المجتمعات حتى لا يفتضح أمره. لم يكن قادراً على الإفصاح للناس "إنني أصم". وأضاف: "بالنسبة لي، لا يوجد ترفيه ولا تسلية في المجتمعات الإنسانية، ولا أستطيع أن أستمتع بحوار شيق أو أن أتبادل أفكاري وأحاسيسي مع الآخرين.. لا مفر من أن أعيش في منفى.. وبعد قليل، يتعين علي أن أضع نهاية لحياتي".. إنه في هذه المرحلة من حياته كتب وصيته الشهيرة التي تفصح عن أقصى درجات المرارة التي أحس بها والعذاب النفسي الذي عاناه.
- إن صراع بتهوفن مع القدر قد بدأ لحظات اليأس هذه.. وبدلاً من الانتحار.. صارع القدر وأبدع أعظم إنتاجه.. وكان كلما اشتد عليه الصمم.. زاد إمكانية على سماع الأصوات الإلهية التي دونها في موسيقاه. ولذلك عندما وصل صممه إلى منتهاه.. أبدع أعظم أعمال البشرية على

الإطلاق.. إن صراعه مع القدر هـذا مـر بمراحـل متعـددة.. حتـى وصل إلى مرحلـة السكينة والهدوء.. لا إذعانا واستسـلاما، ولكـن انتصـارا عـلى قـوى الضعف البشـري والمرض والمهانة.. لقد وصل في انتصاره على القدر إلى حد كتابة نشيد السلام.. الـذي دعا فيه إلى قمة الوحدة والحب والإخاء بين البشر.

- في سيمفونيته الأولى، كان كلاسيكيا رشيقا ولم يسمح لآلام أذنيه ولا أوجاعه العاطفية أن تتدخل في تشكيل وجدان اللحن أو مضمونه. ولكـن سـمفونية "البطولة" الثالثـة أصبحت مجالاً رومنتيكيا خصبا للتعبير الشخصي.. ولتدخل أحاسيسه بغير موضوعية مجردة- لقد وجد فيها متنفساً للإفصاح عن إعجابه ببطل كـان يراه يعمل لخـلاص البشرية ومعاداة الملكية المستبدة.. فأهداها لنابليون، وعندما كان يهم بإرسالها إليه بباريس، جاءته الأنباء التي أعلنت خيانة نابليون لمبادئه وتنصيب نفسه إمبراطورا.. ثار بتهوفن ومزق صفحة الإهداء وكتب بـدلا منهـا "سيمفونية البطولـة.. في ذكرى رجل عظيم".. وأفصح أن هذا الرجل لا يزال يحيا بجسده، أما روحه فقد ماتت.. إن مبادئه هـذه تبلـورت في كثـير مـن المواقـف منهـا خطابـه إلى صـديقه الأمـير "ليشنوفسكي": "أيها الأمير.. إن مكانتك وإمكانياتك، ترجع إلى الحـظ، وإلى الوراثـة، ولكن أنا أختلف، لأن مجدي ينبع من نفسي، ولا يوجد سوى بتهوفن واحد".

- إن سيمفونيته الخامسة هي أول إفصاح عن عبقريته الناضجة. إنها الرجل الجديد أمام قدره منتصراً بقوة الخير وقوة الإله. إنها ملحمة تصور رحلة

الإنسان من العذاب والمعاناة إلى الحكمة والمعرفة، ومن الحكمة إلى الشجاعة إلى الأمل.. ثم إلى الحياة الأبدية الخالدة.

- كان عام 1808 هو الحد الفاصل الذي أنهى فيه مهنته كعازف تاريخي نادر للبيانو.. فقد حال صممه، الذي كان قد وصل إلى مرحلة متأخرة، دون استمراره في العزف، رغم أنه سراً، كان قد طلب إضافة وتر لأوتار البيانو ذات الطبقة الموسيقية الواحدة حتى تزداد القوة، فيساعده ذلك على سماع نفسه وهو يعزف.. ولكنه واصل عمله كقائد للأوركسترا لتقديم العروض الأولى لأعماله العظيمة.. التي توجها بالسيمفونية التاسعة (الكورالية).. وقد قال عنها فاجنر: "إننا ننظر إلى هذا العمل كعلامة تاريخية تحدد عهداً جديداً في هذا الفن العالمي.. فمن خلاله عاش العالم ظاهرة نادرة قلما يجود التاريخ بمثلها.. في أي زمان أو مكان".. وقال ناقد آخر هو "سنتيانا": "إن الله قد خلق العالم حتى يكتب بتهوفن سمفونيته التاسعة".. إنها وصية الحب والسلام.. (ليحتويكم الحب يا ملايين البشر.. ها هي قبلة لكل العالم)..

- يقسم الكثير من النقاد حياة بتهوفن إلى ثلاث مراحل.. رغم أن ذلك لا يقره آخرون.. فإن المرحلة الأولى هي التي تتسم فيها أعماله بالطابع الكلاسيكي لهايدن وموتسرت وهي تبدأ بعام 1795 وتنتهي عام 1803.. وتشهد هذه الفترة ما يقرب من خمسين عملاً موسيقيا تتضمن العديد من سوناتات البيانو وأهمها "ضوء القمر" و "المؤثرة" والسيمفونيتان الأولى والثانية.. أما المرحلة الثانية فتبدأ بعام 1804 حتى 1816.. وتتسم بالشاعرية والثورية وبشخصيته الرومنتيكية.. وخلالها كتب سيمفونيته

الخامسة وأوبرا "فيديليو" وافتتاحيات "كوريولان" و"اجمونت".. أما المرحلة الأخيرة والتي شملت السنوات العشر الأخيرة من حياته، فقد تضمنت سيمفونيته التاسعة "والقداس الكبير" وسوناتاته ورباعياته الوترية الأخيرة. وهو في هذه المرحلة يرتفع على صراعه الشخصي- مع القدر.. وتعبيره عن فرديته وشاعريته وفلسفته. إنه يتخطى نفسه ويجتازها إلى شعور أعم وأعمق.. إلى وحدة مع الإنسانية.. وصفاء وسلام وتعانق بين كل البشر..

- عندما رقد بتهوفن على فراش الموت.. التف حوله "شندلر" و "بروويننج" و أخوه "يوهان".. وكان يقرأ لـ "سكوت" و "أوفيد".. كما كان في منتهى السعادة من مجلد وصله من أحد أصدقائه الإنجليز عن مؤلفات لهيندل.. وفي الثالث والعشرين من مارس عام 1827.. أصبح واضحاً أن النهاية قريبة لا محالة، فوقع وصيته، ووافق أصدقاؤه على أن يصلي له قسيس الصلاة الأخيرة.. كان قد مرض بالصفراء في عام 1821 ولكن المرض عندما عاوده هذه المرة.. كان قاتلا.. وفي يوم 24 مارس / آذار وصلته هدية من نبيذ الراين، علق عليها بقوله: "واأسفاه، لقد وصلت متأخرة ".. ثم قال :"هللوا أيها الأصدقاء، فقد انتهت المهزلة".. وفقد الوعي حتى يوم 26 مارس / آذار عندما دوى الرعد ولمع البرق في عاصفة عارمة. فرفع رأسه وفتح عينيه.. ثم أغمضهما إلى الأبد..

تاليران

الاعاقة: العرج

"....هذا جزء بسيط من سيرته الطويلة التي اتسمت بـالمكر والوقاحـة وفسـاد الخلـق ولكن -ببعد النظر -حتى أطلق عليه لقب «الشيطان الأعرج»".

- هو السياسي الفرنسي المشهور شارل موريس دو تاليران بريغورد. ولد عـام 1754م في باريس.

- اصيب في طفولته أصيب بعرج شديد جراء حادث مؤلم ولازمه طوال حياته، وحين وجد نفسه حبيس جدران القصر برعاية جدته العجـوز، شعر أنه منبـوذ ومكروه، بسبب عاهته مما ولد لديه الشعور بالنقمة.

- تخرج من جامعة السوربون متخصصا في دراسة النصرانية، ثم عين كاهنا ثم رئيسا للقساوسة ثم نائبا عاما من رجال الدين، ثم سكرتيرا هاما، ثم اسقفا لمدينة اوتان.

- عام 1789م دخل معترك السياسة وعين عضوا في لجنة الدستور، ثم سـفيرا في لنـدن ثم وزيرا للخارجية عام 1796م، ثم عينه نابليون عام كبير الأمناء ثم كبير الناخبين.

- انتخب سنة 1789م في مجلس الطبقات (البرلمان الفرنسي)، وأصبح زعيمًا معتدلاً للثورة الفرنسية، وقد فضل الملكية الدستورية ووقع على إعلان حقوق الإنسان والمواطن.
- انتُخب رئيسًا للجمعية الوطنية في عام 1790م وقد نال شعبية لاقتراحه الداعي إلى استيلاء الحكومة على أملاك الكنيسة لدفع ديونها. وقد حرمه البابا من عضوية الكنيسة في عام 1791م لدوره في تمكين الدولة من السيطرة على الكنيسة الكاثوليكية الفرنسية.
- بصفته مستشارًا لنابليون ووزيرًا للخارجية أجرى محادثات صعبة، أفرزت اتفاقية سلام تلست مع روسيا في عام 1807م.
- وقف تاليران معارضًا لفتوحات نابليون معتقدًا أنها ضارة بفرنسا وبالسلام الأوروبي. وبعد عام 1807م استقال من منصبه. وأصبح محور المعارضة المتنامية للإمبراطور. وكان لقيادته الدور الحاسم في ضمان تخلي نابليون عن العرش.
- في مؤتمر جنيف عامي 1814 و 1815م أعطت براعته الدبلوماسية فرنسا المهزومة صوتًا قويًا.
- استبعده البلاط البوربوني من الشؤون العامة بعد سنة 1815م لكنه في عام 1830م، عندما فقد البوربون ثقة الشعب، ساعد في توجيه الثورة من أجل ملكية دستورية تحت قيادة لوسي فلبي.
- توفي عام 1838م.

الامام الترمذي

الاعاقة : العمى

"قيل بأن الإمام الترمذي وُلِد كفيفاً، إلا أن الإمام الـذهبي رجـح بأنـه أصـيب بـالعمى بسبب كثرة كتابته للعلم من أجل نشر حديث رسول الله صلى الله عليه وسلم"

- هو الأمام الحافظ المحدث، محمد بن عيسى بن سورة بن موسى بن الضحاك السلمي الترمذي.

- صاحب السنن وأحد أصحاب الكتب الستة المشهورة في الحديث.

- ولد بترمذ في ذي الحجة سنة 209 هـ في بلاد ما وراء النهر.

- برع في علم الحديث وحفظه وأتقنه وطاف البلاد وسمع الشيوخ والعلماء وصنف عـددا من الكتب النافعة والمفيدة ومـن أهمهـا : سـنن الترمـذي وكتـاب الشمائل المحمدية والعلل المفرد والزهد.

- قال ابن الأثير في تاريخه:(كان الترمذي إمامـا حافظـا لـه تصـانيف حسـنة منهـا الجامع الكبير و هو أحسن الكتب).

- قال ابن العماد الحنبلي في شذرات الذهب: (كـان مـبرزا علـى الأقران آية في الحفـظ و الإتقان).

- قال المزي في التهذيب بأنه: (الحافظ صاحب الجامع وغيره مـن المصنفات، أحد الأئمـة الحفاظ المبرزين ومن نفع الله به المسلمين).

- وصفه السمعاني بأنه: (إمام عصره بلا مدافعة).

- قال الإمام الذهبي في الميزان (الحافظ العالم صاحب الجامع ثقة مجمع عليه ولا التفات إلى قول أبي محمد بن حزم في الفرائض من كتاب الايصال أنه مجهول فإنه مـا عـرف ولا درى بوجود الجامع ولا العلل له).

- ذكره ابن حبان في الثقات وقال فيه: (كان محمـد ممـن جمـع وصـنف وحفـظ والإمام الترمذي صاحب لجامع من الأئمة الستة الذين حرسوا سنة رسـول وأصـبحت كتـبهم في عالم السنة هي الأصول المعتمدة في الحديث ومن الذين نضر ـ الله وجوههم لأنه سـمع حديث رسول الله فأداه كما سمعه).

- للترمذي العديد من المؤلفات منها ما هو موجود نذكر:الجامع للسنن [1] ويعرف أيضاً بسنن الترمذي، وهو المؤلف الذي اشتهر به ومكنه من لقب الإمام، ويعتبر كتاب العلل الصغرى ضمن كتاب الجامع للسنن.

- وقد قال الترمذي عن صحيحه:(صنفت هذا المسند الصحيح و عرضته على علماء الحجاز فرضوا به و عرضته على علماء العراق فرضوا به، و عرضته علـى علـماء خراسان فرضـوا به ومن كان في بيته هذا الكتاب فكأنما في بيته نبي ينطق)كتاب الشـمائل المحمديـة (أو شمائل النبي صلى الله عليه وسلم). [2] الجرح والتعديل ،علل الترمذي الكبير بترتيب أبي طالب القاضي [3] العلل الصغير.

- توفي الإمام الترمذي في بلدته بوغ في رجب سنة 279 هـ وقد أصبح الترمذي ضريـرا في آخر عمره.

- قال محدث خراسان الحاكم أبو أحمد: سمعت عمران بن علان يقول: مات البخاري ولم يخلف بخراسان مثل أبي عيسى في العلم والورع.

تيمورلنك

الاعاقة: العرج

تيمورلنك

"اجمع المؤرخون على عرج تيمور و"لنك" تعني الاعرج"

- ولد تيمور وهو احد احفاد جنكيز خان قرب مدينة سمرقند عام 1336 م، حيث نشا في بيئة رعوية، واصبح فيما بعد سلطان بلاد ما وراء النهر حيث اتخذ سمرقند عاصمة له.

- وقيل أن ولادته سُبقت بتنبؤات تشير بقرب ظهور رجل عظيم..

- كان طويل القامة، واسع الجبهة عظيم الرأس، ابيض اللون مشربا بحمرة، عريض الكتفين مسترسل اللحية، مشلول اليد أعرج الرجل اليمنى ، جهوري الصوت شديد القوة لايهاب الموت... وبقي متمتعا بقوته حتى شارف على الثمانين عاما وكان يصلي قائما!!!!

- اجمع المؤرخون على وصف تيمور بالعرج واختلفوا في السبب الذي ادى الى ذلك العرج.فقال بعضهم " بترت ساقه وهو صغير فأطلق عليه لقب

لنك أي الاعرج". وقيل لن سبب ذلك شلل اصاب اطرافه اليسرى.وقيل انه تعرضت قدمه اليمنى- في احد المعارك- لضربة أورثتها عاهة جعلته يعرج، فسُمِّي بـ"تيمورلنك" أي تيمور الأعرج.

- بدا تيمورلنك يوسع املاكه في مختلف الجهات فغزا جنوب روسيا واخضع قبائل التتار في المنطقة وخاصة القبيلة الذهبية، ثم توجه غربا الى بلاد فارس واخذ في احتلال مدنها الواحدة بعد الاخرى حيث يقال انه اتبع حرب ابادة في بعض مدنها ومنها مدينة اصفهان التي ذبح من سكانها حوالي 70 الفا لتكون عبرة لغيرها من المدن على طريقة سياسته التي تؤمن بقمع الشعوب واذلالها.
- في عام 1400 م اكتسع بلاد الكرج « جورجيا الحالية » وواصل مسيره نحو بلاد الشام فاحتل حلب واباحها لجنوده ثلاثة ايام حل بالمدينة خلالها النهب والخراب. وتقدم نحو دمشق فسقطت في يده فجمع أمهر الصناع والفنيين فيها وارسلهم الى سمرقند، ثم دخل في صراع مع الدولة العثمانية في آسيا الصغرى فجرت معركة انقرة عام 1402 م بينه وبين السلطان بايزيد حيث حلت الهزيمة بالجيش العثماني وتم أسر السلطان بايزيد حيث اختلفت الروايات في كيفية معاملته فالبعض يقول ان تيمورلنك احسن معاملته، بينما يرى اخرون انه أهانه وحبسه في قفص فكان يطاف به على القرى والمدن.
- كذلك تقدم نحو الهند واستولى على دلهي ودمرها حتى سواها بالأرض وحاول غزو الصين ولكن المنية عاجلته فكانت وفاته عام 1405 حيث دفن في مدينة سمرقند.

جون ميلتون

الاعاقة : العمى

"وفي 1655م كتب ميلتون عن تجربة فقدان بصره السونيتة المسماة (حين أتأمل فيم أنفقت نور عيني)".

- ولد جون ميلتون في التاسع من ديسمبر سنة 1608 في احدى ضواحي لندن.

- نشأ في بيئة يغلب عليها طابع التدين الممتزج بقدر كبير من الالتزام، وكذلك عُرف عن هذه الاسرة حبها الشديد للعلم، ويذكر التاريخ ان جده عانى الكثير في عصر الملكة اليزابيث وذلك بسبب اعتناقه للمذهب الكاثوليكي، ومن المعروف ايضا ان أباه كان شغوفا بالموسيقى،فضلا عن كونه مؤلفا وملحنا موهوبا، وربما كان حب ميلتون للموسيقى نابعا من التصاقه الدائم بأبيه، وبذلك امتدت روافد العطاء من الأب للابن،

ولاشك ان الموسيقى تركت بصمات ـ لا يمكن تجاهلها ـ على آراء ميلتون حيث كان يرى انها وسيلة مهمة لجعل الشعر أكثر فاعلية وتأثيرا.

- عاش حياة مليئة بالمتاعب والمآسي المفجعة، فقد كانت المصائب تأتي تباعا، الواحدة تلو الأخرى، حيث فقد ابنه الأصغر في سنة 1652، ثم ما لبث ان فقد زوجته في العام نفسه، وبعد ذلك يستمر مسلسل الأحزان حيث يفقد بصره في العام نفسه، وبعد أربع سنوات يتزوج مرة اخرى حين يفقد زوجته الثانية وطفلتها الرضيعة، وفي سنة 1663 يخوض ميلتون غمار تجربة جديدة حيث يرتبط بسيدة تدعى اليزابيث ميتشال، ويظل يتخبط في هذه الحياة حتى يختطفه الموت في سنة 1674 وتنطوي آخر صفحة من صفحات حياته. ولاشك ان رحلته الى ايطاليا كان لها أبلغ الأثر في نضوجه الأدبي، فلم يكن ميلتون مجرد زائر جاء لكي يستمتع بجزء من وقته في ربوع هذه البلاد ولكنه كان أشبه ما يكون بسفير لثقافته. وقد كان محظوظا أكثر من أي مسافر آخر لأنه كانت لديه القدرة على التحدث بطلاقة باللغة اللاتينية مما أتاح له فرصة ذهبية للاحتكاك بالأدباء والفنانين والايطاليين، حيث شارك في كثير من المناقشات الفلسفية والادبية التي كانت تدور في ذلك الوقت.

- كان ميلتون مولعا بالحرية وأولاها اهتماما كبيرا، وقد كان واضحا في كتاباته، وقد اتخذ رأيا عجيبا في هذا الصدد ودائما كان يقول ان الكفاح من أجل الحرية يتمثل في لغة التمرد، وربما كان في ذلك متأثرا بالافكار السائدة في عصره حيث كانت حياة الفرد المسيحي عبارة عن صراع تقليدي يتم بين ثنايا النفس البشرية التي كانت أشبه ما تكون بميدان للقتال، وطرفا المعركة

هما المسيح والشيطان وكانا يتصارعان من أجل الفوز بهذه النفسية البشرية.

- ويرى ميلتون ان العقل الذي منحه الله للانسان تظهـر آثـاره في قـدرة الانسـان عـلى الاختيار، ومن هنا فإن الفضيلة تعتمد على مدى قدرة الانسان على تبني اختيارات صحيحة.ويرى جون تولاند (1698) ان ميلتون يهتم في كتاباتـه بالتأثيرات المختلفـة للحرية، وخير دليل على ذلك هو ان الهيكل الرئيسي في قصيدته «الفردوس المفقود» يتمثـل في الطغيـان.ففـي هـذه القصيدة يـرى الشيطان ان كلمـة الخضوع تعنـي الاحتقار وبهذا أصبح سجينا لهذه الفكرة التي أصبحت الشغل الشاغل لـه وبـذلك أثرت كثيرا في قراراته. فأصبح ينظر لنفسه انه شخصية محتقرة، كما كان المجتمـع ينظر اليه على انه قائد مهزوم.

- ويعتقد ميلتون ان الفرد الصالح قادر على ان يقوم باتخاذ قرار منطقي وعقلاني في كل لحظة وفي أي موقف يتعرض لـه في حياتـه اليوميـة. ويتضـح ذلك جليا ايضا في الفردوس المفقود. ومن الطبيعي ان تكون معظم شخصياته تعكس نجاحا منقطع النظير في مقاومة الاغراءات بنجاح، والقدرة على تبني اختيار بين اتجاهين متناقضين ـ الخير والشر.وهذا الموضوع يشغل جزءا كبيرا من مساحة أعماله الادبية، ولاشك ان اختياره للشعر المرسل في الفردوس المفقود يبدو أكثر من مجرد اختيار جـمالي، فهو يرى ان الحرية مثل الجنة تم فقدها ولكن يمكن استعادتها مرة اخرى.

- تأثر ميلتون الى حد كبير بالنظرة الدينية للمرأة، فلم يقدم ميلتون الحب الجسدي كما فعل غيره، فقد كان بعيدا كل البعد عن الدول في مغبة

التصوير الجسدي، وهذا ربما يكون متناقضا مع ظروف عصره، ومن الواضح من كتابات ميلتون انه لم يستخدم ألفاظا مثيرة في تجسيد تأوهات العاشقين المعذبين أو في التحدث عن العواطف الملتهبة والتعطش التقليدي للمآرب الجنسية. وهذا ربما يجعلنا نحس ـ كما يقول أحد النقاد ـ ان هذا النوع من الحب يمثل اغراء حقيقيا لميلتون نفسه. وبالرغم من ان كثيرا من قصائده تناولت موضوع المرأة الا انها كانت خالية من أي نوع من الدناءة أو الانحطاط. وهذا ربما يكون قريبا من المذهب الافلاطوني في الحب، والذي يبدأ فيه الفرد بالتعلق بشخص ما، وحينئذ يكتشف ان كل الخير والجمال الموجود على هذه الأرض ما هو الا انعكاس لنموذج لا يمكن ان يوجد في حياتنا.

- كان ميلتون صاحب مدرسة أدبية في الشعر، ويعده النقاد من بين عظماء الشعر الانجليزي، لدرجة انهم وضعوه جنبا الى جنب مع وليام شكسبير، وهذا خير دليل على موهبته الأدبية الفذة وقدراته الكبيرة في هذا المجال.

- ويمكن ان نضيف الى ذلك ان ميلتون شارك الكثيرين من شعراء النهضة ـ خاصة سبنسر ـ في القدرة على استخدام الأساطير الكلاسيكية بطريقة جادة في اطار من الشعر الديني. ولاشك ان احساس ميلتون بالكرامة وايمانه بالجنس البشري بصورة عامة منعه من تصوير الكائنات البشرية كديدان أو حتى شرذمة من المخطئين خلقوا من أجل ان يخطئوا.

- كتب ميلتون بكتابه الكثير من الأعمال الدينية ومن أشهرها «الأعمال الالهية والأيام» والتي تعطي نبذة عن خلق العالم ومسيرة الانسان داخل هذا العالم، وكذلك يتحدث ايضا عن سقوط الانسان بسبب آثامه المتكررة.

- يختلف الصراع الداخلي في أعمال ميلتون عن ذلك الموجود في أعمال الشعراء الميتافيزيقيين والآخرين، حيث يرى ميلتون ان الصراع ينشأ نتيجة للصدام بين انسان صالح وعالم ظالم وليس نتيجة لأخطاء وذنوب هذا الانسان.

- تميز بشغفه الزائد بالشعر الرعوي الذي ينبع من ايهامه بالطبيعة من حوله وجمالها الفتان، وكانت المرحلة الأولى من كتابته في هذا المجال عن وصف تقليدي منظم ولكن ما لبث ان كون فكرة جديدة عن الطبيعة مؤداها انها رمز للانسجام الكامل مع السماء ويرى بعض النقاد ان السطر الافتتاحي من الفردوس المستعاد يضع الفردوس المفقود في مصاف الشعر الرعوي حيث يرى في هذا السطر ان الفردوس المفقود ما هو الا قصيدة عن الحديقة السعيدة!ربما كون هذا الوصف غريبا بعض الشيء ولكن لو تعمقنا في أحداث الفردوس المفقود نجد ان قدرا كبيرا منها يتناول حياة آدم وحواء وقد كان النمط الرعوي مرتبطا بالمراحل الأولى من تطور ميلتون كشاعر، نلاحظ ان كثيرا من الشعراء اتبعوا النهج نفسه، فعلى سبيل المثال نجد ان سبنسر بدأ قبل ان يكتب قصيدته الشهيرة «The Fair Queen».

- في الفردوس المفقود Paradise Lost يوضح ميلتون كيفية فقدان انسان للجنة وذلك بسبب طاعته، ثم بعد ذلك يعرض الأسباب التي أدت لسقوط الانسان حيث يروي قصة آدم وحواء مع الشيطان وكيف استطاع الشيطان ان ينجح في اغوائهما بشتى الطرق من أجل معصية الله، وذلك عن طريق تحريضهما على الأكل من الشجرة التي تعرف بشجرة المعرفة،

أما في قصيدته «ليسداس» فكان ميلتون يرثي الملك ادوارد الـذي تحطمـت سـفينته ومات غرقا في البحر الايرلندي وكان عمره لا يتعدى الخامسة والعشرين.

- ويتناول ميلتون هذه الفكرة بطريقة فيها نوع من الجـدة والحداثـة، حيـث يحـاول الشاعر ان يصنع اكليلا من الزهـور لصـديقه المتـوفى ولكـن عنـدما يـذهب لاحضار الزهور التي يصنع منها هذا الاكليل نجد ان الزهور لم تنضج بعد وهنا يحـاول ان يوجد نوعا من العلاقة بين الزهور غير الناضجة وبين صـديقه الـذي مـات في ريعـان شبابه، كما لو كان كلاهما قد قطف قبل أوانه.. هذا المعنى عبّر عنه أمل دنقل اثنـاء مرضه الذي مات فيه في قصيدته عـن باقـة الزهـور. أما في شمشـون المصـارع فهـو يحكي قصة شمشون الذي وقع في الأسر وتـم ايداعـه سـجن غـزة. وبعـد ذلـك يـرد المحاولات المتكررة من أصدقائه وأبيـه (مانيو) لاخراجـه مـن السـجن، واثنـاء فـترة سجنه يأمره الحاكم ان يستعرض قوته أمام الشعب في أحد الاحتفالات ولكنه يتمنع في البداية، ثم لا يلبث ان يوافق على ذلك وتستمر القصة عـلى هـذا المنـوال الى ان تنتهي بموت شمشون في مشهد تراجيدي مؤثر.

دالتون

الاعاقة : عمى الالوان

"قام العالم الكيميائي الإنكليزي جون دالتون " John Dalton" بنشر موضوع عن عمى الالوان بعدما اكتشف بأنه يعاني منه، وبسبب أعمال دالتون في هذا المجال تسمى هذه الحالة بالدالتّزم " Daltonism" و هذا الاسم يطلق الآن على حالة واحدة فقط وهي " deuteranopia " - وهي عَمَى الأَخْضَرِ و الأَحْمَر – ".

- ولد في إقليم "كمبرلاند" بانجلترا في شتاء انجلترا عام 1766م.ونما ذلك الطفل الضئيل الجسم ليصير غلاما صلب العود حي الضمير.
- كان اذا وكل اليه أي أمر يكافح من أجل تحقيقه ومتحديا في سبيل ذلك كافة الصعاب بعناد واصرار. ".

- كان فوزه بجميع المراهنات في اقتراح أفضل الطرق لحل مسائل الرياضيات بشكل لا يباريه فيه ند من أترابه ، كان بمثابة ضوء يشير إلى بزوغ نجم.

- كان "دالتون" قبل أن يصبح أحد علماء الدنيا الأفذاذ ناظر مدرسـة. وما الغريـب في هذا !ليس هناك بالطبع ما يثير العجب في مدرس عالم ، إلا أن "جون دالتون" كان ناظر مدرسة وعمره اثنا عشر عاما ! فقد ثبت على باب منزله لافتة تعلن عن افتتاح مدرسة خاصة يديرها – تقرأ على اللافتة "أنا جون دالتون افتتحت مدرسـة للتعليم لكل من الجنسين وبأسعار متهاودة. وأعلن أنه سيزود من يلتحـق بهـا مـن الأطفـال بالورق والأقلام والحبر مجانا فضلا عن التعليم !". ولاشك أن هذا الاغراء الاضافي نجح في جذب عدد لا بأس به من التلاميذ ، لأن الورق والأقـلام والحبـر كانـت مـن أندر السلع في انجلترا آنذاك. ولكن سرعان ما اضطر "دالتون. إلى إغـلاق مدرسـته وهو في الخامسة عشرة من عمره بسبب عزوف التلاميذ عنها !.

- وكان طبيعيا أن ينزح –والحال كذلك –إلى "كندال" ليلحق بأخيه الأكبر "جوناثان ". وهناك قام بالتدريس لمـدة اثنـي عشرـ عامـا اكتسـب خلالهـا حصـيلة جديـدة مـن الرياضيات والعلوم. وحاول وهو في "كندال" أن يكون منتـدى للمناقشـات العلميـة ، غير أن منظره غير المريح وصوته المنفر عملا على عدم نجاح محاولته.

- سمع "دالتون" أن أتباع الكنيسة المسيحية في "مانشستر " قد أسسوا كلية كرسوها " للحقيقة ، والحرية ، والدين ". وكان الغرض من انشائها أن تكون وسيلة احتجاج على الجامعات البريطانية المتسلطة التي كانت تحرم "الملحدين" ـ وهي جماعة دينية مسيحية تنكر عقيدة التثليث كما ترفض

ألوهية المسيح وتنادي بوحدانية الله _ و"الكويكريين"- وهي طائفة دينية ظهرت في انجلترا في القرن السابع عشر ، ويمتازون ببساطة حياتهم وورعهم الشديد _ وقدم طلبا ليشغل منصب مدرس للفلسفة الطبيعية والرياضيات في "مدرسة الخوارج " هذه وحصل على المنصب ، بيد أنه وجد أن القيود الأكاديمية التي تفرضها عليه حياته الجديدة لا توافق مزاجه، ومن ثم كان قراره بأن يهجر هذه المدرسة وأن يتمرد عليها ويعود لإعطاء الدروس الخصوصية ووجد نفسه مضطرا لأن يعطي دروسا بالليل والنهار ليتمكن من تغطية نفقاته رغم ضآلتها. وكان على كل طالب "نهاري" أن يدفع له عشرة جنيهات في السنة ، وعلى كل طالب "ليلي " أن يدفع شلنين عن كل حصة !.وكتب "دالتون " بروح المرح ، التي لم تكن تفارقه أبدا ، يقول :" ولكنني على الرغم من كل ذلك لم أصبح بعد غنيا لدرجة تسمح لي بالقاعد عن العمل ".

- قام بتأليف كتاب في النحو ليكون عونا يساعده على التقاعد المبكر.وفي هذا الكتاب انتشل "دالتون " درر علم النحو الانجليزي التي أبلاها الزمن وصقلها وكانت نتيجة ذلك كتابا عجيبا يزخر بالأضواء المبهرة كما يزخر بالأخطاء القاتلة..

- لم يتزوج "دالتون قط ، وعندما أخذت السنون تمر ، وهو لا يزال يتمتع بحالة العزوبية ، تساءل أصدقاؤه عما إذا كان خطر بباله أن يتخذ له زوجة ؟أجابهم :" ليس لدي الوقت اللازم لذلك. ان راسي مملوء تماما بالمثلثات والعمليات الكيماوية والتجارب الكهربية لدرجة لا تسمح لي بالتفكير في ذلك العبث. كانت هناك حقا شئون أخرى تأسره أسرا ، وفي مقدمتها

محاولاته التي لا تكل للعثور على قانون شامل يسري على التغيرات المختلفة التي تحدث في تركيب المواد الكيميائية. وكان اكتشاف مثل هذا القانون يسحر "دالتون " أكثر من أية مسألة من مسائل الهوى والغرام !

- كان ل"دالتون " عالمه الخاص من الألوان : فقد اشترى ذات مرة لوالدته زوجا من الجوارب التي كان قد رآها في واجهة أحد الحوانيت بمدينة "كندال" وسرت والدته بالهدية ولكنها دهشت دهشة بالغة في الوقت نفسه عبرت عنها بقولها :" لقد اشتريت لي زوجا من الجوارب يا جون ، لكن ما الذي جعلك تختار هذا اللون الصارخ ؟!"، وأردفت :"..إنني لن أستطيع أن، أظهر به في اجتماع ما !".وأجاب "جون" :"انه لون لطيف جدا ولائق تماما للذهاب إلى الاجتماعات أليس هذا الجورب ذا لون أزرق قاتم وقور ؟"."أزرق؟!" هكذا صاحت والدته مذهولة "ماذا تقول؟ ان لونه أحمر مثل الكريز!". هنا انزعج "دالتون" وقال :"يا له من أمر عجيب ، أليس كذلك يا والدتي ". وقفزت الى ذاكرته حوادث أخرى مما ثلة.."إن الفتيات يقلن لي أنهن يدهشن لرؤيتي في الطريق مرتديا سترة خضراء ، فأجيبهن دائما بأنها حمراء داكنة ، والآن من منا على الصواب ؟".لا بد من حسم الأمر ، ترى هل هناك آخرون مثله ؟ لقد وجد "دالتون" أخيرا في بلدة "ماريزبورت" رجلين - شقيقين _ اعترفا له بأنه عندهما مثل هذا الشذوذ البصري ، فقد كان اللون الأصفر هو أكثر الألوان وضوحا بالنسبة لهما من بين كل ألوان الطيف الشمسي.وكان اللونان الأحمر والأخضر ! يا للعجب ، إن نفس هذه العيوب في رؤية الألوان هي بذاتها عندي ! _ هكذا حدثته نفسه.ولنقرأ ما كتبه إليه أحد أصدقاءه بهذا الخصوص مازحا :" إنني أرى مما

تقصه على الأنثوي ، وأعنى بذلك تورد الخدود الخجولة التي ربما أعجبت أنت بها كثيرا على أنها ذات لون أزرق فاتح !".

- وهذه واقعة أخرى...فقد تقرر أن يمثل "دالتون" بين يدي الملك ، غير أنه ثارت حينئذ مشكلة لأن آداب البلاط المرعية كانت تحتم على "دالتون " أن يلبس سراويل قصيرة حتى أسفل الركبة وحذاء معينا له "أبازيم " ويتمنطق بسيف.وكانت هذه الأشياء كلها ممنوعة على " الكويكريين" ، ولكن "دالتون" كان لحسن الحظ قد حصل في هذه الأثناء على درجة شرفية من جامعة "أكسفورد" ويستطيع أن يلبس الملابس الجامعية. ولكن كيف يلبس "كويكريا" اللون القرمزي ؟. لقد فحص "دالتون " ياقة الثوب وقرر أن لونها أخضر !

- صاغ "دالتون " نتيجة مشاهداته نظرية يفسر بها تلك الظاهرة العجيبة التي نسميها في عصرنا الحاضر باسم "العمى اللوني ".وعلى الرغم من أنه لم يكتشف أبدا السبب الفسيولوجي لذلك المرض ، الا أن المغزى النفسي البالغ الأثر لتلك الحادثة لم يغب عن باله. لقد أمضى سبعة وعشرين عاما من عمره وهو يرى عالما ذا ألوان معينة. ثم اكتشف بعد ذلك _ بمجرد المصادفة _ أن الغالبية العظمى من زملائه كانت ترى عالما مختلفا عن عالمه _ ولكن هل كان عالمه أقل قدرا ؟

- نعم كان "دالتون " مصابا بعمى الألوان ، ولكن مع وجود هذا النقص فقد أجرى أعظم تجاربه ، ولا يزال عمى الألوان يعرف ب "الدالتونيزم " أو " الدالتونية "نسبة إلى أعمى الألوان الشهير "دالتون".

- في "باريس " كان "دالتون " يستقبل بحفاوة بالغة أينما ولى وجهه.وقد حدث أنه عندما دخل الحرم المقدس للمجمع وقف رئيس المجمع وأعضاؤه جميعا

وانحنوا له، وذلك شرف لم يحظ به "نابليون "نفسه عندما اتخذ مجلسه بين "الأربعين " المشاهير !! وكان الناس كلهم يشيرون إليه بالبنان كلما جال خلال الشوارع أو دخل مبنى عاما ، وكانت مدموازيل "كليمونتين" الابنة الوحيدة للعالم الشهير " كوفييه "ترافقه وترعاه من بدء رحلته إلى نهايتها. وقد قال عنها "دالتون " بعد ذلك بفترة طويلة:" إنها كانت فتاة لطيفة. لقد كانت تعاملني كما لو كانت ابنتي ".

- عاد "دالتون " إلى وطنه مخلفا وراءه في "باريس" أغلى الذكريات ، وأخذ يجدد الكفاح الدائم للعقل ضد قلعة الجهل المستعصية. وعندما أخذت السنون تتقدم به وتتزايد أعباؤه وتتثاقل همومه بدأ أصدقاؤه يلاحظون، أكثر من ذي قبل. وجود شبه كبير بينه وبين عالم عظيم آخر. وقد زار "دالتون " ذات مساء أحد معارفه فوجده جالسا وعلى ركبتيه قطة وبقربه صحيفة والى جانبه قالبا من الجبس عليه نقش محفور.والتقط الزائر قالب الجبس وفحصه بعناية ثم قال :" انه ليسرني أنك قد أمرت بصنع هذه الصورة لوجهك يا مستر دالتون. ان الأجيال المقبلة لم تكف عن شكرك والشعور بفضل هذا الاهتمام من ناحيتك ".وعندئذ أجاب العالم الكيميائي وقد انبسطت أساريره :"ولكن الصورة التي نظر إليها ليست صورتي ، أنها صورة اسحاق نيوتن !". فصاح الزائر صيحة استغراب :" يا له من تشابه عجيب ، إنني في الحقيقة، اعتبر هذا التشابه معجزة ".فابتسم "دالتون " قائلا :" لا معجزة في الأمر مطلقا ، فأنت ترى يا صديقي أن الإله الذي شكل ملامحنا نحن الاثنين هو اله واحد ".

- تأثر "دالتون " أثناء إقامته في "كندال " ب "جون جاف " العالم المرموق ولد "جاف " كفيفا ، وعلى الرغم من هذا فكان يجيد عدة لغات ويعرف جميع أنواع النباتات في نطاق عشرين ميلا سواء باللمس أو الشم أو التذوق ، فضلا عن مهارته في الأرصاد الجوية ! وكان هذا هو سبب رباطه المشترك ب"دالتون ". وقد شجع "جاف " "دالتون " على نشر أبحاثه في مجال الأرصاد الجوية. وكان "دالتون " قد دعي لعضوية جمعية "مانشستر " الأدبية والفلسفية وقد احتفظ بهذه العضوية طوال حياته ، وألقى على أعضائها خلال سني نشاطه الخمسين أكثر من مائة بحث علمي أصاب بها نجاحا كبيرا.وعندما سئل عن السر في نجاحه هذا أجاب قائلا :"إذا كنت قد نجحت أكثر من غيري ، فان ذلك يرجع أساسا إلى مثابرتي الدائمة " وبهذا أيضا قال "أديسون " بعد مائة عام :" ترجع العبقرية واحدا في المائة إلى الإلهام وتسعين في المائة إلى العمل الجاد المضني ".
- " حظي "دالتون" بتكريم العالم له وتبجيله. فقد سجل اسمه بحروف من نور في المجامع العلمية في "برلين " و"ميونيخ " و"موسكو". وتوسط بعضهم لدى الملك البريطاني ليمنحه معاشا ، وتم اكتتاب لإقامة تمثال رخامي يخلد ذكراه ، وهنا شعر "دالتون" أنه على وشك أن ينضم إلى صفوف أولئك "المحنطين المبجلين ".وانتهى صنع التمثال فازداد "دالتون " أسى على أساه ، وأشار اليه والحزن يعتصره قائلا :" ذلك هو الكيميائي العظيم دالتون ، أما أنا فالى فناء ".
- وفي الطريق الى الفناء ، أصابته نوبة شلل ، ولكنه سرعان ما شفى منها جزيئا وعاد الى نيران معمله ولكن شعلة حياته المتأججه كانت الى

انطفاء.وذات ليلة أخذ يترنح في طريقه الى معمله.ويتحسس ملتمسا دفاتره التي كان يسجل فيها تقاريره عن الجو. وقد ظل طوال خمسين سنة كاملة يوجه نفس الاهتمام الدقيق ليلة بعد أخرى الى نفس ذلك العمل المتواضع، حتى صار لديه الآن مائتي ألف تسجيل !. ونظر الى ساعته وسجل الوقت ، لقد كانت التاسعة الا ربعا ، وكان دائما يسجل قراءاته الليلية في ذلك الوقت تماما. والتقط قلمه ، وكانت يده ترتعش ، وسجل قراءة البارومتر ، كما سجل درجة الحرارة ثم كتب في العمود الأخير "سقط قليل من المطر في هذا..." وكان خادمه واقفا الى جواره. وأطرق "دالتون " برأسه وبدأ يترك قلمه ، ولكنه انتفض مستيقظا فجأة لأنه تحقق أنه لم يتم عبارته بعد. وعندئذ قبض على القلم بأصابعه الضعيفة وكتب الكلمة الأخيرة.."المساء".وذهب المساء وأقبل الصباح ، ولكني عيني "دالتون " كانتا قد أغلقتا الى الأبد.

- ولما توفي "دالتون" في عام 1844م مر من أمام تابوته أربعون ألف شخص، فقد كان الناس حتى في ذلك الوقت يعرفون أنهم يزفون للقبر عملاقا.

داود الأنطاكي

الاعاقة : العمى

"قال لأحد المرضى: "اذهب فلا شـفى الله لك علـة، ولا بـرد لك غلـة، تشرب الخمـر، وتفعل ذلك الأمر، حتى يحدث لك هذا الداء، وتأتي الضريـر تـروم منـه الـدواء"، ثـم استتابه وشفاه من دائه بعدما أشفاه".

- هو عالم التداوي بالاعشاب المشهور داود بن عمر الأنطاكي.

- ولد في بلدة (أنطاكية) ضريرًا كسيحًا، وذلك في عـام (950هـ/1543م) وبعـد ذلـك عافاه الله من مرض الكساح، ولكنه بقي ضريرًا إلى أن توفاه الله.

- يَعُدُّه بعض الكتّاب خاتمة عقد الأطباء المسلمين المحققين العظام الذين كانوا أساتذة في علومهم وسلوكهم المهني، بل هو أحد أولئك الذين تركوا إرثًا علميًّا متنوعًا يبقى برهانًا وشاهدًا على شمولية معلوماتهم وعمق معـارفهم، وسـلامة مسـلكهم، بـل إن أحد كُتُبه وهو (التذكرة) يمكن اعتباره موسوعة في الطب.

- مما يدل على سعة علمه الفقرة التالية:يقول الزركلي في ترجمته للأنطاكي: (عالم بالطب والأدب، كان ضريرًا انتهت إليه رئاسة الأطباء في زمانه، ولد في أنطاكية، وحفظ القرآن وقرأ المنطق، والرياضيات، وشيئًا من الطبيعيات، ودرس اللغة اليونانية فأحكمها، وهاجر إلى القاهرة فأقام عدة أشهر بها، ورحل إلى مكة فأقام سنة توفي في آخرها. كان قوي البديهة يُسأل عن الشيء من الفنون فيملي على السائل الكراسة والكراستين، ولقد حصلت

له نادرة من نوادر الشفاء.و يروي ابن العماد صاحب شذرات الذهب عنه أنه قد ذكر بخصوص قصة شفائه من مرض الكساح الذي كان قد ابتلى به قوله: (إنه ولد بأنطاكية بهذا العارض. قال: وقد بلغت سيارة النجوم، وأنا لا أستطيع أن أقوم لعارض ريح تحكم في الأعصاب، وكان والدي رئيس قرية حبيب النجار، واتخذ قرب مزار سيدي حبيب رباطًا للواردين، وبنى فيه حجرات للمجاورين، ورتب لها في كل يوم من الطعام ما يحمله إليه بعض الخدام. وكنت أحمل إلى الرباط فأقيم فيه سحابة يومي، وإذا برجل من أفضل العجم يدعى محمد شريف نزل بالرباط، فلما رآني سأل عني فأخبر، فاصطنع لي دهنًا، ومددني في حر الشمس ولفّني في لفافة من فرقي إلى قدمي حتى كدت أموت، وتكرر منه ذلك الفعل مرارًا من غير فاصل فقمت على قدمي، ثم أقرأني في المنطق والرياضي، والطبيعي، ثم أفادني باليونانية).

- دراسته ونشاطه في طلب العلوم ونبوغه في الطب:لقد أُثِر عن داود الأنطاكي الجد والنشاط وعلو الهمة في طلب العلم، لذلك - وعلى الرغم من كونه ضريرًا ـ فإن عاهته تلك لم تمنعه من دراسة الطب، بل ولا من التفوق فيه على أقرانه، حيث نراه قد سافر في طلبه إلى حلب ودمشق والقاهرة وآسيا الصغرى، ومعلوم كم في هذه الأسفار من مشقة على رجل ضرير مثل داود، ويرحم الله القائل:

وإذا كانت النفوس كبارًا　　　تعبت في مرادها الأجسام

- ترجم له الأستاذ حكمت نجيب عبدالرحمن في كتاب تاريخ العلوم عند العرب
  فقال: (هو العلامة الطبيب الضرير داود بن عمر البصير الأنطاكي، أقام بمصر، وكانت
  له هناك حجرة في المدرسة الظاهرية لغرض اجتماعه بالناس ومداواة المرضى منهم.
  وله عدد كبير من المؤلفات صنفها بعد نزوحه إلى مصر، وقد تجاوز عددها ستة
  وعشرين مؤلفًا أغلبها في الطب منها: تذكرة الألباب، والجامع العجب، وكتاب
  البهجة، والدرة المنتخبة فيما صح من الأدوية المجربة، وفي هذين الكتابين عدد كبير
  من أسماء النباتات ومصادرها وقواها وأهميتها في علاج الأمراض. ولقد كان متفانيًا
  في سبيل طلب العلم، يسترخص كل شيء في سبيله.

- إن المؤرخين يذكرون عنه أنه كان يضحي بما عنده من إمكانات واسعة في سبيل
  طلب العلم. ويروى عنه أن طبيبًا مشهورًا قد نصحه بتعلم اللغة الإغريقية
  (اليونانية) من أجل الاتصال بأصول العلم، فما كان منه إلا أن بادر فورًا فبذل جهده
  في هذا الاتجاه حتى أتقن الإغريقية قراءة وفهمًا، ثم إنه كان رحّالة في طلب العلم،
  كما أنه كان مدرّسًا لم يضنّ على طلابه بنتاج تحصيله، وكان مثلاً للصالحين من
  العلماء المسلمين، إنساني النزعة لا يعرف التعصب لأهل بلده ووطنه، بل كان ذا
  أفق واسع في التعامل مع الآخرين؛ سواء كانوا طلاب علم وحكمة، أم كانوا من
  المرضى الذين ينشدون ثمار خبرته في مجالات الطب للبرء من سقامهم وآلامهم،
  وهكذا كان يستقبل الجميع بترحاب، ويقدم لهم ما أفاء الله به عليه من العلم
  النافع والطب الناجع. لقد كان ـ رغم علته ومصابه بفقد البصر ـ لا يسأم من
  استقبال المرضى بترحاب، كما كان لا يمنع علمه عن أحد، ولذلك

عرفته الديار الشامية والحجازية والمصرية مدرسًا كما عرفته طبيبًا. وكان في نفس الوقت ملتمسًا للزيادة في المعرفة، فحيثما التقى بمن هو فطنة العلم جالسه مجالسة الطالب لمعلمه، كان هذا دأبه في الأمصار التي نزل بها وفي كل الأحوال.

ومع هذا فالأنطاكي يتميز بنقده العلمي، أمين في تعامله المسلكي مقرونًا بموهبته الإبداعية في طرقه الطبيعية في المعالجة وصناعته للأدوية التي كان يتقنها ويمتاز بها، وتؤكد هذه المعلومات عنه بإيراد ما يذكره الدكتور محمود الحاج قاسم محمد مترجمًا له في كتاب (الطب عند العرب والمسلمين) يقول: (ولد الشيخ الأنطاكي في القرن العاشر الهجري، اختص بالطب العلاجي وتحضير الأدوية والوصفات، ومن أشهر مؤلفاته كتابه الضخم (تذكرة أولي الألباب والجامع للعجب العجاب) الذي اشتهر باسم (تذكرة داود) يدرج في كتابه آية في العلوم المختلفة وفي طالب العلم، وتاريخ علم الأدوية، وينقد المؤلفات التي سبقت كتبه نقدًا أمينًا).

- من أبرز ما يلاحظ في شخصية الأنطاكي سعة أفقه العلمي، وغزارة المعلومات، مع تمكنه فيما يكتب، ورسوخ قدم فيما يناقش من الموضوعات، ولعل وقفة تأمل ومقارنة لكتاب (التذكرة) مع بقية كتبه تبرهن على هذا، كما تدلنا على ذلك أحوال الأنطاكي، ولذلك تلاه ما يأتي في الفقرة ب.

ب ـ التزامه في ميدان الاستطباب بمضمون القاعدتين التاليتين:

1- الزمن جزء من العلاج: وهذا يعني أن مرور فترة من الزمن لسراية العلاج وتمام تأثيره أمر لابد من ملاحظته في ميادين التطبيب.

2- معالجة كل مريض بنباتات أرضه وبلده: وهذا من القواعد التي قررها أبقراط إذ يؤثر عنه قوله: (عالجوا كل مريض بعقاقير أرضه فإنه أجلب لصحته).

• ترجم أبو العلا الحنبلي في كتابه (شذرات الذهب) لداود فذكر لمحات عن شخصيته اختصرها بما يلي: (داود بن عمر الأنطاكي نزيل القاهرة المعزية، والمميز على من له قيد المزية. هي التوحيد ـ بأنواع الفضائل والتفرد بمعرفة علوم الأوائل، سيما علم الأبدان المقدم على علم الأديان، فإنه بلغ فيه الغاية التي لا تدرك).

• قال عنه صاحب شذرات الذهب: (وكان فيه دعابة وحسن سجايا وكرم. وخوف من المعاد وخشية من الله. كان يقوم الليل إلا قليلاً ويتبتل إلى الله تبتيلاً، وكان إذا سئل عن شيء من العلوم الحكمية والطبيعية والرياضية أملى ما يدهش العقل بحيث يجيب على السؤال الواحد بنحو الكراسة. ومن مصنفاته التذكرة جمع فيها الطب والحكمة ثم اختصرها في مجلده) ولئن كان الأنطاكي موسوعيًّا إلا أنه ذو تخصص بفن المداواة. ولقد أكد الدكتور الحاج قاسم أن الأنطاكي كان مختصًّا بالطب العلاجي وتحضير الأدوية.

أهم مؤلفاته :

1- استقصاء العلل وشافي الأمراض والعلل.
2- أرجوزة شعرية طويلة في الطب.
3- رسالة صغيرة في الحمام.
4- تذكرة أولي الألباب والجامع العجب العجاب.
5- تزيين الأسواق بتفصيل أشواق العشاق.
6- وله كذلك رسالة النزهة المبيحة في تشحيذ الأذهان وتعديل الأمزجة وهذه الرسالة تمتاز بكون موضوعاتها تتعلق بالطب النفسي، وكذلك كتابه السابق (تزيين الأسواق)، ويلاحظ تعلقه بالطب النفسي فكلا الكتابين إذن يمكن تصنيفهما ضمن كتب الطب النفسي، ولا يخفى أن العلاقة بين النفس والجسد علاقة وثيقة، لذلك فالكتب السابقة ما خلت من كونها كتبًا طبية مع أن كتابيه (التذكرة، وتزيين الأسواق) هما اللذان حظيا بالاهتمام أكثر من غيرهما. وكتاب تزيين الأسواق طبع ببولاق في القاهرة، كما أنه طبع في بيروت.7 ـ وقد أورد محقق كتاب (تزيين الأسواق) أسماء كتب أخرى لداود، لذلك نذكر ما ورد في المقدمة لتمام الفائدة حيث يقول المحقق: (وله (غاية المرام في تحرير المنظوم من الكلام، ونزهة الأذهان في إصلاح الأبدان، وزينة الطروس في أحكام العقول والنفوس، والنية في الطب، ونظم قانون نجك، وشرح عليه، وله تآليف كثيرة لا نطيل بذكرها، ومن أعجب ما يحكى عنه في قوة معرفته بعلامات الأمراض ما أخبرني به من أثق به بالقاهرة المعزية قال: كانت له حجرة بالمدرسة الظاهرية اتخذها لاجتماعه بالناس ومداواة أصحاب البأس، فورد عليه في بعض الأيام رجل من الأجناد جاهرًا بالسلام فلما سمع سلامه عرف مرامه، وقال: اذهب فلا شفى الله لك علة،

ولا يرد لك غلة، تشرب الخمر، وتفعل ذلك الأمر، حتى يحدث لك هذا الداء، وتأتي الضرير تروم منه الدواء، ثم استتابه وشفاه من دائه بعدما أشفاه، وما فهم كنه علته إلا من تحرك شفته.

ديفيد رايت
الاعاقة :الصمم

"قال في كتاب قصة حياته الذي أسماه (صمم)، إنه أحس بأن الصمم قد دفعه إلى العناية بالشعر كنوع من التعويض عما فاته من الأصوات الخارجية، حتى أنه في سن الثامنة وجد نفسه مدفوعاً إلى كتابة الشعر".

- ولد ديفيد رايت في جوها نسبرج جنوب أفريقيا عام 1920م.
- وقد أحب نغمة الشعر الموسيقية منذ طفولته، كما ورث عن أسرته ميلا إلى الموسيقى.
- في سن الرابعة أصيب بصمم كامل، لحسن حظه فقد كان يحمل في أذنيه ذكريات الأصوات من أيام الطفولة مما مكنه من الحديث وأتاح تنمية مواهبه.
- سافر رايت إلى لندن بصحبة أمه طلباً للعلاج من الصمم، وهناك ازداد تعلقاً بالشعر، وقد قال في كتاب قصة حياته الذي أسماه (صمم)، إنه أحس بأن الصمم قد دفعه إلى العناية بالشعر كنوع من التعويض عما فاته من الأصوات الخارجية، حتى أنه في سن الثامنة وجد نفسه مدفوعاً إلى كتابة الشعر.
- نقل رايت بعد ذلك إلى مدرسة داخلية خاصة بالصمم، وفيها عانى من مشقة الحياة وأحس بالعذاب، وكان في الليل عندما تطفأ الأنوار لاينام، يسلي نفسه بتكرار ما حفظ من الشعر الكثير، وكان هذه الحفلات الليلية أفضل تدريب ذاتي تلقاه في القافية وحركات الحروف.

- أنفق رايت ثلاث سنوات في مدرسة الصم، وعندما تركها أحس بالراحة لأنها وإن أفادته كثيراً إلا أنها جعلته يعيش في بحر من الصمم، فانعزل بذلك عن العالم الخارجي، كما لعب ناظر المدرسة ومعاونوه دوراً مخيفاً إذ كان زجره وتصحيحه لأخطاء الطلاب الصم في الفصل على شكل طرقات عنيفة بكعب حذائه على أرضية الفصل الخشبية، فتصل الطرقات إليه في شكل ذبذبات تنبئ برسائل زاجرة مؤلمة، وأحس رايت بالسعادة للخلاص من هذه المدرسة.
- بعد انتهاء دراسته الثانوية درس في إحدى جامعات اكسفورد الأدب واللغة الانجليزية وواجهته مشكلة الاستماع إلى المحاضرات وفهم المراد منها، وعوض عن ذلك بالتردد إلى المكتبات وقراءة المراجع.
- في تلك الفترة أنشأ ديوانه الشعري الأول وتخرج عام 1942م بمرتبة الشرف الثانية، حيث غادر اكسفورد ونزح إلى لندن ليعمل سنوات قليلة في صحيفة (الصنداي تايمز).
- عمل رايت مدرساً لفترة في جامعة ليدز.
- لقد ترك الصمم بصمته على صوره الشعرية، فجعلته يرسم أحياناً لوحات صامتة لأشياء ذات صوت، تاركاً للقارئ أو السامع إكمال اللوحة بنفسه، مما يضفي على هذه اللوحات جواً بلاغياً مؤثراً.
- وجد رايت أنس الحياة مع زوجته فهي تقرأ شعره في المحافل إذ يبدو صوته غريباً في القراءة أحياناً، وهي التي ترجم له أقوال الناس ويمكنه فهمها من خلال حركة شفتيها.
- حصيلة إنتاجه حوالي 24 كتاباً تشمل أعماله ومؤلفاته ودواوينه.

راي تشارلز

الاعاقة : العمى

"كان يتهكم على إعاقته قائلا: «كنت محظوظا بعدم رؤية أشياء كثيرة في هذا العالم»".

- موسيقي وعازف بيانو أميركي من أصول أفريقية.

- يعد ملك موسيقى البلوز ومؤسس موسيقى السول.

- ولد في منطقة ألباني بولاية جورجيا في 23 أيلول/سبتمبر 1930، لعائلة فقيرة إلا أنه قضى طفولته في جرينفيل بولاية فلوريدا.

- ولد عام 1930 وبدأ يفقد بصره وعمره 5 سنوات. وفي عمر السابعة كان أصبح أعمى تماما، وكان أخاه الأصغر توفي في حادثة إذ غرق في ماء كانت تعده أمه للغسيل أمام عينيه وكان يحسب أن شقيقه يلعب في الماء مما سبب له أزمة نفسية حادة لازمته سنين طويلة.

- ودخل مدرسة للمكفوفين وتعلم القراءة بطريقة بريل. كان يسخر من إعاقته بقوله: «كنت محظوظا بعدم رؤية أشياء كثيرة في هذا العالم».
- في الثالثة من عمره شارك في فريق التراتيل الخاص بكنيسة معمدانية في المنطقة. وبعد ذلك بعام واحد بدأ مشواره الفني في مقهى "ريد وينغ" حيث سمح له مالك المكان بالعزف على البيانو.
- التحق وعمره سبع سنوات في مدرسة خاصة بأصحاب الاحتياجات الخاصة من الصم والعميان ليدرس العزف على البيانو، وتعلم في تلك المدرسة كتابة وقراءة الموسيقى بطريقة بريل للمكفوفين.
- في العام 1948 انتقل تشارلز إلى سياتل وعاش سنوات من البؤس وهو يعمل عازف بيانو في الحانات، وظل على هذه الحال حتى التقى المنتج كوينسي- جونز ،وفي الخمسينات عرف نجاحا باهرا وسريعا، ويرجع الفضل لتشارلز في وضع موسيقى السول المشتقة من موسيقى البلوز الى ان اضحى واحدا من اكثر موسيقيي امريكا بقاء.
- في عام 1952 وقعت شركة أطلنطك للإنتاج الموسيقي مع تشارلز عقدا لتحقق أعماله نجاحا كبيرا في العام التالي مباشرة، وقد بدأ تشارلز يؤلف الأغاني الناجحة الواحدة تلو الأخرى حتى أنه ألف بعضا من أكثر الأغاني رواجا في مجموعات الأغاني الأمريكية وهي تمزج بين البلوز والجاز وريذم بلوز والبوب.
- حاز على 13 جائزة جرامي وهي أرقى المكافآت في عالم الموسيقى في الولايات المتحدة.

- وصف فرانك سيناترا يوما المطرب الأميركي الراحل راي تشارلز بانه عبقري موسيقى السول. الذي لم تمنعها اعاقته من أن يصبح أسطورة موسيقية، حصل على 13 جائزة غرامي، واسمه في قائمة أهم 100 مطرب على مر العصور.
- قلد في فترة اولى اسلوب نات كينغ كول العذب جدا لكنه طور اسلوبه الخاص بصوته الأبح الذي يتم التعرف عليه على الفور فضلا عن طريقة تمايله من اليسار الى اليمين امام البيانو وبسمته العريضة.
- ذاعت له شهرة من خلال اغنية «آي غوت ايه وومان" (لدي امرأة) (1954) ومن ثم الف ولحن اغنية «جورجيا اون مي مايند» (جورجيا في ذهني) على نمط البلوز (1960) التي تحولت في ما بعد الى النشيد الرسمي لولاية جورجيا التي ولد فيها.
- وبشأن العمى الذي اصابه كان تشارلز، المتفائل ابدا، يقول «كنت محظوظا انني حظيت بنعمة البصر حتى سن السابعة». وفي الأوقات العصيبة كان يقول ايضا «ثمة اشياء كثيرة في العالم كنت محظوظا بعدم رؤيتها».
- وقد توفي راي تشارلز الذي اشتهر بصوته الأبح ونظارتيه السوداوين في 12 حزيران/يونيو 2004 نتيجة مضاعفات أمراض اصابت كبده، وكان عمره يوم وفاته 73 عاماً.
- مثل جيمي فوكس فيلما عن حياته بعد رحيله عنوانه راي وقد فاز الفيلم بجائزة أوسكار.
- قبيل رحيله، التقى راي تشارلز المخرج الأميركي تايلر هاكفورد الذي كان ينوي تنفيذ عمل سينمائي يتمحور حول حياة هذا المؤلف والمغني،

وأعماله. وكما في كل الأفلام التي تتناول شخصية مشهورة في العالم، كانت هناك صعوبة في اختيار الممثل الذي سيؤدي الدور الرئيس في «راي». عندما طُرح اسم المغني والممثل الكوميدي الأميركي جايمي فوكس، التقاه راي تشارلز، وجلسا وجهاً لوجه، كلٌ خلف آلة بيانو. هكذا، قاما بمبارزة أراد منها تشارلز التأكد من موهبة فوكس، لمعرفة قدرته على أداء الدور الرئيس في الفيلم. بعد ساعتين، ابتسم تشارلز ومنح بركته لجايمي فوكس الذي نال أوسكار أفضل ممثل عن دوره في الفيلم... فأهدى الجائزة إلى «راي» الذي كان قد غادر هذا العالم.

• في شباط 2005أكان راي تشارلز «ملك موسيقى البلوز» الذي توفي في يونيو (حزيران) الماضي عن 73 عاما نجم الحفل السابع والاربعين لتسليم جوائز غرامي الأميركية للموسيقى مساء أول من امس في لوس انجليس حيث حجب الاضواء عن نجوم الجيل الشاب.وفاز راي تشارلز بجائزتي «غرامي» لأفضل اسطوانة عن «جينيوس لوفز كومباني» التي صدرت بمشاركة عدد من الفنانين و«أفضل أسطوانة سينغل» (تضم أغنية واحدة) عن «هير وي غو اغين» التي اداها مع المغنية نورا جونز. وهذه هي المرة الاولى التي يحصل فيها تشارلز على جائزة «أفضل ألبوم» كما أنها المرة الأولى التي تمنح فيها الجائزة لفنان بعد وفاته منذ جون لينون نجم فريق البيتلز السابق وأرملته يوكو أونو عندما حصلا على الجائزة عن أغنية «الخيال المفرط».

ربعي بن عامر
الاعاقة : العرج

الامبراطوري" "هو الاعرج ألذي تحدى أكبر قادة جيوش العالم في قصره."

- هو الصحابي الجليل ربعي بن عامر بن خالد بن عمرو.
- كان من أشراف العرب، وهو من بني تميم.
- أدرك النبي صلى الله عليه وسلم، شهد الفتوحات الإسلامية.
- أمد عمر بن الخطاب به المثنى بن حارثة.
- للنجاشي الشاعر فيه مديح.
- وله ذكر في غزوة نهاوند، وكان ممن بنى فسطاط أمير تلك الغزوة النعمان بن مقرن، وولاه الأحنف لما فتح خراسان على طخارستان.
- يقال ان اشهر مواقفه كان يوم امره قائد جيوش المسلمين سعد بن أبي وقاص، بالذهاب- بناء على بطلب من رستم قائد قوات الفرس - للتفاوض مع الفرس. والقصة باختصار:

لبس ربعي ثياب الحرب، وامتطى صهوة حصانه، وسار لقايلة رستم فلما سمع رستم بقدومه، أمر بزخرفة موقعه الذي هو فيه، رغبة منه في إرهاب رسول المسلمين أو ترغيبه، فلما اقترب ربعي من هدفه، رأى ما صنع الفرس استعدادا لقدومه، من زخرفة وزينة تذهب الألباب تفنن الفرس بصنعها ، ومن طوابير الفرسان الأشداء ارتدوا أبهى الحلل، وطبول حرب تقرع على وتيرة واحدة، وأبصار شاخصة ترمي بشررها على هذا الرسول القادم من جزيرة العرب.

امتلأ المكان واكتسى بصمت رهيب، إلا من تلك الطبول. ولكن كل ذلك لم يقع في نفس ذلك البطل، ولم تهتز شعرة في بدنه ، واستمر ربعي في سيره نحو رستم، ولم يعبأ بالأصوات التي نادت بأن ينزل من حصانه و ينتزع سلاحه، بل استمر فوطأ بقدم حصانه السجاد الوثير، وترجل منها وربطها بوسادتين مصنوعتين من حرير وذهب.

فلما دخل على رستم، اختار أن تكون له الأرض مجلسا، فقال له الحرس: ما حملك على فعل ذلك ؟

فرد عليهم ربعي بن عامر: إنا نكره أن نجلس على زينتكم.

هنا علم رستم أن كل ما وضع من زينة لم تصب قلب هذا الرسول أو عقله، فأصابه الإحباط وأتت النتائج عكسية عليهم، فبدلا من أن يرهبوه، أرهبهم رضي الله عنه.فيا له من اقتحام صنديد، ويا لها من هالة إيمان دخلت وأرهبت أنفس الفرس، ويا لفراسة سعد بن أبي الوقاص الذي عرف من يختار لهذا المقام.

قال رستم : ما جاء بكم ؟ فرد على الفور ربعي فقال : الله جاء بنا والله ابعثنا إليكم، لنخرج من شاء من عبادة العباد إلى عبادة رب العباد، ومن ضيق الدنيا إلى سعة الآخرة، ومن جور الأديان إلى عدل الإسلام.

كلمات تكتب بماء الذهب انطلقت من لسان ربعي لخص بها الاسلام ودوره في الحياة، قالها من دون تحضير أو ارتباك.

استمر ربعي بالتفاوض مع رستم، وأنهاها بإعطائهم ثلاثة أيام للتفكير، وقال لهم : نحن في حل بعد انقضاء المهلة. فكانت معركة القادسية، وبداية فتح بلاد فارس، على أيدي رجال صدقوا ما عاهدوا الله عليه، ومنهم هذا البطل ربعي بن عامر رضي الله عنه.

روزفلت

الاعاقة: الشلل

"في عام 1921م أصيب روزفلت بشلل الأطفال. واعتقد الجميع أن نشاطه السياسيّ قد
انتهى. إلا أنه وبعد صراع مع المرض عاد للحياة السياسية عام 1924م. قوبل روزفلت بحفاوة
بالغة، ولفت الانتباه إليه بوصفه قائدًا لم يستسلم للمرض".

- هـو فـرانكلين ديلانـو روزفلـت (بالإنجليزيـة: Franklin Delano Roosevelt)؛(30 يناير 1882 - 12 أبريل 1945).
- وُلد روزفلت في 30 يناير عام 1882م، في نيويورك، بالولايات المتحدة الأمريكية. وكان الولدَ الوحيد لأبويه. وتعلم في مدرسـة غرتـون في غرتـون، ماساشوسـيتس بالولايـات المتحدة. وفي عام 1900م، التحق بجامعة هارفارد حيث درس التـاريخ. وتخـرج فيهـا عام 1903م. التحق بكلية الحقوق جامعة كولومبيا عام 1904م. وبعد تخرجه عمـل محامياً لمدة ثلاث سنوات، لكنه لم يبد حماساً للعمل القانوني.
- رئيس الولايات المتحدة الأمريكية الثاني والثلاثون.
- وكان ينتمي إلى الحزب الديمقراطي.
- تولى الحكم من تاريخ 4 مارس 1933 إلى 12 أبريل 1945 وذلـك لأنـه أعيـد انتخابـه أربع مرات متتالية، إذ توفي في العام الأول من ولايته الرابعة.
- صنف كاحدأعظم ثلاث رؤساء لأمريكا.
- أصبح روزفلت رئيسًا في فترة قمة الكساد العظيم. وفي أول خطبـة لـه بعـد تنصيبه، دعا إلى الإيمان بمستقبل أمريكا. وأعلـن بوضـوح أن الشيء الوحيـد الـذي يجـب أن نخافه هو الخوف نفسه. وقد بدأت حقبة جديدة في التاريخ الأمريكي تحت قيادتـه، حيث أطلق على برنامجه اسم الصفقة الجديدة.
- عاصر الحرب العالمية الثانية حيث قاد الحلفاء إلى النصر.
- يعد من أعضاء المنظمة السرية الماسونية يحمل درجة رقم 32 وكذلك ترتبه كـرئيس للولايات المتحدة [بحاجة لمصدر].

- ولد فرانكلين دلانو روزفلت عام 1882 في نيويورك.
- وأصيب في رجليه عام 1921 فأصبح يتحرك بواسطة مقعد، ولم يزده ذلك إلا اندفاعا في السياسة فأصبح عضواً في الحزب الديمقراطي ومن ثم انتخب في مجلس الشيوخ عام 1910 ليدخل بقوة إلى سلسلة رؤساء أمريكا ويصبح الرئيس رقم 33 للولايات المتحدة الأميركية حيث تولى الرئاسة في مارس/ آذار 1933، وقد أعيد انتخابه ثلاث مرات وهي سابقة أولى في تاريخ أميركا.
- فاز روزفلت عام 1910م في انتخابات مجلس الشيوخ بولاية نيويورك، حيث عُرف بعد ذلك بأنه سياسي ماهر وجريء.
- وفي عام 1920م رشح مؤتمر الحزب الديمقراطي جيمس كوكس حاكم ولاية أوهايو لمنصب الرئيس، وروزفلت لمنصب نائب الرئيس. ولكن المرشحَيْن الجمهوريين هزماهما بسهولة.
- في عام 1921م أصيب روزفلت بشلل الأطفال. واعتقد الجميع أن نشاطه السياسيّ قد انتهى. إلا أنه وبعد صراع مع المرض عاد للحياة السياسية عام 1924م. قوبل روزفلت بحفاوة بالغة، ولفت الانتباه إليه بوصفه قائدًا ديمقراطيًا لم يستسلم للمرض.
- انتُخب روزفلت حاكماً لولاية نيويورك عام 1928م نظراً للسياسات الجيدة التي طبقها. ثم أعيد انتخابه بأغلبية ساحقة عام 1932م. وفي السنة نفسها رشحه الحزب الديمقراطي لمنصب الرئيس، كما رشح جون نانسي جارنر حاكم ولاية تكساس لمنصب نائب الرئيس. فاز الاثنان بالانتخابات بأغلبية كبيرة، وأصبح روزفلت رئيساً في 4 مارس عام 1933م وعمره 51 عاماً.

- أعلن روزفلت في حملته الانتخابية الأولى قبيل توليه الرئاسة عزمه على مساعدة اليهود في إنشاء وطن قومي لليهود في فلسطين كما رحب بالقرار الصادر عن المؤتمر الاستثنائي الذي عقده يهود أميركا في نيويورك يوم 11 مايو/ أيار 1942 وقرروا فيه جعل فلسطين دولة يهودية بعد إخراج العرب منها.
- بعد اندلاع الحرب العالمية الأولى ودخول أمريكا الحرب، عمل روزفلت الذي كان مساعداً لوزير البحرية في عدة مشاريع حربية. وقام بجولة في ميادين الحرب الأوروبية، وقابل القادة العسكريين مما جعله شخصية قوية.
- دخلت الولايات المتحدة الأمريكية في عهد روزفلت الحرب العالمية الثانية بعدما كانت قد أعلنت حيادها وأعلن روزفلت حضراً بمنع تصدير النفط والحديد إلى اليابان تعاطفا مع حلفائه التقليديين أي بريطانيا وروسيا ومن ثم مهاجمة اليابان القطع البحرية الأميركية في ميناء بيرل هاربر في المحيط الهادي في ديسمبر/ كانون الأول 1941، وذلك بعد امتناع أميركا عن تزويد اليابان بالنفط والصلب وإنزال القوات الأميركية قواتها البحرية في السواحل الفرنسية بالنورماندي في 6 يونيو/ حزيران 1944.
- (التحدث إلى المجتمع) أصبحت من السمات الدائمة أثناء رئاسة روزفلت. وقد ساعدته التقارير الإذاعية غير الرسمية الموجهة إلى الشعب الأمريكي على كسب دعم واسع لمشاريعه.
- عندما تولّى روزفلت الرئاسة، كان الكساد العظيم قد تفاقم إلى مستويات سيئة. فقدم روزفلت برنامجاً للإصلاح سمي الصفقة الجديدة ووصفه بأنه استخدام سلطة الحكومة بشكل منظم من المساعدة الذاتية لكل طبقات

جماعات وأقسام البلاد. وفي مجال السياسة الخارجية كانت سياسته تجاه دول أمريكا اللاتينية سياسة حسن الجوار كما وصفها هو نفسه. وتتلخص تلك السياسة في إبداء حسن النية تجاه تلك الدول. واعترفت إدارته بالاتحاد السوفييتي (السابق) في يوليو عام 1933م، وتبادل البلدان الممثلين الدبلوماسيين بعد 16 عاماً من القطيعة.

- في عام 1936م، أعيد انتخاب روزفلت رئيساً للولايات المتحدة للمرة الثانيـة. وفي أول سبتمبر عام 1939م، بدأت الحرب العالمية الثانية، عندما غـزت ألمانيـا بولنـدا. وكـان رأى روزفلت أن انتصار دول المحور سوف يُهدِّد الديمقراطية في كل مكان في العالم.
- في عام 1940م، خالف الحزب الديمقراطي كل السوابق، ورشح روزفلت لولاية ثالثـة. وفاز روزفلت بالانتخابات رئيسا للولايـات المتحـدة للمـرة الثالثـة. وفي عـام 1941م، أصدر روزفلت مع رئيس وزراء بريطانيا ونستون تشرتشل ميثاق الأطلسي.
- في 6 يناير عـام 1941م أعلـن روزفلـت أن جميـع النـاس يجـب أن يتمتعـوا بحريـة التعبير وحرية العبادة، والتحرر من الحاجة والخوف. وسميت هذه الحقوق الأربعة الحريات الأربع.
- أعلنـت الولايـات المتحـدة في ديسـمبر عـام 1941م الحـرب عـلى اليابـان، بعـد أن هـاجمت اليابان الأسطول الأمـريكي الـذي كـان يرسـو في ميـنـاء بـيرل هـاربر. وفي 11 ديسمبر عام 1941م، أعلنت ألمانيا وإيطاليا الحرب على الولايـات المتحـدة، فأعلنـت الولايات المتحدة الحرب عليهما.

- بعد ذلك سافر روزفلت عدة مرات للالتقاء برؤساء الدول المتحالفة، للتشاور معهـم وتحديد الأهداف الرئيسية للحرب.

- في عام 1944م، أجريت الانتخابات في الولايات المتحدة وفاز روزفلـت ونائبـه هـاري ترومان بسهولة على منافسيهم الديمقراطيين. وبعد يومين من تنصيبه غادر روزفلـت بلاده للاجتماع بتشرتشل وستالين في يالطا، حيـث اتفقـوا عـلى الهجـوم النهائي عـلى ألمانيا وغير ذلك من القضايا.

- أمر روزفلت بتطوير الأبحاث المتعلقة بصنع القنبلة النووية والتي فجرت بعد أشهر قليلة من وفاته والتي سببت دماراً كبـيراً في هيروشـيما وناجـازاكي أدت إلى استسـلام اليابان في الحرب العالمية.

- في 29 مارس عام 1945م، ذهب روزفلت إلى وورم سبرنجز للاستجمام. وفي 12 إبريل أصيب بنزيف في الدماغ بينما كان يعمل في مكتبه، وتوفي في اليوم نفسه.

زكي عثمان
الاعاقة: العمى والشلل

"وكان يذهب إلى المدرسة اما محمولا على الاكتاف أو زاحفا على الأرض في الصيف والشتاء".

- ولد في فبراير 1953 م في قرية الرزيقات مركز ارمنت محافظة قنا.

- عندما بلغ عامين ونصف العام اصيب بحمى شديدة في الجسم ادت إلى اصابته ب شلل الاطفال وفقد البصر.

- لم يلتحق بالمدرسة لكونه ضريرا كسيحا لكن اهله الحقوه بالكتاب وكان يتلقى دروسا في القران الكريم على يد أحد المشايخ ويحفظه..وظل حبيس البيت حتى بلغ السادسة عشر من عمره وخلال هذه الفترة كان يراجع القران ويثبت حفظه ، وكان الراديو صديقه الدائم وانيسه طوال هذة الفترة فتعلم منه الثقافة و الاقتصاد و التربية.

- كان من احلامه ان يكون خطيبا و اماما و واعظا ، وتعلم من الراديو اللغة الإنجليزية و اتقنها.

- عندما بلغ السادسة عشرة دخل المدرسة وبدا من الصف الاول الاعـدادي مباشرة في معهد عثمان ماهرواستثني من الابتدائية لحفظه القران الكريم.
- ثم التحق بمعهـد القـاهرة الثـانوي ومكـث هنـاك اربـع سـنوات وكـان يـذهب إلى المدرسة اما محمولا على الاكتاف أو زاحفا على الأرض في الصيف والشتاء ، ثم التحق ب كلية اصول الدين ثم عين في وزارة الاوقاف لمدة سـبع سـنوات مـن عـام 1980 م إلى عام 1987 م ولم يكتف بذلك.
- حصل على 2 ليسانس اولهـما ليسـانس الـدعوة و الثقافـة الإسـلامية عـام 1979 م ، والتاني ليسانس التفسير عام 1983م، ثم حصل على الماجستير عـام 1986م بتقـدير جيد جدا وكـان الموضـوع منهـاج الإسـلام في التنميـة الاقتصـادية وسـجل الـدكتوراه وحصل عليها عام 1985م في موضوع الـدعوة الإسـلامية في القـرن السـادس الهجـري بتقدير ممتاز مع مرتبة الشرف الأولى.
- الـف الـدكتور زكي عـثمان أكـثر مـن اربعـة و عشرـين مؤلفـا في الـدعوة و التفسـير والثقافة و الاجتماع ، واشرف على أكثر من سبع عشرة رسالة دكتـوراه منهـا: مـنهج الإسلام في تحقيق الامن. اسـباب الارهـاب ومظـاهر علاجـه.عوامـل التفكـك الاسري. مجلة البيان ودورها في نشر الثقافة الإسلامية.

ستيفن هاوكينغ

الاعاقة : الشلل

"تمكن الفيزيائي الأمريكي المشلول كليا ستيفن هوكينج باستخدام أجهزة معدلة خصيصا له من تحقيق 15 ك/د باستخدام مفتاح و برنامج معدل. نظرا لانخفاض مهاراته تم تعديل الجهاز أكثر بتركيب آلة تصوير <u>تحت الحمراء</u> تستطيع التقاط طرفة عينه. معدل الكلمة في الدقيقة الحقيقي مجهول."

- ستيفن ويليام هوكينج باحث كبير في علم الأحياء.

- ولد في أكسفورد بالمملكة المتحدة في الثامن من يناير عام 1942.

- في سن الحادية عشرة من عمره التحق بمدرسة 'القديس البان' وفي عام 1959 حصـل علي منحة للدراسة في جامعة أكسفورد حيـث تخصص في الفيزياء ثم حصل بعـد ثلاث سنوات علي مرتبة الشرف الأولي في الفيزياء وتخرج عام 1962، ثم التحق بعـد ذلك بجامعة كامبريدج كطالب دكتوراه حيث بدأ البحث في نظريـة النسـبية بقسـم الرياضيات التطبيقية والفيزياء النظرية.

- في العام 1979 أصبح أستاذا للرياضيات بجامعة كامبريدج.

- هو أستاذ علم الكونيات ' Cosmology' أي العلم الذي يبحـث في الكون وتكوينـه ونشأته، وهو أستاذ الرياضيات في جامعة كامبريدج ويحمـل لقب أستـاذ الكرسي اللوكاسي منذ 1979 والمعروف أن هذا اللقب يعـود إلي هـنري لوكاسي الـذي أسـس هذه الدرجة في عام 1663 وكان نيوتن قد شغل هـذا المنصب قبـل 3 قرون أيضـا. بريطاني الجنسية معروف بانجازاته الهائلة نحو فهم وتفسير الكون، نشأته وتكوينـه ويعتبر نابغة القرن في علم الكونيات والعلوم الطبيعية.

- كان التحدي الحقيقي لستيفن هوكنج مرضه الذي يعتبر رمزا لتحد يحتذى به، ففي أثناء السنة الدراسية الثالثة بجامعة أكسفورد شعـر هـوكنج بصعوبة شـديدة في الحركة، دون اي سبب، وأوضح التشخيص الطبي حقيقة مفادها أنه مصاب بمرض التصلب الجانبي الضموري(Amyotrophic Lateral Sclerosis)، وهو مرض تصاب فيه الأعصاب المتحكمة بالعضلات بالتلف، والضمور، وأن فرص الحياة أمامـه ليسـت كثيرة، بل لا

تكاد تزيد علي السنتين. ولكن هوكنج لم يفقد الأمل ولم ييأس ولم يكف عـن العمـل في الدراسة والبحث.

- أصبح مع مرور الوقت حبيس كرسي كهربائي كما أصبح حديثه متلعثما وغير مفهوم ولكنه كان محظوظا لأن حالته لم تتدهور بشكل سريع كما يحدث في مثل هذه الحالات، و مع تطور مرضه وأيضا بسبب إجرائه عملية للقصبة الهوائية عام 1985 بسبب التهاب القصبة، أصبح هوكنج غير قادر على النطق أو تحريك ذراعه أو قدمه اى أصبح غير قادر على الحركة تماما، فقامت شركة انتل للمعالجات والنظم الرقميه بتطوير نظام حاسوب خاص متصل بكرسيه يستطيع هوكينج به التحكم بحركة كرسيه والتخاطب باستخدام صوتا مولد الكترونيا واصدار الاوامر عن طريق حركة عينه وراسه وعن طريق حركة العينين يقوم باخراج بيانات مخزنة مسبقا في الجهاز تمثل كلمات واوامر.

- بعد ذلك تمكن ستيفن من إلقاء المحاضرات وكتابة المقـالات والكتب عـلاوة عـلي الإجابة علي الكثير من الاستفسارات والتساؤلات في علم الكونيات، ويبدو أن الشـلل الذي أصاب أعضاءه لم يؤثر في عقله المستنير، ولذا فقط شعر بأنه لا بـد أن يحقـق حلمه الذي طالما راوده منذ نعومة أظفاره. ويقول هوكنج عـن مرضه "بالرغم مـن السحابة التي كانت تحجب عني المستقبل إلا أنني اكتشفت أنني أستمتع بحيـاتي حاليا أكثر من اي وقت مضى".

- أثبت نظريا عام 1974 أن الثقوب السوداء تصدر إشعاعا على عكس كـل النظريـات المطروحة آنذاك وسمي هذا الإشعاع باسمه " إشعاع هـوكينج" واستعان بنظريـات ميكانيكا الكم و قوانين الديناميكا الحرارية.

- طور مع معاونه (جيم هارتل من جامعة كاليفورنيا) نظرية اللاحدود للكون التي غيرت من التصور القديم للحظة الانفجار الكبير عن نشأة الكون إضافة إلى عدم تعارضها مع أن الكون نظام منتظم و مغلق.

- نشر كتابه "موجز تاريخ الزمن" عام 1988 والذي حقق أرقام مبيعات و شهرة عالية و لاعتقاد هوكينج أن الإنسان العادي يجب أن يعرف مبادئ الكون فقد بسط النظريات بشكل سلس.

- نشر في عام 1993 مقاله بعنوان "الكون الوليد والثقوب السوداء".

- نشر في عام 2001 كتابه "الكون في قشرة جوز".

- نشر في عام 2005 نسخة جديدة من كتابه "موجز تاريخ الزمن" لتكون أبسط للقراء.

- يتميز ستيفن ببديهة عالية حيث أجاب على سؤال "ماذا يأتي قبل الانفجار الكبير في الكون؟" فكانت إجابته أن هذا السؤال يشبه سؤال "ما المكان الذي يقع شمال القطب الشمالي؟" و كانت هذه الاجابة تلخيصا لنظريته حول الكون المغلق والذي بلا حدود.

- عندما سئل هوكينج عن أهم العلماء الذين أثروا فيه كانت الإجابة جاليليو لعظمته واينشتين لاكتشافه نظرية النسبية.

- انتخب زميلا للجمعية الملكية عام 1974، وكان أصغر من حصلوا عليها كما انتخب عضوا في الأكاديمية الدولية للعلوم بالولايات المتحدة وأخيرا تم تكريمه من قبل الرئيس الصيني الذي وصفه بنابغة القرن.

- إن ستيفن هوكنج وضع في رأسه فكرة ثابتة تتمثل في أنه طالما كان قلبه ينبض بالحياة، وعقله يتوقد بالذكاء، فلا بد أن يعيش، لأنّ ذلك يستحق

الحياة. وبالفعل ها هو ستيفن هوكينج ما زال علي قيد الحياة وجاوز الستين ومستمر في العطاء والبحث العلمي.

ستيفي وندر

الاعاقة : العمى

"أصيب بالعمى في صباه، ولم يمنعه ذلك من تعلم البيانو وهو في السابعة، ثم اتجه إلى الغناء وأصدر ألبومه الأول وعمره 15 عاما."

- هو المطرب والمؤلف والملحن الموسيقي الأميركي الشهير ستيفي وندر مغني و ملحن و كاتب أغاني و منتج موسيقي من الولايات المتحدة إسمه الحقيقي ستيفلاند هاردوي جودكنز من مواليد ميشيغان 13 مايو 1950.
- أصبح شخصا اعمى بسبب مشاكل صحيه لما كان صغيرا، ولم يمنعه ذلك من تعلم البيانو وهو في السابعة، ثم اتجه إلى الغناء وأصدر ألبومه الأول وعمره 15 عاما.
- يعتبر من أشهر المطربين الأميركيين الشعبيين في القرن العشرين يقول «ليس معنى أنني غير قادر على البصر أنني لا أمتلك الرؤية».

- كانت أغنياته تحتل المراكز الأولى، وفاز بالعديد من الجوائز منها 22 جائزة غرامي. وبلغت مبيعات أعماله أكثر من 100 مليون تسجيل.

- عزف الدرامز والهارمونيكا و كان يغني مـع الكـورس في أحد الكنـائس عـام 1961 ثم اكتشفه شخص اسمه روني وايت الي كان يبحث عـن مواهب ويخبـترهم في شركـة موتاون ريكوردز واول ماسمع ستيفي وهو يغني وقع على الفور عقدا معه.

- ساعده كلارنس بول في تطوير مواهبه الموسيقيه بدون ان يشـير إلى اتجـاه موسيقي واضح.

- سنة 1965 اصدر البوم اسمه Everything's Alright حقـق نجـاح كبير ومـدويا و زادت شعبيته بين الجماهير.

- سنة 1966 سمح له ان يعيـد بصوتـه اغنيـه للفنـان بـوب ديلان ' Blowin In The Wind'.

- بعد انتهاء العقد مع شركة موتاون الكل كان يتوقع انه يجدد العقد معهم لكنه قرر انه يسجل البومين لحسابه الخاص لانه كان يقـول ان الشركه كـان تقيـيـده في أنـواع معينه من الاغاني وهو طموحه أكبر.

- في اغانيه الخاصه صار يغني عن التفرقه العنصريه وعن الدين والمشاكل الاجتماعيـه وليس كباقي المغنيين لاغاني الحب فقط.

- في سـنة 1972 صـدر لـه البـوم اسـمه 'Talking Book' مسـتخدما فيه التقنيـات الحديثه في التسجيل وحقق الالبوم نجاح غيرمتوقع.

- من البومات ستيفي وندر

  - Tribute To Uncle Ray Tamla 1962.

- The Jazz Soul Of Little Stevie Tamla 1962.

- The 12-Year Old Genius Recorded Live Tamla 1963.

- With A Song In My Heart Tamla 1963.

- Stevie At The Beach Tamla 1964.

- Up-Tight (Everything's Alright) Tamla 1966.

- Down To Earth Tamla 1966.

- I Was Made To Love Her Tamla 1967.

- Someday At Christmas Tamla 1967.

- For Once In My Life Tamla 1968.

- My Cherie Amour (Tamla 1969.

- In Square Circle Tamla 1985.

- Characters Motown 1987.

- وفي 11 مايو 2005 قال المغني الكفيف ستيفي وندر على موقعه الرسمي على الإنترنت إنه سيصدر أول أغنية مصورة تحتوي على تسجيل صوتي للأشخاص الذين يعانون من مشكلات في الإبصار. وقالت مجموعة يونيفرسال موتاون للتسجيلات التي تعد إحدى الوحدات التابعة لفيفندي يونيفرسال، إنه سيتم إذاعة إصدار لأغنية "وماذا بعد هذه الجلبة" أو So What the Fuss من الألبوم الغنائي الجديد لوندر والذي يحمل إسم "وقت للحب" أو A Time To Love على القنوات الموسيقية، حيث سيتم إذاعة إصدار آخر للأغنية يتميز بوجود تسجيل صوتي مصحوباً بتعليق مغني الراب بوستا رايمس على نفس القنوات باستخدام تكنولوجيا

ساب SAP المخصصة للأشخاص الذين يعانون من مشكلات في الإبصار.

- وقال وندر في بيان: "إلى الآن فإن الأغاني المصورة تحمل بعداً واحداً بالنسبة لهؤلاء الذي يعانون من فقدان أو ضعف الإبصار". وستكون شركة ياهو المحدودة Yahoo Inc"s التابعة لشركة ياهو أول من يطرح هذه الأغنيات المصورة بنوعيها على الإنترنت يوم الأربعاء. وفي شباط 2009 كرّم الرئيس الأميركي باراك أوباما والسيدة الأولى ميشيل، المغني ستيفي وندر، في حفل موسيقي أقيم في القاعة الشرقية في البيت الأبيض حصل خلاله المكرم على جائزة "غيرشوين" تقديراً لإنجازاته طوال حياته. ونوّه أوباما في الحفل، الذي أقيم ليل الأربعاء بإنجازات وندر الفائز 22 مرة بجائزة "غرامي" الموسيقية، معتبراً انه السبب في تسهيل علاقته العاطفية بالسيدة الأولى ميشيل أوباما. وقال أوباما "أظن انه من العادل أن أقول انني لو لم أكن من المعجبين بستيفي وندر لما كانت ميشيل لتخرج في موعد عاطفي معي والأرجح أننا ما كنا تزوجنا".

وأضاف "اتفاقنا حول ستيفي كان أساس علاقتنا".

- أما كلام السيدة الأولى فقوبل بالدهشة خصوصاً بعدما كشفت ان أغنية وندر "أنت وأنا" كانت أغنية افتتاح حفل زفافهما، ونوهت أوباما بأغاني وندر الأخرى.

واستمتع وندر (58 سنة) بأصوات العديد من الفنانين الذين عزفوا موسيقاه فيما ردد وندر أغنية "سايند سيلد دليفرد".

وضحك الحضور عندما مازح وندر قائلاً انه متحمس ليعرف الدور الذي لعبه في علاقة أوباما العاطفية وطالب بمعرفة المزيد عن ذلك ثم عاد ومازح "أظن انني سبب في ولادة المزيد من الأطفال"، فصفق الحضور.

- وتسلم وندر جائزته وأهداها إلى والدته.

سعيد بن المسيب
الاعاقة : العور

"كان حسن الهندام نظيف الجسد، طويل القامة أبيض الرأس واللحية؛ اعورا".

- هوالتابعي سعيد بن المسيب بن حزن بن أبي وهب المخزومي القرشي، وكنيته أبو أحمد.
- ولد لسنتين من خلافة عمر بن الخطاب سنة 14هـ في المدينة.
- سيد فقهاء المدينة والتابعين، روى عن عدد من الصحابة وبعض أمهات المؤمنين.
- كان أعلم الناس بقضايا رسول الإسلام محمد بن عبد الله صلى الله عليه وسلم، وقضاء أبي بكر وعمر بن الخطاب، وكان نسّابة عالما بأنساب الناس.. وأوتي ذكاءاً حاداً و نباهةً و ذاكرةً عجيبة.
- جمع بين الحديث والفقه والزهد والورع واسع العلم ويقال له فقيه الفقهاء، كان رجلا وقورا له هيبة عند مجالسيه فكان يغلب عليه الجد عفيفا معتزا بنفسه لا يقوم لأحد من أصحاب السلطان ولا يقبل عطاياهم ولا هداياهم.
- نشأ نشأة مباركة، وسار على نهج صحابة رسول الله صلى الله عليه وسلم، واقتدى بأفعالهم، وروى عنهم أحاديث رسول صلى الله عليه وسلم ، وتزوج بنت الصحابي الجليل أبي هريرة، فكان أعلم الناس بحديثه.
- وهبه الله في نشأته الباكرة ذكاءً متوقدًا، وذاكرة قوية، حتى شهد له كبار الصحابة والتابعين بعلو المكانة في العلم، وكان رأس فقهاء المدينة في زمانه،

والمقدم عليهم في الفتوى، حتى اشتهر بفقيه الفقهاء، وكان عبد الله بـن عمـر -رضي الله عنه- وهو المقدم في الفتوى بالمدينة آنذاك- إذا سئل عن مسألة صعبة في الفقـه، كان يقول: سلوا سعيدًا فقد جالس الصالحين.

- ويقول عنه قتادة: ما رأيت أحدًا قط أعلم بالحلال والحرام منه.

- كان الخليفة العادل (عمر بن عبد العزيز) أحد تلاميذه، ولما تولى عمر إمارة المدينـة لم يقض أمرًا إلا بعد استشارة سعيد، فقد أرسل إليه عمـر رجـلاً يسـأله في أمـر مـن الأمور، فدعاه، فلبي الدعوة وذهب معه، فقـال عمـر بـن عبـد العزيز لـه: أخطـأ الرجل، إنما أرسلناه يسألك في مجلسك.

- عاش سعيد طيلة حياته مرفوع الرأس، عزيز النفس، فلم يحنِ رأسه أبدًا لأي إنسان، حتى ولو ألهب ظهره بالسياط، أو هدد بقطع رقبته، فها هو ذا أمير المدينة في عهـد الخليفة عبد الملك بن مروان يأمره بالبيعة للوليد بـن عبـد الملـك، فيمتنـع فيهـدده بضرب عنقه، فلم يتراجع عن رأيه رغم علمه بما ينتظره من العـذاب، ومـا إن أعلـن سعيد مخالفته حتى جردوه من ثيابه، وضربوه خمسين سوطًا، وطافوا به في أسـواق المدينة، وهم يقولون: هذا موقف الخزي!! فيرد عليهم سعيد في ثقة وإيمان: بل مـن الخزي فررنا.ولما علم عبد الملك بما صنعه والي المدينة لامه وكتب إليـه: سـعيد..كان والله أحوج إلى أن تصل رحمه من أن تضربه، وإنا لنعلم ما عنده من خلاف.

- صلى (الحجاج بن يوسف الثقفي) ذات مرة، وكان يصلى بسرعة، فلم يـتم ركـوع الصلاة وسجودها كما يجب، فأخذ سعيد كفًا من الحصى ورماه بـه، فانتبـه الحجـاج لذلك واطمأن وتمهل في صلاته، وكان ذلك قبل أن يتولى الحجاج الإمارة.

- ورفض سعيد أن تكون ابنته أعظم سيدة في دولة الخلافة الإسلامية؛ وذلك حين أراد الخليفة عبد الملك بن مروان أن يخطب ابنة سعيد لولي عهده الوليد، لكن سعيدًا رفض بشدة، وزوج ابنته من طالب علم فقير.فقد كان لسعيد جليس يقال له (عبد الله بن وداعة) فأبطأ عنه أيامًا، فسأل عنه وطلبه، فأتاه واعتذر إليه، وأخبره بأن سبب تأخره هو مرض زوجته وموتها، فقال له: ألا أعلمتنا بمرضها فنعودها، أو بموتها فنشهد جنازتها، ثم قال: يا عبد الله تزوج، ولا تلق الله وأنت أعزب، فقال: يرحمك الله ومن يزوجني وأنا فقير؟ فقال سعيد: أنا أزوجك ابنتي، فسكت عبد الله استحياء، فقال سعيد: مالك سكت، أسخطًا وإعراضًا؟ فقال عبد الله: وأين أنا منها؟ فقال: قم وادع نفرًا من الأنصار، فدعا له فأشهدهم على النكاح (الزواج)، فلما صلوا العشاء توجه سعيد بابنته إلى الفقير ومعها الخادم والدراهم والطعام، والزوج لا يكاد يصدق ما هو فيه!!
- كان حريصا على حضور صلاة الجماعة، وواظب على حضورها أربعين سنة لم يتخلف عن وقت واحد.
- كان تقيًا ورعًا، يذكر الله كثيرًا، جاءه رجل وهو مريض، فسأله عن حديث وهو مضطجع فجلس فحدثه، فقال له ذلك الرجل: وددت أنك لم تتعن ولا تتعب نفسك، فقال: إني كرهت أن أحدثك عن رسول الله وأنا مضطجع، ومن احترامه وتوقيره لحرمات الله قوله: لا تقولوا مصيحف ولا مسيجد، ما كان لله فهو عظيم حسن جميل، فهو يكره أن تصغر كلمة مصحف، أو كلمة مسجد أو كل كلمة غيرهما تكون لله تعالى إجلالا لشأنها وتعظيمًا.

- مرض واشتد وجعه، فدخل عليه نافع بـن جبير يـزوره، فأغمى عليه، فقـال نافع: وَجِّهوه، ففعلوا، فأفاق فقال: من أمركم أن تحولوا فـراشي إلى القبلـة..أنـافع؟ قـال: نعم، قال له سعيد: لئن لم أكن على القبلة والملـة والله لا ينفعنـي تـوجيهكم فراشي، ولما احتضر سعيد بن المسيب ترك مالاً، فقال: اللهم إنك تعلم أني لم أتركها إلا لأصون بها ديني.

- توفي سنة 94 هـ ودفن في البقيع وعمره 80 سنة. فرحمه الله رحمة واسعة.

سوفوروف

الاعاقة: العمى والصمم

"فقد بصره وهو في الثالثة من عمره ثم بعد بضعة اعوام فقد سمعه بشكل تـدريجي. فالتحق ببيت أطفال زاكورسكي لمتعددي العوق".

- ولد الكسندر سوفوروف عام 1953 في مدينة فرونزي (بشكيك حالياً) في جمهوريـة قرغيزيا السوفياتية السابقة، لوالدين عاملين.

- فقد بصره وهو في الثالثة مـن عمـره فألحقـه والـده عـام 1960 في مدرسـة خاصـة بالمكفوفين، بقي فيها سنتين.

- فقد سمعه بشكل تدريجي. فالتحق ببيت أطفال زاكورسكي لمتعددي العوق.

- رشحه مدرسوه مع ثلاثة من زملائه عام 1971 لخوض تجربة تعليمية متميزة في أكاديمية التربية الخاصة في موسكو، حيث أمضى ـ ثمانية أشهر يتحضرون للالتحاق بالجامعة.

- اختار الكسندر الدراسة في كلية الفلسفة في جامعة موسكو الحكومية (المسماة باسم العالم م. ف. لومنوسوف)، ثم ما لبث أن التحق بكلية علم النفس التي استهوته.

- أنهى مرحلة الدبلوم عام 1976 كباقي الطلاب.

- وما أن حاز الكسندر على الشهادة الجامعية حتى قبل طلبه للعمل كمعيد في نفس الجامعة، بالاضافة إلى تحضيراته للدراسات العليا.

- عام 1981 بدأ الكسندر يتردد بانتظام إلى اثنين من بيوت الأطفال، فشكلت له هذه الزيارات الحقل التجريبي الأول لبحوثه في الانسانيات وعلم النفس، وبعد ست سنوات من العمل التفاعلي مع الأطفال من معوقين وغير معوقين.

- انتقل الكسندر عام 1987 للعمل مع فرق الكشافة في مخيماتهم الصيفية، هادفاً إلى التأكد من قدرات المربي المكفوف الأصم على التكيف مع العمل اليومي وسط المبصرين السامعين.

- نجحت تجربة الكسندر ودعي إلى التدريب في مخيم 1988، واستطاع اشراك أربعة من الأطفال المكفوفين الصم في المخيم الذي دربهم فيه كخطوة دامجة لهم. وعند ذاك قال سوفوروف كلمته الشهيرة "هكذا بدأت".

- نشر الكسندر تجربته هذه من خلال فيلم سينمائي حمل عنوان "لمسة" عام 1986 من اخراج الفيس آرلأوسكاسكي، وقد عرض هذا الفيلم مرات عديدة على الشاشة الصغيرة.

- عام 1991 حصل الكسندر على درجة العالمية في العلوم الانسانية من جامعات بنسلفانيا في الولايات المتحدة الأميركية، في هذا الوقت كانت مؤلفاته وتجاربه في التربية الدامجة للمعوقين قد انتشرت في انحاء روسيا ودول الاتحاد السوفياتي السابق، وغدا مستشاراً تربوياً لدى العديد من الجمعيات الأهلية الأكاديمية.

- عام 1994 قدم الكسندر اطروحته إلى الجامعة الروسية تحت عنوان "البناء الذاتي للشخصية لدى المكفوفين الصم في أمس الظروف".

- عام 1996 حاز درجة العالمية للمرة الثانية بعد تقديمه لرسالته "الأنسنة كعامل لبناء الشخصية الذاتي". مبتدئاً بتدريس الطلاب من ضعاف السمع في كلية لينين الخاصة.

- حصل الكسندر على جهار الكومبيوتر المجهز الخاص به عام 1996، فحصل بذلك على قدرة غير محدودة مع الاستقلالية في التأليف والإنتاج والإبداع.

- في العام نفسه بدأ سوفوروف التعليم في كلية الأنتربولوجيا في الجامعة محاضراً وباحثاً في علم الإنسان التعليمي، وقد تخرج على يديه آلاف الطلاب.

- كان الكسندر يقوم بنشر مؤلفاته العلمية في العلوم الثلاثة التي ألمّ بها منطلقاً من علم النفس إلى الانتربولوجيا مقولباً مؤلفاته في قالب علم

الاجتماع مع ملاحظة دقيقة لحاجات الأشخاص المعوقين وقدراتهم. وقد ضمت المكتبة الجامعية من مؤلفاته عشرات الكتب، والبحوث، والمحاضرات، والتعليقات. بالإضافة إلى مئات الجوائز العلمية والأوسمة التقديرية من منظمات وهيئات مختلفة.

- انضم سوفوروف عام 1999 في عداد أعضاء الأكاديمية العالمية للتدريب في الأمم المتحدة.

- منذ العام 2000 ينشر الكسندر بحوثه وكتبه بشكلها الإلكتروني على موقعه الذي يخصص وقتاً من مساءاته للاهتمام به وللرد على الرسائل الكثيرة التي ترده من طلاب وأصدقاء في كل أنحاء العالم.

- في منتصف عام 2007 تقريباً، أطل الكسندر مع المشاهدين من خلال ريبورتاج خاص على القناة الروسية الأولى، استانكينا، وهو يبدو بصحة جيدة يحاضر في طلاب علم النفس، ثم تتبعه الكاميرا إلى السوق، يعلق الكسندر ورقة على صدره كتب عليها "اذا أردتني أن أفهمك فاكتب باصبعك على كفي" تستوقفه سيدة فتأخذ يده وتكتب عليها، فيجيبها بصوته الثابت وابتسامته.. ثم يتسوق ليعود إلى حاسوبه المنزلي.

سيد مكاوي

الاعاقة : العمى

"كان عماه وهو طفل عاملا اساسيا في اتجاه اسرتة إلى دفعه للطريق الديني بتحفيظه القرآن الكريم فكان يقرأ القرآن و يؤذن للصلاة في مسجد ابوطبل و مسجد الحنفي بحي الناصرية "

- سيد مكاوي (1928 - 21 أبريل 1997)، ملحن مصري.
- ولد في حي الناصرية في اسرة شعبية بسيطة و كان لكف بصره عاملا أساسيا في اتجاه اسرتة إلى دفعه للطريق الديني بتحفيظه القرآن الكريم فكان يقرأ القرآن و يؤذن للصلاة.
- ما ان تماثل لسن الشباب حتى إنطلق ينهل من تراث الانشاد الديني من خلال متابعته لكبار المقرئين و المنشدين آنذاك كالشيخ إسماعيل سكر و الشيخ مصطفى عبد الرحيم و كان يتمتع بذاكرة موسيقية جبارة فما ان يستمع للدور أو الموشح لمرة واحدة فقط سرعان ما ينطبع في ذاكرتة

الحديدية و كانت والدتة تشتري له الاسطوانات القديمة من بائعي الروبابيكيا بالحي بثمن رخيص.

- شاء القدر ان يسوق اليه أول صديقين في تاريخة الفني و هما الشقيقين إسماعيل رأفت و محمود رأفت و كانا من أبناء الاثرياء و من هواة الموسيقي و كان احدهما يعزف على اله القانون و الثاني على آلة الكمان و كان لديهما في المنزل آلاف الاسطوانات القديمة و الحديثة آنذاك من تراث الموسيقى الشرقية لعباقرة العصر أمثال داوود حسني و محمد عثمان و عبد الحي حلمي ، و الشيخ درويش الحريري و كامل الخلعي و ظل سيد مكاوي و صديقية يسمعون يوميا عشرات الاسطوانات من ادوار و طقاطيق و يحفظونها عن ظهر قلب و يقومون بغنائها مكونين معا ما يشبة التخت لاحياء حفلات الاصدقاء.

- كان حفظ سيد مكاوي لاغاني التراث الشرقي عاملا أساسيا في تكوين شخصيتة الفنية و استمد منها مادة خصبة افادتة في مستقبلة الموسيقي-كما كان لحفظة تراث الانشاد الديني و التواشيح عاملا أساسيا في تفوقة الملحوظ في صياغة الالحان الدينية و القوالب الموسيقية القديمة مثل تلحينة الموشحات التي صاغها من الحانه.

- كان سيد مكاوي في بدايتة مهتما أكثر بالغناء ويسعى لأن يكون مطربا و تقدم بالفعل للاذاعة المصرية في بداية الخمسينات و تم اعتمادة كمطرب بالاذاعة و كان يقوم بغناء اغاني تراث الموسيقى الشرقية من ادوار و موشحات على الهواء مباشرة في مواعيد شهرية ثابتة -ثم تم تكليفة بغناء الحان خاصة و ذلك بعد نجاحه في تقديم الحان التراث.

- في منتصف الخمسينات بدأت الاذاعة المصرية في التعامل مع سيد مكاوي كملحن إلى جانب كونه مطربا و بدأت في إسنادالاغاني الدينية إليه و التي قدم من خلالها للشيخ محمد الفيومي الكثير من الاغاني الدينية مثل (تعالى الله أولاك المعالي)و (آمين آمين)و (يا رفاعي يا رفاعي قتلت كل الافاعي) و (حيارى على باب الغفران)حتى توجها بأسماء الله الحسنى - كما قدم أغاني شعبية خفيفة مثل (آخر حلاوة مافيش كدة)و (ماتيالله يا مسعدة نروح السيدة) و الاغنيتان للشاعر الراحل عبد الله أحمد عبد الله و كانت بدايتة مع الفنان محمد قنديل في اغنية حدوتة للشاعر صلاح جاهين رفيق كفاح سيد مكاوي.
- وقدم سيد مكاوي بعد ذلك العديد من الالحان للاذاعة من أغاني وطنية و شعبيه فقدم مثلا لمحمد عبد المطلب اغنيتي (اتوصى بيا)و (قلت لابوكي عليكي و قالي)و كذلك اعنية (كل مرة لما اواعدك)و التي غناها سيد مكاوي في الثمانينات و نالت شهره واسعة إلى ان شاء القدر ان يحظى سيد مكاوي ببداية الشهرة الطاغية من خلال لحن لشريفة فاضل و هو (مبروك عليك يا معجباني يا غالي)و اللحن الأشهر لمحمد عبد المطلب و هو (إسأل مرة عليه)و الذي دوى في جميع انحاء القطر المصري و سلط الضوء على ذلك الملحن الناشىء و الذي تتجلى عبقريتة في شدة بساطته و عمق مصريتة و التي استمدها من المرستين الموسيقتيين التين كان ينتمي اليهما و نهل من علمهما و هما مدرسة سيد درويش التعبيرية و مدرسة زكريا أحمد التطريبية.

- كان دائم الاعتراف بفضل سيد درويش و زكريا أحمد على الموسيقى و إن كان لم يعاصر الأول و لكن كانت تربطة صداقة بالثاني و هذا نوع من أنواع الوفاء النادر و الذي قل في ايامنا هذة -و بدأ تهافت المطربين و المطربات على الملحن سيد مكاوي كل يسعى للحصول منه على لحن فقدم للمطربة الكبيرة ليلى مراد (حكايتنا احنا الاتنين) و للمطربة شادية (هوى يا هوى ياللي انت طاير)و (همس الحب يا احلى كلام) و لشهرزاد (غيرك انت ما ليش) و لنجاة الصغيرة (لو بتعزني)و لصباح (انا هنا يا ابن الحلال)و غيرها الكثير. و انطلق الشيخ سيد مكاوي يصول و يجول بألحانة لكبار المطربين و كذلك للجيل الصاعد منهم آنذاك مثل المطربة فايزة أحمد جيث كان أول لحن تقدمة للاذاعة المصرية من الحان سيد مكاوي و هو اغنية (يا نسيم الفجر صبح).
- اقنع سيد مكاوي المسئولين بالاذاعة بضرورة تطوير شكل المسلسلات الاذاعية بعمل مقدمات غنائية لهذة المسلسلات فكان لة الفضل الأول في وضع هذة القاعدة و قدم من خلالها عشرات المقدمات الغنائية لمسلسلات شهيرة للفنان أمين الهنيدي و محمد رضا و صفاء أبو السعود مثل مسلسل شنطة حمزة و رضا بوند و عمارة شطارة و حكايات حارتنا و غيرها الكثير و قد راعى سيد مكاوي في تلحين هذة المقدمات ان يكون الغناء بشكل كوميدي و يتمتع بخفة ظل حيث كان هو شخصيا خفيف الظل و من ظرفاء عصرة و قد كانت هذة المقدمات من تأليف صديقية الشاعرين عصمت الحبروك و عبد الرحمن شوقي ، و دأبت الاذاعة المصرية خلال شهر رمضان على تقديم حلقات المسحراتي و كانت تعهد لاكثر من ملحن

لتقديم هذه الحلقات و من الملحنين الذين سبق و ان شاركوا في تلحين المسحراتي أحمد صدقي و مرسي الحريري و عبد العظيم عبد الحق و كانوا يقدمونها على فرقة موسيقية و في العام الذي اسندت الاذاعة لسيد مكاوي تلحين عدد من حلقات المسحراتي و أشترط ان يقوم هو بغنائها و كم كانت دهشة المسئولين بالاذاعة كبيرة حين قرر الملحن سيد مكاوي الاستغناء نهائيا عن الفرقة الموسيقية و تقديم المسحراتي بالطبلة المميزة لتلك الشخصية و قدم سيد مكاوي ثلاث حلقات فقط مشاركة مع باقي الملحنين و فور اذاعة الحلقات الثلا بأسلوب سيد مكاوي حتى حققت نجاحا منقطع النظير مما حدا بالاذاعة في العام الذي يليه الي الاستغناء عن كل الملحنين المشاركين في الحان المسحراتي و اسناد العمل كاملا للشيخ سيد مكاوي و بدأ سيد مكاوي في تقديم المسحراتي مع الشاعر العبقري فؤاد حداد الذي صاغها شعرا.و ظل يقدم المسحراتي بنفس الاسلوب حتى وفاته و هو اسلوب على بساطتة الشديدة يعتبر بصمه فنية هامة في الكلمات و محطة من المحطات اللحنية المتفردة في التراث الموسيقي الشرقي.

- كان له أيضا الفضل في وضع أساس لتقديم الاغاني الجماعية بالاذاعة حيث كان أول من لحن أغاني المجاميع و كان معروفا ان كل ملحن يسعى لتقديم لحنة لاحد الاصوات الشهيرة الموجودة تحقيقا للشهرة و الذيوع و لكن سيد مكاوي وجد ان نصوص تلك الاغاني لا تحتاج لاصوات فردية فضحى بالشهرة في مقتبل عمره في سبيل تقديم اللون الغنائي الذي يراه مناسبا فقدم للشاعر الكبير محمود حسن إسماعيل اغنية جماعية هي (آمين آمين يا رب الناس)و كذلك اغنية وزة بركات و للشاعر القدير فؤاد قاعود أغنية (عمال ولادنا و الجدود عمال) و الاغنية الشهيرة (زرع الشراقي).

- كان لسيد مكاوي اهتمام شديد بقضايا مصر و كذلك القضايا القومية للوطن العربي و شارك في الكثير من المناسبات القومية الهامة ففي أثناء عدوان 1956 على بور سعيد قدم سيد مكاوي اغنية جماعية كانت من عيون اغاني المعركة و هي اغنية (ح نحارب ح نحارب كل الناس ح تحارب) - و في حرب 1967 قدم سيد مكاوي عقب قصف مدرسة بحر البقر اغنية (الدرس انتهى لموا الكراريس)للفنانة شادية و عقب قصف مصنع ابوزعبل قدم اغنية جماعية هي (احنا العمال الي اتقتلوا)و الاغنيتان للشاعر العظيم صلاح جاهين كما اشترك سيد مكاوي في بداية الستينات في الحفل الكبير الذي أقيم بأسوان احتفالا بالبدء في بناء السد العالي و تحويل مجرى نهر النيل و حضر الحفل الزعيم جمال عبد الناصر و رئيس الاتحاد السوفيتي خروشوف و الرئيس السوري شكري القوتلي و كذلك نخبة من رواد الفضاء الروس و معهم الرائدة الشهيرة فالنتينا حيث غنى سيد مكاوي أغنية ترحيب بأول رائدة فضائية من كلمات صلاح جاهين و هي اغنية (فالنتينا..فالنتينا..اهلا بيكي نورتينا) كما قدم للشاعر فؤاد حداد (مصر مصر دايما مصر)و اغنية (مافيش في قلبي و لا عينية الا فلسطين)و أثناء حرب السويس 1967 قدم لصديقة كمال عمار (يا بلدنا الفجر مادنة و نار بنادق).
- اجتذب المسرح الغنائي هذا الملحن الموهوب ففي عام 1969 كان بداية اشتراك سيد مكاوي بتقديم الحانة للمسرح الغنائي و الذي كان كثيرا ما يحلم به.فكان اشتراكة في اوبريت القاهرة في الف عام و الذي قدم على مسرح البالون من خلال الفرقة الغنائية الاستعراضية و كان اشتراكة

بالالحان في هذا الاوبريت مع عباقرة و كبار ملحني هذا الوقت مثل محمود الشريف و أحمد صدقي و عبد العظيم عبد الحق و محمد الموجي و كمال الطويل و قدم سيد مكاوي في هذا الاوبريت ستة الحان و هي :-. لحن المماليك. لحن بناء القاهرة. لحن البياعين. لحن عيد الفطر. لحن الحاكم بأمر الله.لحن يا مصر- افتحي قلبك و كان للنجاح المدوي لهذا الاوبريت و لتألق الحان سيد مكاوي في هذا العمل ان اسندا اليه المسئولين بمسرح البالون تلحين الاوبريت التالي منفردا فكان اوبريت (الحرافيش)و الذي حظى باقبال جماهيري واسع النطاق و حقق نجاحا مشهودا.

- انطلق سيد مكاوي يصول و يجول في المسرح الغنائي فقدم على مدار السنين من الاعمال المسرحية الهامة دائرة الطباشير القوقازية - الصفقة - مدرسة المشاغبين - سوق العصر - هاللو دوللي - و لمسرح العرايس قيراط حورية - حمار شهاب الدين - الفيل النونو الغلباوي و الليلة الكبيرة و التي سبق تقديمها في نهاية الخمسينات للاذاعة المصرية كصورة غنائية مدتها ثمانية دقائق فقط من اخراج عباس أحمد ثم اعيد تسجيلها لمسرح العرائس و هذا الاوبريت حقق نجاحا غير مسبوق ما زال مدويا حتى الآن كما قدم سيد مكاوي للاذاعة المصرية الكثير من الحان الصور الغنائية و التي تعتبر لونا من الوان المسرح الغنائي أيضا و إن كانت بصورة اصغر حيث قدم الصورة الغنائية مثل (سهرة في الحسين) (على دمياط) (و هنا القاهرة)و غيرها إلى جانب عشرات الالحان الاذاعية.
- كان هناك في اعمال سيد مكاوي الاذاعية محطتين هامتين يجدر التوقف عندهما نظرا للأهمية الشديدة لهما و كان يجب ان يدرسوا في المعاهد

الموسيقية لاحتوائهما على الكثير من بدائع موسيقانا الشرقية.المحطة الأولى و التي صاغها شعرا العبقري صلاح جاهين ألا و هي (الرباعيات) و التي قدمت من خلال اذاعة صوت العرب في نهاية الستينات من اخراج أنور عبد العزيز و كانت تقدم في حلقات يومية و حققت شهرة واسعة و شيوعا كبيرا مما حدا بالمطرب على الحجار إلى استذان سيد مكاوي في اعادة تقديمها و قد وافق سيد مكاوي و تم اعادة تسجيلها بصوت علي الحجار.

• من أعماله:أوقاتي بتحلو. الأرض بتتكلم عربي . حلوين من يومنا . عندك شك فى أيه.حبيبي. الليلة الكبيرة.شاور لي. كل الاحبة اتنين . عطار.رباعيات صلاح جاهين . ليلة امبارح.المسحراتي.حلوين من يومنا.وحياتك يا حبيبي.أنت واحشني.انا هنا يا ابن الحلال.كدة اجمل انسجام.بقى هى.اوقاتي بتحلو (حفلة).يا حلاوة الدنيا.يا مسلى.دى مصر عايزة رجالة.الله الله يا بدوي

شومان

الاعاقة :شلل الاصابع

" أصيب بشلل الأصابع وبذهان الهوس إلاّ أنه كان مبدعا موسيقاً ".

- ولد روبرت شومان في مدينة زويكو في المانيا في الثامن من حزيران عـام 1810 لأسرة بورجوازية مثقفة تملك مكتبة لبيع الكتب الأدبية.

- كان أول موسيقي رومانسي متمكن من النصوص الأدبية الفلسفية.

- بدأ دراسة الموسيقا في التاسعة من عمره.

- تتلمذ على يد فردريك فيك عازف البيانو الشهيرثم تزوج ابنته كـلارا التـي تعرفت على روبرت شومان منذ طفولتها، فقد كان يتعلم العزف على البيانو على يد والدها فيكر.

- كانت بدايات روبرت شومان (1810- 1856) في عالم التأليف الموسيقي، سـنة 1830، كما نعرف، وكان هو في ذلك الحين بالكاد تجاوز العشرين من

عمره. وهو خلال العقد الأول من مساره الإبداعي، اكتفى بكتابة المقطوعات الصغيرة والتنويعات وما شابه ذلك.

- تمثل مؤلفاته الحالتين النفسيتين المتناقضتين للموسيقى الرومانسية، إحداهما عاطفية نابضة، والأخرى هادئة وتأمليه.

- اصيب بانهيار عصبي وحاول الإنتحار و تم انقاذه.

- يعتبر من اعظم الموسيقيين الألمان، ناهيك بكونه من أغزرهم إنتاجاً، اذ انه خلف عشرات الاعمال وفي شتى الانواع على رغم انه لم يعش سوى ستة وأربعين عاماً، أمضى آخرها في قلق وجنون وسوداوية قادته الى محاولة الانتحار مرات عدة، ومات اخيراً فاقداً عقله.

- يصف قسوة الحياة: "ماأعظم ألمي حتى الموت الذي سعيت إليه لأضع حداً لعذابي لم يرحني؛ فقد أنقذوني منه وأعادوني لآلامي مرة أخرى".

- أهم أعماله :موسيقى البيانو، دراسات سيمفونية، المهرجان ، الفانتازيا (12 عمل) مشاهد من الطفولة ، مجموعة قطع للصغار أعمال الأوركسترا :أربع سيمفونيات ، كونشرتو للبيانو و الأوركسترا مقام لا مينور ، كونشرتو للتشيللو و الأوركسترا مقام لا مينور ، افتتاحية مانفريد.موسيقى الحجرة.خماسية مقام بيمول ماجور للبيانو و الوتريات و ثلاث رباعيات و ترية.

الموسيقا الغنائية

المجموعة الغنائية حب شاعر، و حب و حياة امرأة ، اوبرا جينوفيفا

- و من أعماله أيضا رباعية وترية مقام مي بيمـول مـاجور ، ثـلاث ثلاثيـات للبيـانو ، سوناتا للكمان و البيانو ، ثلاث سوناتات للبيانو.

- توفي في مدينة ادونييخ قرب بون في التاسع و العشرين من تموز عام 1856 عن عمـر قصير إذ لم يدم لأكثر من ستة وأربعين عاماً.

طلحة بن عبيد الله
الاعاقة: شلل اليد اليمنى

"قَالَ ابْنُ أَبِي خَالِدٍ: عَنْ قَيْسٍ، قَالَ:رَأَيْتُ يَدَ طَلْحَةَ الَّتِي وَقَى بِهَا النَّبِيَّ صلى الله عليه وسلم يَوْمَ أُحُدٍ شَلاَّءَ".

- هو طلحة بن عبيد الله ابن عثمان بن عمرو بن كعب بن سعد بن تيم بن مرة بن كعب بن لؤي بن غالب بن فهر بن مالك بن النضر بن كنانة القرشي التيمي المكي أبو محمد.
- قال أبو عبد الله بن منده كان رجلا آدم كثير الشعر ليس بالجعد القطط ولا بالسبط، حسن الوجه، إذا مشى أسرع ولا يغير شعره. وعن موسى بن طلحة قال كان أبي أبيض يضرب إلى الحمرة مربوعا إلى القصر هو أقرب رحب الصدر بعيد ما بين المنكبين ضخم القدمين إذا التفت التفت جميعا.
- كان طلحة رضي الله عنه ممن سبق إلى الإسلام وأوذي في الله ثم هاجر فاتفق أنه غاب عن وقعة بدر في تجارة له بالشام وتألم لغيبته فضرب له رسول الله صلى الله عليه وسلم بسهمه وأجره.
- قال أبو القاسم بن عساكر الحافظ في ترجمته كان مع عمر لما قدم الجابية وجعله على المهاجرين وقال غيره كانت يده شلاء مما وقى بها رسول الله صلى الله عليه وسلم يوم أحد.
- عن جابر رضي الله عنه قال: قال رسول الله صلى الله عليه وسلم "من أراد أن ينظر إلى شهيد يمشي على رجليه فلينظر إلى طلحة بن عبيد الله".

- وفي صحيح مسلم من حديث أبي هريرة أن رسول الله صلى الله عليه وسلم كان على حراء هو وأبو بكر وعمر وعثمان وعلي وطلحة والزبير فتحركت الصخرة فقال رسول الله إهدأ فما عليك إلا نبي أو صديق أو شهيد.
- قال ابن أبي خالد عن قيس قال رأيت يد طلحة التي وقى بها النبي صلى الله عليه وسلم يوم أحد شلاء (أخرجه البخاري).
- قال الترمذي حدثنا أبو سعيد الأشج حدثنا أبو عبد الرحمن نضر بن منصور حدثنا عقبة بن علقمة اليشكري سمعت عليا يوم الجمل يقول سمعت من في رسول الله صلى الله عليه وسلم يقول طلحة والزبير جاراي في الجنة.
- وروي عن موسى بن طلحة عن أبيه قال لما كان يوم أحد سماه النبي صلى الله عليه وسلم طلحة الخير وفي غزوة ذي العشيرة طلحة الفياض ويوم خيبر طلحة الجود.
- قال مجالد عن الشعبي عن قبيصة بن جابر قال صحبت طلحة فما رأيت أعطى لجزيل مال من غير مسألة منه.
- وروي عن موسى بن طلحة أن معاوية سأله كم ترك أبو محمد من العين قال ترك ألفي ألف درهم ومائتي ألف درهم ومن الذهب مائتي ألف دينار فقال معاوية عاش حميدا سخيا شريفا وقتل فقيدا رحمه الله.
- أخرج النسائي عن جابر قال لما كان يوم أحد وولى الناس كان رسول الله صلى الله عليه وسلم في ناحية في اثني عشر رجلا منهم طلحة فأدركهم المشركون فقال النبي صلى الله عليه وسلم من للقوم قال طلحة: أنا قال كما أنت فقال رجل أنا قال أنت فقاتل حتى قتل ثم التفت فإذا المشركون فقال من لهم قال طلحة أنا قال كما أنت فقال رجل من الأنصار أنا قال أنت فقاتل حتى قتل فلم يزل كذلك حتى بقي مع نبي الله طلحة فقال من للقوم قال طلحة أنا فقاتل طلحة قتال

الأحد عشر حتى قطعت أصابعه فقال فقال رسول الله صلى الله عليه وسلم لو قلت باسم الله لرفعتك الملائكة والناس ينظرون. ثم رد الله المشركين.

- روي عن موسى وعيسى ابني طلحة عن أبيهما أن أصحاب رسول الله صلى الله عليه وسلم قالوا لأعرابي جاء يسأله عمن قضى ـ نحبه من هو وكانوا لا يجترئون على مسألته صلى الله عليه وسلم يوقرونه ويهابونه فسأله الأعرابي فأعرض عنه ثم سأله فأعرض عنه ثم إني اطلعت من باب المسجد وعلي ثياب خضر ـ فلما رآني رسول الله صلى الله عليه وسلم   قال: أين السائل عمن قضى نحبه قال الأعرابي أنا قال: هذا ممن قضى نحبه.

- وروي عن سلمة ابن الأكوع قال ابتاع طلحة بئرا بناحية الجبل ونحر جزورا فأطعم الناس فقال رسول الله صلى الله عليه وسلم : "أنت طلحة الفياض".

- عن موسى بن طلحة عن أبيه أنه أتاه مال من حضرموت سبع مائة ألف فبات ليلته يتململ فقالت له زوجته مالك قال تفكرت منذ الليلة فقلت ما ظن رجل بربه يبيت وهذا المال في بيته قالت فأين أنت عن بعض أخلائك فإذا أصبحت فادع بجفان وقصاع فقسمه فقال لها رحمك الله إنك موفقة بنت موفق وهي أم كلثوم بنت الصديق فلما أصبح دعا بجفان فقسمها بين المهاجرين والأنصار فقالت له زوجته أبا محمد أما كان لنا في هذا المال من نصيب قال فأين كنت منذ اليوم فشأنك بما بقي قالت فكانت صرة فيها نحو ألف درهم.

- جاء أعرابي إلى طلحة يسأله فتقرب إليه برحم فقال إن هذه لرحم ما سألني بها أحد قبلك إن لي أرضا قد أعطاني بها عثمان ثلاث مائة ألف فاقبضها وإن شئت بعتها من عثمان ودفعت إليك الثمن فقال الثمن فأعطاه.

- قال الأصمعي حدثنا ابن عمران قاضي المدينة أن طلحة فدى عشرة من أساري بدر بماله وسئل مرة برحم فقال قد بعت لي حائطا بسبع مائة ألف وأنا فيه بالخيار فإن شئت خذه وإن شئت ثمنه.

- وروي عن عائشة وأم إسحاق بنتي طلحة قالتا جرح أبونا يوم أحد أربعا وعشرين جراحة وقع منها في رأسه شجة مربعة وقطع نساه يعني العرق وشلت إصبعه وكان سائر الجراح في جسده وغلبه الغشي- (الإغماء) ورسول الله صلى الله عليه وسلم مكسورة رباعيته مشجوج في وجهه قد علاه الغشي- وطلحة محتمله يرجع به القهقرى كلما أدركه أحد من المشركين قاتل دونه حتى أسنده إلى الشعب.

- عن مالك بن أبي عامر قال جاء رجل إلى طلحة فقال رأيتك هذا اليماني هو أعلم بحديث رسول الله منكم (يعني أبا هريرة) نسمع منه أشياء لا نسمعها منكم قال أما أنه قد سمع من رسول الله ما لم نسمع فلا أشك، وسأخبرك إنا كنا أهل بيوت، وكنا إنما نأتي رسول الله غدوة وعشية، وكان مسكينا لا مال له إنما هو على باب رسول الله فلا أشك أنه قد سمع ما لم نسمع وهل تجد أحدا فيه خير يقول على رسول الله صلى الله عليه وسلم ما لم يقل.

- وروى مجالد عن الشعبي عن جابر أنه سمع عمر يقول لطلحة ما لي أراك شعثت واغبررت مذ توفي رسول الله صلى الله عليه وسلم لعله أن ما بك إمارة ابن عمك يعني أبا بكر قال معاذ الله إني سمعته يقول إني لأعلم كلمة لا يقولها رجل

يحضره الموت إلا وجد روحه لها روحا حين تخرج من جسده وكانت له نورا يوم القيامة فلم أسأل رسول الله صلى الله عليه وسلم عنها ولم يخبرني بها فذاك الذي دخلني قال عمر فأنا أعلمها قال فلله الحمد فما هي قال الكلمة التي قالها لعمه قال صدقت.

مقتله رضي الله عنه

روي عن علقمة بن وقاص الليثي قال: لما خرج طلحة والزبير وعائشة للطلب بدم عثمان عرجوا عن منصرفهم بذات عرق فاستصغروا عروة بن الزبير وأبا بكر بن عبد الرحمن فردوهما قال ورأيت طلحة وأحب المجالس إليه أخلاها وهو ضارب بلحيته على زوره فقلت يا أبا محمد إني أراك وأحب المجالس إليك أخلاها إن كنت تكره هذا الأمر فدعه فقال يا علقمة لا تلمني كنا أمس يدا واحدة على من سوانا فأصبحنا اليوم جبلين من حديد يزحف أحدنا إلى صاحبه ولكنه كان مني شيء في أمر عثمان مما لا أرى كفارته إلا سفك دمي وطلب دمه. قلت الذي كان منه في حق عثمان تأليب فعله باجتهاد ثم تغير عندما شاهد مصرع عثمان فندم على ترك نصرته رضي الله عنهما، وكان طلحة أول من بايع عليا أرهقه قتلة عثمان وأحضروه حتى بايع، قال البخاري حدثنا موسى بن أعين حدثنا أبو عوانة عن حصين في حديث عمرو بن جاوان قال التقى القوم يوم الجمل فقام كعب بن سور معه المصحف فنشره بين الفريقين وناشدهم الله والإسلام في دمائهم فما زال حتى قتل وكان طلحة أول قتيل وذهب الزبير ليلحق ببنيه فقتل.

- وروي عن وكيع حدثنا إسماعيل بن أبي خالد عن قيس قال رأيت مروان بن الحكم حين رمى طلحة يومئذ بسهم فوقع في ركبته فما زال ينسح حتى مات.

- وروي عن عبد الله بن إدريس عن ليث عن طلحة بن مصرف أن عليا انتهى إلى طلحة وقد مات فنزل عن دابته وأجلسه ومسح الغبار عن وجهه ولحيته وهو يترحم عليه وقال ليتني مت قبل هذا اليوم بعشرين سنة.
- وروى زيد بن أبي أنيسة عن محمد بن عبد الله من الأنصار عن أبيه أن عليا قال بشروا قاتل طلحة بالنار.

وروي عن عن أبي حبيبة مولى لطلحة قال دخلت على علي مع عمران بن طلحة بعد وقعة الجمل فرحب به وأدناه ثم قال إني لأرجو أن يجعلني الله وأباك ممن قال فيهم (وَنَزَعْنَا مَا فِي صُدُورِهِمْ مِنْ غِلٍّ إِخْوَانًا عَلَى سُرُرٍ مُتَقَابِلِينَ(47) {الحجر: ٤٧}

- وكان قتله في سنة ست وثلاثين في جمادي الآخرة وهو ابن ثنتين وستين سنة وقبره بظاهر البصرة. قال يحيى بن بكير وخليفة بن خياط وأبو نصر- الكلاباذي إن الذي قتل طلحة مروان بن الحكم.

طه حسين

الاعاقة : العمى

"لم يكن طه حسين اعمى البصر وحسب بل و اعمى البصيرة ايضا -ولاحـول ولاقـوة الا بالله -شكك بنبوة خير الرسل وطعن بالقرآن"

- ولد طه حسين في الرابع عشر من نوفمبر سنة 1889 في عزبـة "الكيلـو" التي تقع على مسافة كيلو متر من "مغاغـة" بمحافظة المنيا بالصـعيد الأوسط، وكان والده حسين عليّ موظفًا صغيرًا رقيـق الحـال في شركة السـكر، يعول ثلاثة عشر ولدًا سابعهم طه حسين.

- ضاع بصره في السادسة من عمره بعد اصابته بالرمد،

- حفظ القرآن الكريم قبل أن يغادر قريته إلى الأزهر،

- تتلمذ على يد الإمام محمد عبده. ثم طرد من الأزهر، ولجأ إلى الجامعة المصرية في العام 1908 ودرس الحضارة المصرية القديمة والإسلامية والجغرافيا والتاريخ والفلك والفلسفة والأدب وعكف على إنجاز رسالة الدكتوراه التي نوقشت في 15 مايو 1914 التي حصل منها على درجة الدكتوراه الأولى في الآداب عن أديبه الأثير: أبي العلاء المعري.

- سافر إلى باريس ملتحقًا بجامعة مونبلييه وفي عام 1915 أتم البعثة.

- حصل على دكتوراه في علم الاجتماع عام 1919 ثم في نفس العام حصل على دراسات عليا في اللغة اللاتينية والروماني وعين أستاذًا لتاريخ الأدب العربي

- عاد من فرنسا سنة 1918 بعد أن فرغ من رسالته عن ابن خلدون، وعمل أستاذًا للتاريخ اليوناني والروماني إلى سنة 1925 حيث تم تعيينه أستاذًا في قسم اللغة العربية مع تحول الجامعة الأهليه إلى جامعة حكومية. وما لبث أن أصدر كتابه "في الشعر الجاهلي" الذي أحدث عواصف من ردود الفعل المعارضة. وكان من أولئك الذين تصدوا لنقد هذه الفكرة الأديب الألمعي والمحقق الكبير محمود محمد شاكر، بل دارت بينهما عدة نقاشات حيال ذلك وكان محمود إذ ذاك في ثاني سنيّه الجامعية، وانتهى ذلك بخروج محمود محمد شاكر من الجامعة.

- تواصلت عواصف التجديد حوله، في مؤلفاته المتتابعة، طوال مسيرته التي لم تفقد توهج جذوتها العقلانية قط، سواء حين أصبح

عميدًا لكلية الآداب سنة 1930، وحين رفض الموافقة على منح الدكتوراه الفخرية لكبار السياسيين سنة 1932، وحين واجه هجوم أنصار الحكم الاستبدادي في البرلمان، الأمر الذي أدى إلى طرده من الجامعة التي لم يعد إليها إلا بعد سقوط حكومة صدقي باشا.

- لم يكف عن حلمه بمستقبل الثقافة أو انحيازه إلى المعذبين في الأرض في الأربعينات التي انتهت بتعيينه وزيرًا للمعارف في الوزارة الوفدية سنة 1950 فوجد الفرصة سانحة لتطبيق شعاره الأثير "التعليم كالماء والهواء حق لكل مواطن". ظل طه حسين على جذريته بعد أن انصرف إلى الإنتاج الفكري، وظل يكتب في عهد الثورة المصرية، إلى أن توفي عبد الناصر وقامت حرب أكتوبر التي توفي بعد قيامها في الشهر نفسه سنة 1973.
- في عام 1926 ألف طه حسين كتابه المثير للجدل "في الشعر الجاهلي" وعمل فيه بمبدأ ديكارت وخلص في استنتاجاته وتحليلاته أن الشعر الجاهلي منحول، وأنه كتب بعد الاسلام و نسب للشعراء الجاهليين وزاد طه حسين فنال من الاسلام والقرآن. فتصدى له العديد من فطاحل الفلسفة واللغة ومنهم: مصطفى صادق الرافعي و الخضر حسين ومحمد لطفي جمعة وغيرهم. ألف محمد لطفي جمعة كتابه الشهير الشهاب الراصد ليفند ما جاء في كتاب في الشعر الجاهلي فأوضح أن منهج ديكارت لم يكن منهج شكٍّ للشك ذاته ؛ إنما كان لاثبات اليقين. وأن طه حسين

أفرط في أهوائه، ولم يكن منهجيًا في بحثه، فليس من صفات الباحث العلمي أن يشكك لأجل الشك نفسه. وقد ساق الكثير من الحجج التي دحضت منطق طه حسين تستند إلى أسس علمية وتاريخية. كما قاضى عدد من علماء الأزهر طه حسين إلا أن المحكمة برأته لعدم ثبوت أن رأيه قصد به الإساءة المتعمدة للدين أو للقرآن. فعدل إسم كتابه إلى "في الأدب الجاهلي" و حذف منه المقاطع الأربعة التي اخذت عليه.

- من اقواله:
- كل عمل صالح عبادة .
- ان العلم ليكلف طلابه أهوالاً ثقالا .
- قد يكون المرء غبياً في طبعه لكن الغباء غباء القلب .
- ان الجامعة تتألف من طالب حروأستاذ حر ومحبة المعرفة لا تفترق عن الايمان .
- أكثر الناس تزدهيهم الأماني، ويعبث بعقولهم الاغراء، فاذا هم من صرعى الغرور .
- أحسن المعرفة معرفتك لنفسك، وأحسن الأدب وقوفك عند حدك .
- السعادة هي ذلك الاحساس الغريب الذي يراودنا حينما تشغلنا ظروف الحياة عن أن نكون أشقياء .
- ان الحب لا يسأم ولا يمل ولا يعرف الفتور، ولا بد أن تلح في حبك حتى تظفر بمن تحب أو تفنى دونه .

- هذه هي الحياة أنك تتنازل عن متعك الواحدة بعد الأخرى حتى لا يبقي منها شيء وعندئذ تعلم أنه قد حان وقت الرحيل .

- اياك و الرضى عن نفسك فانه يضطرك الى الخمول، واياك والعجب فانه يورطك في الحمق، واياك والغرور فانه يظهر للناس كلهم نقائصك كلها ولا يخفيها الا عليك .

- من اقواله التي اثارت الجدل:

- "للتوراة أن تحدثنا عن إبراهيم وإسماعيل، وللقرآن أن يحدثنا عنهما أيضاً، ولكن ورود هذين الاسمين في التوراة والقرآن لا يكفي لإثبات وجودهما التاريخي، فضلاً عن إثبات هذه القضية التي تحدثنا بهجرة إسماعيل بـن إبراهيم إلى مكة ونشأة العرب المستعربة، ونحن مضطرون أن نرى في هذه القصة نوعاً من الحيلة في إثبات الصلة بين اليهود والعرب مـن جهـة، وبين الإسلام واليهود، والقرآن والتوراة من جهة أخرى" !!(نقلاً عن: طـه حسـين : حياته وفكرة في ميزان الإسلام، للأستاذ أنور الجندي، ص 8).

- "أن نسير سيرة الأوروبيين ونسلك طريقهم، لنكون لهـم أنـداداً، ولنكـون لهـم شركاء في الحضارة، خيرها وشرها، حلوها ومرها، وما يحب منها ومـا يُكـره، وما يُحمد منها وما يُعاب" (مستقبل الثقافة في مصر، ص 41).

- "وما أريد أن أفصل الأحداث الكثيرة الكبرى التي حـدثت في أيامهمـا، فـذلك شيء يطول، وهو مفصل أشد التفصيل فيما كتب عنهما القدماء والمحدثون. وأنا بعد ذلك أشك أعظم الشك فيما

روي عن هذه الأحداث، وأكاد أقطع بأن ما كتب القدماء من تاريخ هذين الإمامين العظيمين، ومن تاريخ العصر القصير الذي وليا فيه أمور المسلمين، أشبه بالقصص منه بتسجيل الحقائق التي كانت في أيامهما"!! (نقلاً عن: طه حسين في ميزان العلماء، ص 214)

- من مؤلفاته:الفتنة الكبرى عثمان. الفتنة الكبرى علي وبنوه. في الأدب الجاهلي. الأيام. دعاء الكروان. شجرة السعادة. المعذبون في الأرض. على هامش السيرة. حديث الأربعاء. من حديث الشعر والنثر.

- هل تاب طه حسين ورجع عن اقواله ؟

- نظمت نقابة الصحفيين المصرية حفلا لتأبين المفكر الإسلامي أنور الجندي الذي وافته المنية مساء الاثنين 1422/11/14 هـ وفي كلمته في هذا الحفل تكلم الدكتور عبد الحليم عويس أستاذ التاريخ الإسلامي : " وأكد عويس بأن طه حسين تاب في آخر أيامه، ولكنه كان عاجزاً عن إعلان توبته، والتنكر لكل ما كتبه حيث منعه أناس من خارج بيته ومن داخله ـ يعني زوجته ـ واستدل د. عويس على توبة طه حسين بعدة أدلة منها ما ذكرته مجلة العربي الكويتية في تحقيق لها عن (حج طه حسين)، وذكرت أنه بكى وقبل الحجر الأسود لمدة ربع ساعة فمنع الناس من الطواف، وذكر من شهد هذا الموقف أن طه حسين كان يردد عبارات التوبة بأنه أخطأ في حق دينه، وكان طه حسين يقوم بتقبيل تراب مكة وهو في طريقه

إلى الحج. وأضاف عويس بأن العلمانيين يتعمدون إخفاء هذه الصفحة من حياة طه حسين. وذكر د. عبد الحليم عويس واقعة أخرى تؤكد توبة طه حسين وهذه الواقعة يشهد عليها اثنان من تلامذة طه حسين على قيد الحياة الآن وهما: د. محمد عبد المنعم خفاجي (85سنة) ود. علي علي صبح عميد كلية اللغة العربية بالأزهر بالقاهرة حيث ذكر أنهما ذهبا إلى طه حسين وهو محمول على الأيدي بعد جلسة مجمع اللغة العربية في أواخر حياته وقالا له: بحق الله أكتبت (في الشعر الجاهلي) عن علم أم كتبته للدنيا والشهرة ؟! فأجاب طه حسين: بل كتبته للدنيا والشهرة !! واستحلفهما أن يكتبا هذه الشهادة، ويوقعا عليها ليظهرا توبة طه حسين للعالمين.. فطه حسين أساء وأخطأ ولكنه تاب ورجع " وطبعا هذا الكلام لايكفي لاثبات توبة رجل اعلن كفرة على رؤوس الاشهاد وتاب -ان تاب- سرا!!!!!!

- توفي في 28 أكتوبر 1973 عن عمر يناهز 84 عاماً.

عبد الله بن أم مكتوم
الاعاقة : العمى

"أمه عاتكة بنت عبد الله وكنيتها أم مكتوم لأنها ولدت عبد الله أعمى مكتوماً فكان ضريراً طول حياته"

- هو الصحابي الجلبل عبد الله بن ام مكتوم هو عبد الله، ويقال عمر، وهو ابن قيس بن زائدة بن الأصم، ومنهم من قال: عمرو بن زائدة لم يذكر قيسًا، ومنهم من قال: قيس بدل زائدة.وقال ابن حبان: كان اسمه الحصين فسماه النبي - صلى الله عليه وآله وسلم- عبد الله، حكاه ابن حبان، وقال ابن سعد: أهل المدينة يقولون: اسمه عبد الله، وأهل العراق يقولون: اسمه عمرو، قال: واتفقوا على نسبه، وأنه ابن قيس بن زائدة بن الأصم، وفي هذا الاتفاق نظر.
- هو ابن خال خديجة أم المؤمنين، فإن أم خديجة أخت قيس بن زائدة، واسمها فاطمة.
- أتى جبريل -عليه السلام- رسول الله - صلى الله عليه وسلم وعنده ابن أم مكتوم فقال: متى ذهب بصرُك؟...قال: وأنا غلام...فقال: قال الله تبارك وتعالى: إذا ما أخذتُ كريمة عبدي لم أجِدْ له بها جزاءً إلا الجنة... وعندما نزل قوله تعالى: "لا يَسْتوي القَاعِدونَ مِنَ المؤمنينَ والمجاهدونَ في سَبيلِ الله..."...سورة النساء (آية 95)...
- قال عبد الله بن أم مكتوم:(أيْ ربِّ أَنْزِل عُذري)...فأنزل الله: "غَيْرُ أولِي الضَّرَرِ"...

- هو مكي قرشي تربطه بالرسول عليه الصلاة والسلام رحم، فقد كان ابن خـال أم المؤمنين خديجة بنت خويلد رضوان الله عليها.

- هو الذي عوتب فيه النبي الكريم صلوات الله عليه من فوق سبع سموات؟!وهو الذي نزل بشأنه جبريل الأمين على قلب النبي الكريم بوحي من عند الله؟!شهد عبد الله بن أم مكتوم بعثة النبي صلى الله عليه وسلم في مكة، فشرح الله صدره للإيمان، وكان من السابقين إلى الإسلام.وعاش محنة المسلمين في مكة، فصمد وثبت أمام الابتلاءات.فلم تلن له قناة ولا فترت له حماسة ولا ضعف له ايمان.وقد بلغ من إقباله على النبي الكريم وحرصه على حفظ القرآن العظيم أنه ما كان يترك فرصة إلا اغتنمها، ليتعلم من النبي صلى الله عليه وسلم قراءة القرآن الكريم.وقد كان الرسول صلوات الله عليه في هذه الفترة كثير التصدي لسادات قريش، شديد الحرص على إسلامهم، فالتقى ذات يوم بعتبة ابن ربيعة وأخيه شيبة بن ربيعة وعمرو بن هشام المكنى بأبي جهل، وأمية بن خلف والوليد ابن المغيرة، والد سيف الله خالد، وأخذ يفاوضهم ويناجيهم ويعرض عليهم الاسلام، وهو يطمع في أن يستجيبوا له، أو يكفوا أذاهم عن أصحابه.وفيما هو كذلك أقبل عليه عبد الله بن أم مكتوم يستقرئه آية من كتاب الله، ويقول: يا رسول الله، علمني مما علمك الله.فأعرض الرسول الكريم عنه، وعبس في وجهه، وتولى نحو أولئك النفر من قريش، وأقبل عليهم أملاً في أن يسلموا فيكون إسلامهم عزاً لدين الله، وتأييداً لدعوة رسوله.وما إن قضى رسول الله صلوات الله عليه حديثه معهم، وأراد أن يذهب إلى أهله حتى أمسك الله عليه بعضاً من

بصره، وأحس كأن شيئاً يضرب برأسه.ثم أنزل الله عليه قوله:(عَبَسَ وَتَوَلَّى (1) أَنْ جَاءَهُ الْأَعْمَى (2) وَمَا يُدْرِيكَ لَعَلَّهُ يَزَّكَّى (3) أَوْ يَذَّكَّرُ فَتَنْفَعَهُ الذِّكْرَى (4) أَمَّا مَنِ اسْتَغْنَى (5) فَأَنْتَ لَهُ تَصَدَّى (6) وَمَا عَلَيْكَ أَلَّا يَزَّكَّى (7) وَأَمَّا مَنْ جَاءَكَ يَسْعَى (8وَهُوَ يَخْشَى (9) فَأَنْتَ عَنْهُ تَلَهَّى (10) كَلَّا إِنَّهَا تَذْكِرَةٌ (11) فَمَنْ شَاءَ ذَكَرَهُ (12)فِي صُحُفٍ مُكَرَّمَةٍ(13) مَرْفُوعَةٍ مُطَهَّرَةٍ (14) بِأَيْدِي سَفَرَةٍ (15) كِرَامٍ بَرَرَةٍ){عبس: ١ – 16} آية نزل بها جبريل الأمين على قلب النبي الكريم بشأن عبد الله بن أم مكتوم ما تزال تتلى منذ نزلت إلى اليوم، وستظل تتلى حتى يرث الله الأرض ومن عليها.ومنذ ذلك اليوم ما فتئ الرسول صلوات الله عليه يكرم نزل عبد الله بن أم مكتوم إذا نزل، ويدني مجلسه إذا أقبل، ويسأله عن شأنه، ويقضي حاجته.

- لما اشتد أذى قريش على الرسول والذين آمنوا معه، أذن الله للمسلمين بالهجرة، فكان عبد الله بن أم مكتوم أسرع القوم مفارقة لوطنه وفرارا بدينه.

- وما إن بلغ عبد الله بن أم مكتوم يثرب حتى أخذ هو وصاحبه مصعب بن عمير يترددان إلى الناس ويقرآنهم القرآن، ويفقهانهم في دين الله.

- لما هاجر رسول الله صلى الله عليه وسلم إلى المدينة وبنى مسجده الشريف وشرع الأذان في السنة الثانية للهجرة اتخذ رسول الله صلى الله عليه وسلمابن أم مكتوم وبلال بن رباح مؤذنين له فكان بلال يؤذن في المسجد للصلاة وابن أم مكتوم يقيم لها وربما أذن ابن أم مكتوم وأقام بلال فكان عبد الله وبلال بذلك

أول مؤذنين في الإسلام وفي شهر رمضان كان بلال يؤذن بليل ويوقظ الناس وكان ابن أم مكتوم يتوخى الفجر فلا يخطئه فيمسك الناس عن الطعام بأذانه قال رسول اللهصلى الله عليه وسلم إن بلالاً ينادي بليل فكلوا واشربوا حتى ينادي ابن أم مكتوم؛ وكان ابن أم مكتوم رجلا أعمى لا ينادي حتى يقال له: " أصبحت أصبحت.

كان الرسول يستخلفه علي المدينة عند خروجه إلي غزواته. استخلفه حين خرج إلي غزوة قرقرة الكدر إلي بني سليم وغطفان. وكان يجمع بالمسلمين ويخطب إلي جنب المنبر، ويجعل المنبر عن يساره. واستخلفه حين خرج إلي غزوة أحد. وحين خرج إلي حمراء الأسد إلي بني النضير وإلي غزوة الخندق، وإلي غزوة بني قريظة، وإلي غزوة بني لحيان، وإلي غزوة الغابة، وإلي غزوة ذي قرد، وفي عمرة الحديبية. ويروى عن الشعبي قوله: " غزا رسول الله صلى الله عليه وسلم ثلاث عشرة غزوة ما منها غزوة إلا يستخلف ابن أم مكتوم على المدينة وكان يصلي بهم وهو أعمي".

نزل ابن أم مكتوم - رضي الله عنه- على يهودية بالمدينة (عمّة رجل من الأنصار) فكانت تخدمه وتؤذيه في الله ورسوله، فتناولها فضربها فقتلها، فرُفِعَ إلى النبي -صلى الله عليه وسلم- فقال:(أمّا والله يا رسول الله إن كانت لَتُرْفِقُني - تخدمني - ولكنها آذتني في الله ورسوله، فضربتها فقتلتها)... فقال رسول الله صلى الله عليه وسلم: (أبعدها الله تعالى، فقد أبطلتْ دَمَها

- في أعقاب غزوة بدر أنزل الله على نبيه من آي القرآن ما يرفع شأن المجاهـدين، ويفضلهم على القاعدين لينشط المجاهد إلى الجهاد، ويأنف القاعد من القعود، فأثر ذلك في نفس ابن أم مكتوم، وعز عليه أن يحرم من هذا الفضل وقال: يا رسول الله، لو أستطيع الجهاد لجاهدت، ثم سأل الله بقلب خاشع أن ينـزل في شأنه وشأن أمثاله ممن تعوقهم عاهاتهم عن الجهاد، وأخذ يدعو في ضراعة.
- قرر أن يكون له أجر المجاهد،- رغما عن العمى -وطلب من إخوانه أن يشركوه معهم في حروبهم. واستجابوا له، في السنة الرابعة عشرة للهجرة عندما عقد عمر بن الخطاب العزم علي أن يخوض مع الفرس معركة فاصلة تديل دولتهم وتزيل ملكهم وتفتح الطريق أمام جيوش المسلمين فكتب إلى عماله يقول: لا تدعوا أحداً له سلاح أو فرس أو نجدة أو رأي إلا وجهتموه إليّ والعَجَلَ العَجَلَ، وطفقت جموع المسلمين تلبي نداء أمير المؤمنين وتنهال علي المدينة من كل حدبٍ وصوبٍ وكان في جملة هؤلاء المجاهدين عبد الله بن أم مكتوم، أمر الفاروق علي الجيش سعد بن أبي وقاص وأوصاه وودعه ولما بلغ الجيش القادسية، برز عبد الله بن أم مكتوم من بين الصفوف لابساً درعه مستكملاً عدته وندب نفسه لحمل راية المسلمين والحفاظ عليها أو الموت دونها، قائلا: يا أحباب الله، يا أصحاب محمد صلي الله عليه وسلم. يا أبطال المعارك، ادفعوا إلي اللواء، فإني رجل أعمي لا أستطيع أن أفر، وأقيموني بين الصفين. ويروي قتادة عن أنس بن مالك رضي الله عنه أن عبد الله بن أم مكتوم يوم القادسية كانت معه

راية سوداء وعليه درع سابغة. والتقى الجمعان في أيام ثلاثة قاسية عابثة واحترب الفريقان حرباً لم يشهد لها تاريخ الفتوح مثيلاً حتى انجلى اليوم الثالث عن نصر مؤزر للمسلمين ودالت دولة من أعظم الدول، وزال عرش من أعرق العروش وهوت راية من رايات الوثنية وارتفعت ورفعت راية التوحيد، وسقط مئات من الشهداء وكان من بين هؤلاء الشهداء عبد الله بن أم مكتوم، فقد وجد صريعاً مدرجاً بدمائه قابضاً علي راية المسلمين..

● تلك كانت سيرة أحد الصحابة الذين لهم مكانة عالية عتد الله ورسوله الكريم، فهو يعتبر أحد الذين صنعوا مجدا خالدا يعجز عنه المبصرون ولم يستسلم لإعاقته، بل إنه كافح وناضل في كل مجال، حتى في الميدان الذي لم يكن واجبا عليه أن يقف ليناضل فيه ويحارب مع المسلمين، إلا أنه أبى وصمم على أن يكون معهم وهم يحاربون أعداء الإسلام حتى نال الشهادة وكان مثواه الجنة مع الخالدين بإذن الله.

الشاعر عبد الله البردوني

الاعاقة : العمى

أصدرت الأمم المتحدة عام 1982 عملة فضية عليها صورة الأديب البردوني كمعوق تجاوز العجز.

- هو عبد الله صالح حسن الشحف البردوني.
- شاعر يمني وناقد أدبي ومؤرخ.
- ولد عام 1348 هـ 1929 م في قرية البردون (اليمن).
- أصيب بالعمى في السادسة من عمره بسبب الجدري.
- درس في مدارس ذمار لمدة عشر ـ سنوات ثم انتقل إلى صنعاء حيث أكمل دراسته في دار العلوم وتخرج فيها عام 1953م.

- أدخل السجن في عهد الإمام أحمد حميد الدين وصور ذلك في إحـدى قصـائده فكانوا أربعة في واحد حسب تعبيره، العمى والقيد والجرح.
- يقول:

هـدني السجن وأدمى القيد ساقي فتعـــــاييت بجـــرحي ووثاقي
وأضعت الخطو في شوك الــدجى والعمى والقيد والجـــرح رفاقي
في سبيل الفجر مــا لاقـــيت في رحلة التيه ومـــا ســوف ألاقي
ســوف يفنى كـــل قيـــد وقوى كل سفـــاح وعطر الجرح باقي

- أهم الأحداث في حياة شاعر اليمن البردوني
- 1933- أصيب بالجدري الذي أدى إلى فقدان بصره.
- 1934- التحق بـ(كتاب القرية) وفيها حفظ ثلث القرآن الكريم على يد يحيى حسين القاضي ووالده.
- 1937- انتقل إلى مدينة "ذمـار" ليكمـل تعلـم القـرآن حفظاً وتجويـداً.. وفي المدرسة الشمسية درس تجويد القرآن على القراءات السبع.
- 1948- اعتقل بسبب شعره وسجن تسعة أشهر.
- 1949-انتقل إلى الجامع الكبير في مدينة صنعاء حيث درس عـلى يـد العلامـة أحمد الكحلاني، والعلامة أحمد معياد.. ثم انتقل إلى دار العلوم ومنها حصـل على إجازة في العلوم الشرعية والتفوق اللغوي.
- 1953- عين مدرسا لـلأدب العـربي في دار العلـوم وواصـل قراءاتـه للشـعر في مختلف أطواره إضافة إلى كتب الفقه والمنطق والفلسفة.

- 1954 إلى 1956- عمل وكيلاً للشريعة "محامٍ" وترافع في قضايا النساء فأطلق عليه "وكيل المطلقات".
- 1958- وفاة والدته (نخلة بنت أحمد عامر).
- 1959- اقترن بزوجته الأولى "فاطمة الحمامي".
- 1961- صدر ديوانه الأول "من أرض بلقيس".
- 1969- عين مديراً لإذاعة صنعاء.
- 1970- أبعد عن منصبه كمدير للإذاعة، وواصل إعداد برنامجه الإذاعي "مجلة الفكر والأدب".
- 1970- انتخب رئيساً لاتحاد الأدباء والكتاب اليمنيين.
- 1971- نال جائزة مهرجان أبي تمام بالموصل في العراق.
- 1981- نال جائزة مهرجان جرش الرابع بالأردن.
- 1981-نال جائزة شوقي وحافظ في القاهرة.
- 1982- أصدرت الأمم المتحدة عملة فضية عليها صورة الأديب البردوني كمعوق تجاوز العجز.
- 1982-تقلد وسام الأدب والفنون في عدن.
- 1983- نال جائزة وسام الأدب والفنون في صنعاء.
- 1984- تقلد وسام الأدب والفنون في صنعاء.
- 1988- توفي والده صالح بن عبد الله الشحف (البردوني).
- 1990- شارك في مهرجان الشعر العربي الثامن عشر بتونس.
- 1992- شارك في مهرجان الشعر العربي التاسع عشر بالأردن.
- 1997- اختير كأبرز شاعر ضمن استبيان ثقافي.
- 1998-سافر سفرته الأخيرة إلى الأردن للعلاج.

- 1999- الحادية عشرة من صباح الاثنين 30آب توقف قلبه عن الخفقان.

بعد أن خلد اسمه كواحد من أعظم شعراء العربية في القرن العشرين.

قائمة اهم دواوينه:

1- من أرض بلقيس.
2- في طريق الفجر.
3- مدينة الغد.
4- لعيني أم بلقيس.
5- السفر إلى الأيام الخضر.
6- وجوه دخانية في مرايا الليل.
7- زمان بلا نوعية.
8- ترجمة رملية لأعراس الغبار.
9- كائنات الشوق الآخر.
10- رواغ المصابيح.
11- جواب العصور.

- اهم أعماله النقدية:

1- رحلة في الشعر اليمني قديمه وحديثه.
2- قضايا يمنية.
3- فنون الأدب الشعبي في اليمن.
4- الثقافة الشعبية تجارب وأقاويل يمنية.
5- الثقافة والثورة.
6- من أول قصيدة إلى آخر طلقة: دراسة في شعر الزبيري وحياته - أشتات.
7- اليمن الجمهوري.

ومن أهم قصائده التي إشتهر على إثرها عربياً قصيدة "أبو تمام وعروبة اليوم" التي ألقاها في مهرجان المربد والتي قال فيها:

ما أصدق السيف! إن لم ينضه الكذب　　وأكذب السيف إن لم يصدق الغضب
بيض الصفائح أهدى حين تحملها　　أيد إذا غلبت يعلو بها الغلب
وأقبح النصرنصر الأقوياء بل فهم　　سوى فهم كم باعوا.. وكم كسبوا
أدهى من الجهل علم يطمئن إلى　　أنصاف ناس طغوا بالعلم واغتصبوا

ويختمها قائلاً:

"حبيب" مازال في عينيك أسئلة　　تبدو.. وتنسى حكاياها فتنتقب
وما تزال بحلقي ألف مبكية　　من رهبة البوح تستحيي وتضطرب
يكفيك أن عدانا أهدروا دمنا　　ونحن من دمنا نحسو ونحتلب
سحائب الغزو تشوينا وتحجبنا　　يومًا ستحبل من إرعادنا السحب؟
ألا ترى يا "أبا تمام" بارقنا　　(إن السماء ترجى حين تحتجب)

عبد الحميد كشك

الاعاقة : العمى

"كان يحمد لله تعالى على نعمة العمى بقوله : (الحمـد لله الـذي انعـم عـلي بنعمـة العمى حتى لا أرى ما يغضب الله تعالى)".

- الشيخ عبد الحميد كشك من أكثر الدعاة والخطباء شعبية في الربع الأخير مـن القرن العشرين وقد وصلت شعبيته إلى درجـة أن المسـجد الـذي كـان يخطب فيه خطب الجمعة حمل اسمه، وكذلك الشارع الـذي كـان يقطن فيه بحـي حـدائق القبـة. ودخلـت الشرـائط المسجل عليهـا خطبـه العديـد مـن بيـوت المسلمين في مصر والعالم العربي.

- ولد بمصر في أسرة فقيرة عام 1933م في قرية شبرا خيت مـن أعـمال محافظـة البحيرة بجمهورية مصر العربية.

- فقد نعمة البصر بسبب المرض.

- حفظ القرآن الكريم ولم يبلغ الثامنة من عمره.

- حصل على الشهادة الابتدائية، ثم الثانوية الأزهرية بتفوق والتحق بكلية أصول الدين وحصل على شهادتها بتفوق أيضًا.

- عين خطيبًا في مسجد الطيبي التابع لوزارة الأوقاف بحي السيدة بالقاهرة ومثل الأزهر في عيد العام عام 1961،

- وفي عام 1964 صدر قرار بتعيينه إمامًا لمسجد عين الحياة بشارع مصر ـ والسودان في منطقة دير الملاك

- تعرض للاعتقال عام 1966 خلال محنة الإسلاميين في ذلك الوقت في عهد الرئيس جمال عبد الناصر. وقد أودع سجن القلعة ثم نقل بعد ذلك إلى سجن طرة وأُطلق سراحه عام 1968. وقد تعرض لتعذيب وحشي في هذه الأثناء.

- في عام 1972 بدأ يكثف خطبه وزادت شهرته بصورة واسعة وكان يحضر ـ الصلاة معه حشود هائلة من المصلين.

- منذ عام 1976 بدأ الاصطدام بالسلطة وخاصة بعد معاهدة كامب ديفيد حيث اتهم الحكومة بالخيانة للإسلام وأخذ يستعرض صور الفساد في مصر من الناحية الاجتماعية والفنية والحياة العامة.

- ألقى القبض عليه في عام 1981 مع عدد من المعارضين السياسيين ضمن قرارات سبتمبر الشهيرة للرئيس المصري محمد أنور السادات، وقد أفرج عنه عام 1982 و منع من الخطابة أو إلقاء الدروس.

- رفض الشيخ عبد الحميد كشك مغادرة مصر ـ إلى أي من البلاد العربية أو الإسلامية رغم الإغراء إلا لحج بيت الله الحرام عام 1973م. وتفرغ للتأليف حتى بلغت مؤلفاته 115مؤلفًا، على مدى

12 عامًا أي في الفترة ما بين 1982 وحتى صيف 1994، منها كتاب عـن قصـص الأنبياء وآخر عن الفتاوى وقد أتم تفسير القرآن الكريم تحت عنوان (في رحـاب القرآن)، كما أن له حوالي ألفي شريط كاسيت هي جملة الخطب التـي ألقاهـا على منبر مسجد (عين الحياة).

- وكان للشيخ كشك بعض من آرائه الإصلاحية للأزهر إذ كان ينادي بـأن يكـون منصب شيخ الأزهر بالانتخابات لا بالتعيين وأن يعود الأزهر إلى مـا كـان عليـه قبل قانون التطوير عام 1961 وأن تقتصر الدراسة فيه علـى الكليـات الشرعيـة وهي أصول الدين واللغة العربية والدعوة، وكان الشيخ عبـد الحميـد يـرى أن الوظيفة الرئيسية للأزهر هي تخريج دعاة وخطباء للمساجد التي يزيد عددها في مصر على مائة ألف مسجد. ورفض كذلك أن تكون رسالة المسـجد تعبديـة فقط، وكان ينادي بأن تكون المساجد منارات للإشعاع فكريًا واجتماعيًا.

مواقف وقصص للشيخ عبد الحميد كشك:

- يقول فضيلة الشيخ عبد الحميد كشك رحمه الله: (لقد التقيت بأحد رجال بورسعيد.. يوم الاثنين الماضي ورأيته حزينا.. قلت سبحان الله.. مالي أراك حزينا ؟ ! أتدرون لماذا يحزن ؟ لأن الأهلي أحرز هدفا في المصري... فأردت أنا الأخر أن أدخل معه في نقاش حتى أثبت له أنني لست رجعيا.
قلت له: ماذا فعل " زيزو" ؟ وماذا كان موقف "الخطيب " ؟ وما رأيك الشخصي في " سيد عبد الرازق " ؟ وماذا تقول في " حسن شحاتة " ؟ فقال: يا سي الشيخ.. إنك عندك معلومات تمام.. فقلت : أبدا...

ولما رأيت الجهل في الناس فاشيا — تجاهلت حتى قيل إني جاهل
فواعجبا كم يدعي الفضل ناقص — و وأسفا كم يظهر النقص فاضل

من خطبة ألقيت يوم 1978/3/17م /يقول الشيخ: (لقد عجبت لبعض عباقرة مصر- وهو يقترح لحل أزمة الغلاء يقول حددوا النسل ومن لم يحدد نسله فاجعلوا للولدين الأولين نصيبا في التموين أما الولد الثالث فلا نصيب له في السكر ولا شاي.. وإذا تعلم.. يجب أن لا يتعلم مجانا إنما يتعلم بالمصاريف امنعوه من التعليم المجاني.. وامنعوه من الشاي والسكر.. وامنعوه وامنعوه.. حتى كاد يقول.. امنعوه من رحمة الله... أهذا كلام ؟ ثم قال العبقري حددوا سن الزواج بحيث لا يتزوج الشاب قبل ثلاثين عاما... ولا تتزوج الفتاة قبل خمسة وعشرين عاما.. قال العبقري هذا... ونشر هذا وقلنا له.. فماذا تفعل الفتاة إذا راودها الشاب عن نفسها قبل أن تبلغ السن.. الذي حددته أيها العبقري ؟ وماذا يفعل

الشاب إذا جمحت به شهوته قبل أن يبلغ سن الزواج أيها العبقري ؟).

من خطبة ألقيت 1980/3/7م.

يقول الشيخ:

(أخبرني أحد الرجال وقال: أردت أن أحدد نسلي فظللت حريصا على إعطاء زوجتي حبوب منع الحمل... وظل الحمل ممنوعا ثلاث سنوات.. وذات ليلة نسيت أن تتعاطى حبوبها.. فحملت.. فلما جاءها المخاض.. وجيء بالحكيمة لتولدها... ولدت

ماذا تسمى المولود ؟

قلت سموه فلانا

وبعد خمس دقائق قالت ماذا تسمى المولود الثاني ؟

قلت سموه فلانا

وبعد خمس دقائق قالت ماذا تسمى المولود الثالث ؟

قلت سبحان الله.. منعن الحمل ثلاث سنوات.. فلخصها الله في ربع الساعة.. ولدت ثلاثة.

من الذي يملك الأمر كله ؟ من الذي بيده الأمر كله ؟ سلم له الأمر.. سلم له الأمر ؟

إن تحديد النسل لن يحل المشاكل.. إنما المعاصي.. المعاصي.. الخمور... الربا.... الزنا.. القمار..الظلم..الغيبة...النميمة.. قطع الرحم.. شارع الهرم. " الزنا يورث الفقر " " وبشر الزاني بخراب بيته ولو بعد حين "

المعاصي:

إذا كنت في نعمة فارعها	فإن المعاصي تزيل النعم
ودوام عليها بشكر الإله	فإن الإله سريع النقم

المعاصي والله الذي لا إله غيره).

من خطبة ألقيت في 1980/3/7م.

انظر أخي وتدبر هذه القصة الحقيقية واقرأها أكثر من مرة ويكفيني في ذلك تعليق الشيخ كشك.

يقول الشيخ عبد الحميد كشك: (احذروا الغزو الثقافي.. احذروا الغزو الثقافي الأمريكي والصهيوني عندما عرضوا مسلسل العقاد " عباس محمود العقاد " عندما عرضوا مسلسله في المفسديون..لم يعرضوا لعبقرية محمد.. ولا لعبقرية عمر.. ولا عثمان.. ولا علي.. ولا خالد.. إنما أظهروه أمام شبابنا بمنظر مؤسف ومخجل..العقاد كاتب إسلامي... كتب العبقريات... كتب عن الرسول محمد.. كتب عن أبي بكر.. وكتب عن عمر.. وكتب عن عثمان.. وكتب عن علي.. وكتب عن خالد... كتب عن الله..كتب عن قضية الألوهية.. ولكن لما أراد المفسديون المصري أن يعرض العقاد لم يعرض لعبقرياته.. ولا لكتبه الإسلامية.. إنما عرضه على أساس أنه (حبوب)...وعلى أنه (روميو)... وعلى أنه شاب مراهق.. يحب فتاة اسمها " سارة " ويحب أخرى اسمها " مي " إلى غير ذلك... عرضوا العقاد على أنه ساقط.. على أنه "حبوب".. على أنه شاب رقيع.. لا شغل له إلا النساء.. إلا المشي مع النساء.. ليقولوا لشبابنا... يا شباب مصر.. خذوا القدوة من عباس العقاد.. كونوا على صلة بالفتيات.. وعلى صلة بالنساء... أهذا هو العقاد ؟ أتلك هي القدوة ؟ أهذه هي التربية ؟).

من خطبة ألقيت في 1980/5/21

يقول الشيخ: (مواطن من الإسكندرية يسمى " شعبان رجب السيد " هرب ابنه الـذي لا يزيد من عمره عن عشر سنوات.. قال المواطن بالإسكندرية..؟؟إذا لم يعد ابني فسوف ارفع دعوى على التلفزيون..لماذا؟ قال لأن ابني فتح الدولاب

وسرق مائة جنيه وهرب.. فما ذنب التلفزيون ؟ قال لأن الممثل " صلاح السعدني "... قام بنفس هذا الدور في تمثيلية " الليلة الموعودة ".. فأراد الغلام أن يقلد الممثل.. أن يقلد السيد " صلاح السعدني " حيث لا صلاح ولا سعد... هناك.)

من خطبة ألقيت في 1978/5/26م

يقول الشيخ: (لمل رخصت لحوم النساء في الحرام ارتفعت أسعار اللحوم عند الجزار.. لما وقفنا طوابير على شبابيك تذاكر الأفلام... وقفنا طوابير على أبواب الجمعيات من أجل كيلو من اللحم يعلم الله وحده من أي الذبائح هو؟.. لما حقد بعضنا على بعض.. ارتفعت الأسعار.. لما استبدلنا الحلال بالحرام.. وعزف الشباب عن الزواج.. اشتدت أزمة المساكن.. لما اختلطت لحوم الرجال بالنساء في المواصلات ُرفعت من البيوت البركات... لأن الله تعالى هيأ للمرآة عملا واحدا.. إذا عملت سواه خُربت البيوت وأُُطفئت مصابيحها.. إن هذا العمل الذي وكل الله به المرأة هو بيتها... فلما خرجت النساء من البيوت كانت في البيوت مصابيح أُطفئت أنوارها وأصبح الأطفال وديعة في أيدي الحاضنات والحاضنة لا ُتراعي الله ولا تعرف رسول الله.).

يقول الشيخ: (رزق مولود لمواطن مصري فأبى أن يسميه محمد أو عبد الله... إنما سماه " كارتر ".. كارتر.. مواطن مسلم.. مسلم.. والمولود الثاني سوف يسميه فورد.. والثالث نيكسون.. والرابع جونسون.. والخامس كيندي.. والسادس إيزنهاور... الخ.. هل سمعتم في أمريكا أمريكي رزق بمولود سماه " محمد " ؟ لماذا النفاق ؟ لماذا هذا الأسلوب الرخيص يا أبا كارتر ؟ أتنتظر من السفارة الأمريكية أن تمنحك عشرة جنيهات ؟

اجعل بربك كل عزك يستقر ويثبت

فإذا اعتززت بمن يموت فإن عزك ميت

اتقوا الله.. اتقوا الله.. " من تشبه بقوم حشر معهم " " المرء على دين خليله فلينظر أحدكم من يخالل ").

من خطبة ألقيت في 1978/5/12 م

يقول الشيخ: (زوج يطرق الباب.. فتفتح له زوجته.. مرتبكة.. مرتبكة... مرتبكة.. ثم تأمره أن ينزل ليشتري لها عيشا.. ويعجب الزوج لماذا تصمم على نزوله قبل أن يدخل بيته وإذا بطفله الصغير ينادي يا أبتاه.. إن هنا عفريتا تحت السرير.. عفريت من الإنس أم عفريت من الجن يا بني.. ليسمع الكاتبون والموجهون والمرشدون.. ليسمعوا حصاد الهشيم في المجتمع الذي تحطم وتسمم من كثرة ما يرى وما يسمع.. من كثرة ما يحيط به ليلا ونهارا.. ودخل الزوج ليرى ذلك العفريت ما نوعه ؟ ما جنسه ؟ فيراه ذئبا آدميا.. ذئبا بشريا.. ينام تحت السرير كما ولدته أمه.. من أين جاء ؟ من أين جاء ذلك الذي يرابط تحت سرير زوج وزوجة ؟ ولماذا تريد الزوجة من زوجها أن يشتري لها عيشا وقد خانت العيش كله ؟ وخانت الملح كله.. وخانت المعاشرة كلها.. أتدرون من ذلك الخائن يا سادة ؟ جاره... جاره.. والحبيب محمد يقول " ما زال جبريل يوصيني بالجار حتى ظننت أنه سيورثه " هذا حق الجار على جاره في مجتمع التطور والعصرية........)

- لقي ربه وهو ساجد قبيل صلاة الجمعة في 1996/12/6 وهو في الثالثة والستين من عمره رحمه الله رحمة واسعة.

عبد الرحمن بن عوف

الاعاقة : العرج

"عن ابن اسحاق قال : كان ساقط الثنتين، اهتم، أعسر، أعرج، كان أصيب يوم أحد فهُتِمَ، وجُرح عشرين جراحة بعضها في رجله فعرج ".

- هو الصحابي الجليل عبد الرحمن بن عوف الزهري القرشي وكان اسمه في الجاهليةعبد عمرو، وقيل عبد الكعبة، فسمَّاه النبي صلى الله عليه وسلم عبد الرحمن.
- هوأحد العشرة المبشرين بالجنة،وخؤولة رسول الله صلى الله عليه وسلم .
- ولد بعد عام الفيل بعشر سنين فهو أصغر من النبي صلى الله عليه وسلم بعشر سنين.
- كان عبد الرحمن من السابقين الأولين إلى الإسلام، إذ أسلم قبل دخول النبي محمد دار الأرقم، وكان اسمه عبد عمرو، فغيره النبي إلى عبد الرحمن، وهاجر الهجرتين وشهد بدراً وسائر المشاهد، وآخى النبي محمد صلى الله عليه وسلم بينه وبين سعد بن الربيع الخزرجي
- لما هاجر إلى المدينة فقيراً لا شيء له آخى الرسول بينه وبين سعد بن الربيع أحد النُّقباء، فعرض عليه أن يُشاطِرهُ نعمته،وأن يطلِّق له أحسنَ زوجتيه، فقال له : بارك الله لك في أهلك ومالِك، ولكن دُلني على السوق، فذهب فباع واشترى وربح، ثم لم ينشب أن صار معه دراهم، فتزوج، فقال له النبي صلى الله عليه وسلم : ((أولِم ولو بشاة))، ثم آل أمره في التجارة إلى ما آل.
- ذات يوم، والمدينة ساكنة هادئة، أخذ يقترب من مشارفها نقع كثيف، راح يتعالى ويتراكم حتى كاد يغطي الأفق.ودفعت الريح هذه الأمواج

من الغبار المتصاعد من رمال الصحراء الناعمة، فاندفعت تقترب من أبواب المدينة، وتهبّ هبوبا قويا على مسالكها. وحسبها الناس عاصفة تكنس الرمال وتذروها، لكنهم سرعان ما سمعوا وراء ستار الغبار ضجة تنبئ عن قافلة كبيرة مديدة.ولم يمض وقت غير وجيز، حتى كانت سبعمائة راحلة موقرة الأحمال تزحم شوارع المدينة وترجّها رجّا، ونادى الناس بعضهم بعضا ليروا مشهدها الحافل، وليستبشروا ويفرحوا بما تحمله من خير ورزق..وسألت أم المؤمنين عائشة رضي الله عنها، وقد ترمّت الى سمعها أصداء القافلة الزاحفة..سألت: ما هذا الذي يحدث في المدينة..؟وأجيبت: انها قافلة لعبدالرحمن بن عوف جاءت من الشام تحمل تجارة له..

قالت أم المؤمنين:قافلة تحدث كل هذه الرّجّة..؟!

أجل يا ام المؤمنين.. انها سبعمائة راحلة..!!

وهزت أم المؤمنين رأسها، وأرسلت نظراتها الثاقبة بعيدا، كأنها تبحث عن ذكرى مشهد رأته، أو حديث سمعته.."أما اني سمعت رسول الله صلى الله عليه وسلم يقول:رأيت عبدالرحمن بن عوف يدخل الجنة حبوا"..

عبدالرحمن بن عوف يدخل الجنة حبوا..؟ولماذا لا يدخلها وثبا هرولة مع السابقين من أصحاب رسول الله..؟ونقل بعض أصحابه مقالة عائشة اليه، فتذكر أنه سمع من النبي صلى الله عليه وسلم هذا الحديث أكثر من مرة، وبأكثر من صيغة.وقبل أن تفضّ مغاليق الأحمال من تجارته، حث خطاه الى بيت عائشة وقال لها: لقد ذكّرتيني بحديث لم أنسه..ثم قال:" أما اني أشهدك أن هذه القافلة بأحمالها، وأقتابها، وأحلاسها، في سبيل الله عز وجل"..ووزعت حمولة سبعمائة راحلة على أهل المدينة وما حولها في مهرجان برّ عظيم..!!هذه الواقعة وحدها، تمثل الصورة الكاملة لحياة صاحب

رسول الله عبدالرحمن بن عوف".فهو التاجر الناجح، أكثر ما يكون النجاح وأوفاه..وهو الثري، أكثر ما يكون الثراء وفرة وافراطا..

وهو المؤمن الأريب، الذي يأبى أن تذهب حظوظه من الدين، ويرفض أن يتخلف به ثراؤه عن قافلة الايمان ومثوبة الجنة.. فهو رضي الله عنه يجود بثروته في سخاء وغبطة ضمير...!!

- ذكر شيخ الإسلام ابن حجر العسقلاني في الإصابة: (قال معمر عن الزهري، تصدق عبد الرحمن بن عوف على عهد رسول الله صلى الله عليه وسلم بشطر ماله، ثم تصدق بأربعين ألف دينار، ثم حمل على خمسمائة فرس في سبيل الله وخمسمائة راحلة).

- كان عمر بن الخطاب يرجع إليه في أمور كثيرة، ومما روي منها دخول البلد التي نزل بها الطاعون، وأخذ الجزية من المجوس، وكان عمر يقول: ((عبد الرحمن سيد من سادات المسلمين))، وكان عبد الرحمن أحد الستة الذين اختارهم عمر لخلافته، وأرتضاه الصحابة جميعاً حكماً بينهم لاختيار خليفة لعمر.روى ابن سعد في الطبقات بسنده عن المسور بن مخرمة (صحابي وابن أخت عبد الرحمن): بينما أنا أسير في ركب بين عثمان بن عفان وعبد الرحمن بن عوف، وعبد الرحمن قدامي عليه خميصة سوداء، فقال عثمان: من صاحب الخميصة السوداء؟ قالوا: عبد الرحمن بن عوف، فناداني عثمان يا مسور، قلت: لبيك أمير المؤمنين، فقال: ((من زعم أنه خير من خالك في الهجرة الأولى وفي الهجرة الثانية الآخرة فقد كذب)).

- من أفضل أعمال عبد الرحمن عزلُه نفسه من الأمر وقت الشورى، و اختياره للأمة من أشار به أهلُ الحلِّ و العقد، فنهض في ذلك أتمَ نهوض على جمع الأمة على عثمان، ولو كان محابياً فيها لأخذها لنفسه، أو لولاها ابن عمه وأقرب الجماعة إليه سعد بن أبي وقاص. عن إبراهيم بن عبد الرحمن، قال : غُشي على عبد الرحمن بن عوف في وجعه حتى ظنُّوا أنه قد فاضت نفسه، حتى قاموا من عنده، وجلَّلوه، فأفاق يكبر، فكبَّر أهلُ البيت، ثم قال لهم : غُشِي علي آنفاً ؟ قالوا : نعم، قال : صدقتم ! انطلق بي في غَشيتي رجلان أجد فيهما شدة و فظاظة، فقالا : انطلق نحاكمك إلى العزيز الأمين، فانطلقا بي حتى لقيا رجلاً، قال :أين تذهبان بهذا ؟ قالا : نحاكمه إلى العزيز الأمين، فقال : ارجعا فإنه من الذين كتب لهم السعادة و المغفرة وهم في بطون أمهاتهم، و إنه سَيُمتَّع به بنوه إلى ماشاء الله، فعاش بعد ذلك شهراً
- وفاته توفي عبد الرحمن سنة ثلاث وثلاثين للهجرة في بلاد الشام، وصلى عليه أمير المؤمنين الخليفة عثمان بن عفان، وأرادت أم المؤمنين أن تخُصَّه بشرف لم تخصّ به سواه، فعرضت عليه قبل وفاته أن يُدفن في حجرتها إلى جوار الرسول وأبي بكر وعمر، لكنه استحى أن يرفع نفسه إلى هذا الجوار، وطلب دفنه بجوار عثمان بن مظعون إذ تواثقا يوما أيهما مات بعد الآخر يدفن إلى جوار صاحبه بالبقيع.

عطاء بن رباح
الاعاقة :الشلل والعرج

قال أبو داود : كان عطاء أعور أشل أفطس أعرج أسود، وقطعت يده مع ابن الزبير.

- هو عطاء بن أبي رباح مولى آل أبي خيثم الفهري القرشي واسم أبي رباح أسلم.
- ولد بالجَندَ (بلدة باليمن) سنة سبع وعشرين أثناء خلافة عثمان، ولما سُئِل عن موعد مولده قال: لعامين خَلَوا من خلافة عثمان،
- وكان عطاء أسود أعور أشل أعرج، ثم عمي في آخر عمره، قال أبو داود : أبوه نوبي، وكان يعمل المكاتل، وكان عطاء أعور أشل أفطس أعرج أسود، قال : وقطعت يده مع ابن الزبير.
- وقال جرير بن حازم : رأيت يد عطاء شلاء، ضربت أيام ابن الزبير.
- وقال أبو المليح الرقي : رأيت عطاء أسود يخضب بالحناء.
- وروى عباس عن ابن معين قال : كان عطاء معلم كتاب.
- وكان من سادات التابعين فقهًا وعلمًا وورعًا وفضلاً لم يكن له فراش إلا المسجد الحرام إلى أن مات.
- تلقى عطاء بن أبي رباح العلم على يد ثُلة من الصحابة منهم عبد الله بن عباس حبر الأمة، وتعلم على يد عبد الله بن عمر، وسمع من أبي هريرة، ونهل من علم السيدة عائشة رضي الله عنها.

• كان حريصا على مصالح الناس وجريئا في طلب الحق:قال الأصمعي : دخل عطاء بن أبي رباح على عبد الملك، وهو جالس على السرير، وحوله الأشراف، وذلك بمكة في وقت حجة في خلافته، فلما بصر به عبد الملك، قام إليه فسلم عليه، وأجلسه معه على السرير، وقعد بين يديه، وقال : يا أبا محمد : حاجتك ؟ قال : يا أمير المؤمنين ! اتق الله في حرم الله، وحرم رسوله، فتعاهده بالعمارة، واتق الله في أولاد المهاجرين والأنصار، فإنك بهم جلست هذا المجلس، واتق الله في أهل الثغور، فإنهم حصن المسلمين، وتفقد أمور المسلمين، فإنك وحدك المسئول عنهم، واتق الله فيمن على بابك، فلا تغفل عنهم، ولا تغلق دونهم بابك، فقال له : أفعل، ثم نهض وقام، فقبض عليه عبد الملك وقال : يا أبا محمد ! إنما سألتنا حوائج غيرك، وقد قضيناها، فما حاجتك ؟ قال: مالي إلى مخلوق حاجة، ثم خرج، فقال عبد الملك : هذا وأبيك الشرف، هذا وأبيك السؤدد.

• ويروى انه دخل على الخليفة هشام بن عبد الملك، فرحب به وقال: ما حاجتك يا أبا محمد؟ وكان عنده أشراف الناس يتحدثون، فسكتوا، فذكره عطاء بأرزاق أهل الحرمين وأُعطياتهم.. فقال: نعم؛ يا غلام اكتب لأهل المدينة وأهل مكة بعطاء أرزاقهم، ثم قال: يا أبا محمد هل من حاجة غيرها؟
فقال: نعم، فذكره بأهل الحجاز وأهل نجد وأهل الثغور، ففعل مثل ذلك، حتى ذكره بأهل الذمة أن لا يكلفوا ما لا يطيقون، فأجابه إلى ذلك، ثم قال له في آخر ذلك: هل من حاجة غيرها؟ قال: نعم يا أمير

المؤمنين، اتق الله في نفسك، فإنك خلقت وحدك، وتموت وحدك، وتحشر وحدك، وتحاسب وحدك، لا والله ما معك ممن ترى أحد.. قال: فأكب هشام يبكى، وقام عطاء. فلما كان عند الباب إذا رجل قد تبعه بكيس ما ندرى ما فيه، أدراهم أم دنانير؟ وقال: إن أمير المؤمنين قد أمر لك بهذا، فقال عطاء: {ما أسألكم عليه من أجر إن أجرى إلا على رب العالمين} ثم خرج ولا والله ما شرب عندهم حسوة ماء فما فوقها.

- بلغ عطاء بن أبي رباح درجة عالية من العلم، فكان يجلس للفتيا في مكة بعد وفاة حبر الأمة عبد الله بن عباس، ولما قدم ابن عمر مكة فسألوه فقال: أتجمعون لي يا أهل مكة المسائل وفيكم ابن أبي رباح؟. وكان يعرف عنه أنه لا يريد بعلمه جاهًا أو سلطانًا، ولم يكن طالبًا بعلمه يومًا مالاً أو شيئًا من متاع الدنيا، بل كان يريد وجه الله عز وجل، يقول سلمة بن كهيل: ما رأيت أحدًا يريد بهذا العلم وجه الله عز وجل غير هؤلاء الثلاثة عطاء وطاووس ومجاهد.
- كان اذا جلس في حلقته العلميه يتدافع الالاف من طلاب العلم على النهل من علمه وعطائه.
- كان الخليفه الاموي عبد الملك بن مروان يقول : لايفتي الناس في موسم الحج الا من عطاء بن رباح.
- يقول أسلم المنقري: جاء أعرابي فسأل فأشاروا إلى سعيد بن جبير فجعل الأعرابي يقول: أين أبو محمد؟ فقال سعيد: ما لنا ها هنا مع عطاء شيء.

- قال ابن أبي ليلى: دخلت على عطاء فجعل يسألني، فكأن أصحابه أنكروا ذلـك، وقالوا: تسأله؟ قال: ما تنكرون؟ هو أعلم مني. قلت: هذا هو التواضع ومعرفة الفضل لأهله.
- قال في حقه الإمام الأوزاعي : مات عطاء وهو أرضى أهل الأرض
- قال فيه أبو حنيفة : " ما رأيت فيمن لقيت أفضل من عطـاء " حتـى إنـه كـان ينادى في موسم الحج: " لا يفتى الناس إلا عطاء ".
- قال عبد العزيز بن رفيع: سُئل عطاء عن شيء، فقال: لا أدري، قيـل: ألا تقـول برأيك، قال: إني أستحيي من الله أن يدان في الأرض برأيي.
- عن الأوزاعي قال ما رأيت أحدا أخشع لله من عطاء.
- قال عمر بن ذر: ما رأيت مثل عطاء بن أبي رباح، ما رأيت عليه قميصًا قـط ولا رأيت عليه ثوبًا يساوي خمسة دراهم.
- عن ابن جريج قال: كان عطاء بعدما كبر وضعف يقوم إلى الصلاة فيقرأ مـائتي آية من البقرة وهو قائم ما يزول منه شيء ولا يتحرك وعن ابن عيينة قال قلت لابن جريج ما رأيت مصليًا مثلك قال لو رأيت عطاء.
- من كلماته: قال عطاء بن أبي رباح: إن من كان قـبلكم كـانوا يكرهـون فضـول الكلام وكانوا يعدون فضوله ما عدا كتاب الله عز وجل أن تقرأه، وتأمر بمعروف أو تنهى عن منكر، أو تنطق بحاجتك في معيشك التي لا بدلك منهان أتنكـرون أن عليكم حافظين كرامًا كاتبين، عن اليمين وعن الشمال قعيـد، مـا يلفـظ مـن قول إلا لديه رقيب عتيد؟ أما

يستحيى أحدكم أن لو نشرت عليه صحيفته التي أمل صدر نهاره فإن أكثر مـا فيها ليس من أمر دينه ولا دنياه.

- مات سنة أربع عشرة ومائة وقد قيل إنه مات سنة خمس عشرة ومائة.

عمرو بن الجموح
الاعاقة : العرج

"لقد رأيته يطأ في الجنة بعرجته" حديث نبوي

- هو الصحابي الانصاري الجليل عمرو بن الجموح ابن زيد بن حرام بن كعب بن غنم بن كعب بن سلمة بن سعد بن علي ابن أسد بن ساردة بن تزيد بن جشم بن الخزرج الأنصاري السلمي الغنمي والد معاذ ومعوذ وخلاد المذكورين وعبد الرحمن وهند
- كان عمرو بن الجموح -رضي الله عنه- أحد زعماء المدينة، وسيد سادات بني سلمة، وشريف من أشرافهم، وآخر الأنصار إسلامًا، كان زوجًا لهند بنت عمرو أخت عبد الله بن عمرو بن حرام، وقد سبقه ابنه معاذ إلى الإسلام.
- كان عمرو بن الجموح قد اتخذ لنفسه صنمًا من الخشب في داره سماه منافًا، فحزن معاذ، وأخذ ينصحه بالدخول في الإسلام، لكنه ظل مصرًّا على عبادة ذلك الصنم الذي لا ينفع ولا يضر.وذات يوم، فكر معاذ ومعه بعض الفتيان من بني سلمة في حيلة يُعَرِّفُ بها أباه أن ما يعبده إنما هو صنم لا يملك لنفسه ولا لغيره نفعًا ولا ضرًّا، بل لا يمكنه الدفاع عن نفسه.فدخلوا ليلا، وأخذوا الصنم من مكانه، ووضعوه في حفرة منكسًا على رأسه، فلما أصبح عمرو بن الجموح لم يجد منافًا، فكاد أن يجن، وغضب غضبًا شديدًا، وخرج يبحث عنه فإذا به ملقى في حفرة على رأسه.فثار وأخذ يصيح: ويلكم مَنْ عدا على آلهتنا هذه الليلة؟ ثم رفعه من الحفرة، وغسّله، وطيَّبه، ووضعه في

مكانه بالدار، وهو يقول: أما والله لو أعلم مَنْ فعل هذا بك لأخزينه.ولما جاء الليل، ونام عمرو، ذهب الفتيان إلى الصنم، وفعلوا به مثلما فعلوا من قبل، وتكرر ذلك عدة مرات، فلم يجد عمرو حيلة إلا أن يعلق سيفه في رقبة ذلك الصنم ويقول له: إني والله لا أعلم مَنْ يصنع بك ما ترى، فإن كان فيك خير فامتنع بهذا السيف (أي فادفع عن نفسك).

فلما جاء الليل أخذ معاذ وأصحابه كلبًا ميتًا، وربطوه في عنق الصنم، ثم ألقوه في البئر بعد أن أخذوا السيف، فلما أصبح عمرو لم يجد الصنم، فأخذ يبحث عنه فوجده في البئر مربوطًا فيه كلب ميت، فكرهه عمرو واحتقره وأخذ يقول:

تالله لو كنتَ إلهاً لم تكنْ أنتَ وكلبٌ وسْطَ بئرٍ في قَرَن

أفّ لمصرعِك إلهاً يستدن الآن فلنثنانك عن سوء الغبن

فالحمد لله العلي ذي المنن الواهب الرزق وديان الدّين

هو الذي أنقذني من قبل أن أكون في ظلمة قبر مرتهن

ثم ذهب إلى الرسول معلنًا إسلامه.

- كان -رضي الله عنه- جوادًا كريمًا، يقيم الولائم، ويطعم الطعام، ويكرم الضيف، وكان يقيم الولائم في زواج الرسول (، وكان النبي (يعرف فضل عمرو، ففي إحدى المرات سأل الرسول (جماعة من بني سلمة قبيلة عمرو بن الجموح فقال: (مَنْ سيدكم يا بني سلمة؟) فقالوا: الجد بن قيس، على بخل فيه (أي: رغم أنه بخيل)، فقال لهم رسول الله: (وأي داء أدوى من البخل؟ بل سيدكم الجعد الأبيض عمرو بن الجموح) [أبو نعيم والبخاري في الأدب المفرد]، فكانت هذه

الشهادة من رسول الله (تكريمًا لابن الجموح.وفي هذا قال شاعر الأنصار:

فسود عمرو بن الجموح لجـوده

وحق لعمرو بالندى أن يسـودا

إذا جاءه السؤال أذهب مالـه

وقـال خـذوه إنـه عائد غدا

- كان عمرو بن الجموح أعرج شديد العرج إلا أنه كان يحب الجهاد والغزو في سبيل الله، وكان يريد أن يجود بروحه وحياته في سبيل الله، كما كان يجود بماله، وكان له أربعـة أولاد كلهم مسلمون، وكانوا رجالا صادقين في الإسلام يشهدون الغزوات مع رسول الله.

- في غزوة بـدر أراد عمرو أن يخرج مجاهدًا مع المسلمين، لكن أبناءه ذهبـوا إلى الرسول (وطلبوا منه أن يمنع أباهم مـن الخروج، فأمره الرسـول (بالبقـاء في المدينة.ثم جاءت غزوة أحد، وأراد أن يخرج مع أبنائه فقالوا له: والله ما عليك حرج، إن الله قد عذرك (أي جعل لك عذرًا)، ونحن نجاهد عنك، فأخـذ عمرو سيفه، وذهب إلى الرسول (وقال لـه: يا رسول الله، إن بنـي (أبنائي) يريدون منعي من الخروج معك إلى الجهـاد، والله إني لأرجـو أن أطـأ (أمشي-) بعرجتـي هذه الجنة. [ابن هشام].

فلما رأى الرسول (إصراره على الخروج أذن له، وقال له: (أما أنت فقد عذرك الله فلا جهاد عليك، وأما أنتم يا بنيه فما عليكم أن لا تمنعوه، لعل الله أن يرزقه الشهادة).فأخذ عمرو سيفه فرحًا، وانطلق

ناحية القبلة ثم رفع يديه داعيًا: اللهم ارزقني الشهادة، ولا تردني إلى أهلي خائبًا. والتقى الجيشان، وانطلق عمرو بن الجموح، وأبناؤه الأربعة يضربون مع جيش الإسلام بسيوفهم جيش الشرك، وأخذوا يقاتلون في بسالة وإصرار، وأنعم الله على عمرو بن الجموح بالشهادة كما تمنى.

- عندما أخذ المسلمون يدفنون شهداءهم، أتوا على عبد الله ابن عمرو بن حرام وعمرو بن الجموح فأمرهم النبي (أن يدفنا في قبر واحد، ثم قال الرسول (: (والذي نفسي بيده إن منكم لمن لو أقسم على الله لأبره (يقصد: عمرو بن الجموح)) [أحمد].

- كان -رضي الله عنه- يقول للنبي (قبل معركة أحد: يا رسول الله، أرأيت إن قاتلت في سبيل الله حتى أقتل، أأمشي- برجلي هذه صحيحة في الجنة؟ وكانت رجله عرجاء، فقال رسول الله (: (نعم)، فلما قتل يوم أحد مرَّ عليه رسول الله (، وقال: (ولقد رأيته يطأ في الجنة بعرجته) [ابن عبدالبر].وبعد مرور ست وأربعين سنة على دفنهما، نزل سيل شديد غطّى أرض القبور، بسبب عين ماء أجراها هناك معاوية، فسارع المسلمون الى نقل رُفات الشهداء، فإذا هم :(ليّنة أجسادهم، تتثنى أطرافهم) وكان جابر بن عبد الله لا يزال حيا، فذهب مع أهله لينقل رُفات أبيه عبد الله بن عمرو بن حرام ورُفات زوج عمته عمرو بن الجموح، فوجدهما في قبرهما كأنهما نائمان، لم تأكل الأرض منهما شيئا !!!

الامام قتادة

الاعاقة : العمى

"جاء في سير اعلام النبلاء" قتادة ابن دعامة بن قتادة بـن عزيـز حـافظ العصر ـ قـدوة المفسرين والمحدثين أبو الخطاب السدوسي البصري الضرير الأكمه".

- هو قتادة بن دعامة بن قتادة بن عزيز حافظ العصر، قدوة المفسرـين والمحدثين أبو الخطاب السدوسي البصري الضرير الأكمه،

- مولده في سنة ستين. قال يحيى بن معين : ولـد قتادة سـنة سـتين، وكـان مـن سدوس. قال الإمام أحمد : مولد قتادة والأعمش واحد.

- قال معمر : وسمعت قتادة يقول : ما في القرآن آية إلا وقد سمعت فيها شـيئا، وعنه قال : ما سمعت شيئا إلا وحفظته.

- قيل للزهري : أقتادة أعلم عندكم أو مكحول ؟.قال : لا بل قتادة، ما كـان عنـد مكحول إلا شيء يسير.

- قال محمد بن سيرين : قتادة أحفظ الناس،

- قال بكر المزني، قال من سره أن ينظر إلى أحفظ من أدركنا، فلينظر إلى قتادة

- قال قتادة لسعيد بن المسيب : يا أبا النضر : خذ المصحف، قال : فأعرض عليـه سورة البقرة فلم يخط فيها حرفا قال : فقال : يـا أبـا النضـر ـ أحكمـت ؟ قال : نعم، قال : لأنا لصحيفة جابر بـن عبـد الله أحفظ منـي لسـورة البقرة، قـال : وكانت قُرِئتْ عليه الصحيفة التي يرويها سليمان اليشكري عن جابر. وبـه قال معمر.

- قال قتادة : جالست الحسن اثنتي عشرة سنة أصلي معه الصبح ثلاث سنين. قال : ومثلي يأخذ عن مثله. قال وكيع : قال شعبة : كان قتادة يغضب إذا وقفته على الإسناد، قال : فحدثته يوما بحديث أعجبه، فقال : من حدثك ؟ قلت : فلان عن فلان قال : فكان يعده.

- قال أبو هلال : سألت قتادة عن مسألة، فقال : لا أدري، فقلت : قل فيها برأيك، قال : ما قلت برأي منذ أربعين سنة، وكان يومئذ له نحو من خمسين سنة. قلت : فدل على أنه ما قال في العلم شيئا برأيه.قال أبو عوانة : سمعت قتادة يقول : ما أفتيت برأي منذ ثلاثين سنة

- قال ابن عيينة : قالوا : كان معمر يقول : لم أر في هؤلاء أفقه من الزهري وقتادة وحماد.

- قال أبو هلال : قالوا لقتادة : نكتب ما نسمع منك ؟ قال : وما يمنعك أن تكتب، وقد أخبرك اللطيف الخبير أنه يكتب، فقال : عِلْمُهَا عِنْدَ رَبِّي فِي كِتَابٍ وسمعته يقول : الحفظ في الصغر كالنقش في الحجر.

- قال سلام بن أبي مطيع : كان قتادة يختم القرآن في سبع، وإذا جاء رمضان ختم في كل ثلاث، فإذا جاء العشر ختم كل ليلة.

- وقال سلام بن مسكين، عن عمران بن عبد الله، قال سعيد بن المسيب لقتادة : ما كنت أظن أن الله خلق مثلك.

- قال أحمد بن حنبل : كان قتادة عالما بالتفسير، وباختلاف العلماء، ثم وصفه بالفقه والحفظ، وأطنب في ذكره، وعن سفيان الثوري، قال : وهل كان في الدنيا مثل قتادة.

- وقال الإمام أحمد : كان قتادة أحفظ أهل البصرة لا يسمع شيئا إلا حفظه، قرئ عليه صحيفة جابر مرة واحدة فحفظها.
- مات سنة سبع عشرة ومائة بواسط

كلود مونيه

الاعاقة : العمى

"ضعف بصره تماما في العقد الأخير من حياته بسبب المياه الزرقاء، لكن المدهش انه واصل الرسم، وقدم وهو شبه أعمى أروع لوحاته التي بيعت بأرقام قياسية بعد سنوات طويلة من رحيله".

- هوالفنان التشكيلي الفرنسي المشهور كلود رينيه.

- ولد في نوفمبر 1840 في باريس.

- 1845 انتقلت عائلته لتعيش في لوهافر Le Havre حيث اشتهر مونيه الصغير بالكاريكاتيرات التي يحب رسمها.

- 1856 التقى مونيه بالفنان ايوجين بودان Eugène Boudin والذي لعب دوراً مهماً في تطوير اسلوب مونيه. بودان شجعهُ على الرسم في الهواء الطلق.

- 1859 ترك لوهافر وذهب إلى باريس حيث يلتحق بالأكاديمية السويسرية 'Académie Suisse'، والمرجح أنه التقى بيكاسو Pissaro هناك.
- في عام 1860 التحق بالجيش إلى الجزائر، ومن هناك كتب يصف وقع الألوان الشديدة المتوهجة في هذه البلاد الشرقية على نفسه.
- اصيب بحمى التيفود، فغادر الجزائر راجعا إلى باريس ليواصل تعلمه للفن، وهناك توطدت علاقته مع بعض الفنانين الشباب أمثال رينوار.
- 1862 انضم مونيه إلى مرسم شارلز جلير Charles Gleyre وهو رسام سويسري يعيش في باريس. المرسم وفيهِ التقى مونيه بكل من: بازيل Bazille، رونوار Renoir، ليبك Lepic،
- 1863 يكتشف مونيه لوحات مانيه Manet المعروضة في مارتينيه Martinet ويبدأ في الرسم خارج المرسم مع بازيل في غابات فونتاين بلو Fontainebleau.
- 1864 يذهب مونيه لزيارة بودان في هونفليور Honfleur ويجدُ نفسه في مزرعة سانت سيمون St-Siméon حيث يلاقي بازيل وجونكيند Jongkind ويجتمع بمعجبه الأول جودبيرت
- 1865 يرسم لوحة (الغداء تحت الأشجار) " Le Déjeuner sur l'herbe " وكان "الموديل" للوحة كاميل دونسيو Camille Doncieux - زوجته في المستقبل - وبازيل. عدل في اللوحة بعدها اتباعاً لنصائح كوربيه Courbet ولكنه لم يرض عن اللوحة ويرفض عرضها في "الصالون" Salon.

- 1867 يولدُ ابنه الأول جـين Jean في بـاريس بيـنما هـو في سـانت أدريـس Sainte-Adresse. وينقطع عن الرسم لاعتلال بصره.

- قال ذات يوم لصديقه الرسام الفرنسي (أوجست رينوار) " أنني أطـارد وأصـارع الشمس ويالها من شمس فالمرء يحتاج الى الذهب والأحجار الكريمة لرسمها ".

- عام 1874 خرج مع أصدقائه للرسم عن الطبيعة في غابة فونتينيلو.

- عندما نشبت الحرب الفرنسية الروسية سافر مونيه إلى إنجلترا هاربا مـن هـذه الحرب، وهناك عكف على رسم المنـاظر الطبيعيـة في حـدائق لنـدن.وفي العـام نفسه (1874) رفضت أعمال مونيه ورينوار وغيرهم من الفنانين مما حدا بهـم لإقامة معرض مستقل لهم سـمى صـالون المرفوضـات وقد كـان لهـذا المعـرض فضلا كبيرا في دخول الرسم والتصوير إلى مرحله جديده وهي مرحله الحداثة

- تنقل (كلودمونيه) بين قرية بورديجيرا الايطالية.. والريفيرا الفرنسية.. وقنوات فينسيا.. ليرسم ضوء الشمس مع الصخر والبحر والسماء والأشجار.. من لوحاته الزيتية الشهيرة (كاتدرائية روان) و(شاطىء افال عندغروب الشمس).. أستهوته اشجار النخيل.. فقال : " ستقودني أشجار النخيل الملعونة هذه الى الجحيم". فرسم لوحة (شجرة نخل في بوردريجيرا) عام1884.

- أتجه للجنوب وعواطفه مشتعلة من تقلبات الطقس والأرهاق..فعمل في ثمان لوحات.. يوميا..حتى عاد الى وطنه ومعه 38 لوحة من رحلاته الثلاث.. مشكلا رؤيته بتنويعات لونية انطباعية من سيولة

الضوء على سطح اللوحة. كان يلتقط المشهد بصبر وعندما يتغير الضوء بانزلاقاته التحولية.. ينتقل لموقع آخر ليقتنص مشهد آخر.

- في 1908 أجر مونيه قارب جندول وطالب صاحب القارب أن يرسى جندوله في نفس الوقت وفي نفس المكان كل يوم ليصور قصر ـ دوج في فينيسيا.. فكانت ضربات الريشة برشاقتها ومهارتها تطبع واجهة القصر بتماثل رائع.. يبرز تموج الضوء على سطح الماء المتعرج بسماء غائمة تفر من رمادية اللون.

- حاول ـ كلود مونيه ـ أن يكرس نفسهُ كلياً لتسجيل الظواهر المرئيه وأكتشف بأن حالةُ العاطفيه كانت تتأثر بألاشياء التي يراها من حوله وهذه بدورها تحاول أن التأثير في ترجمة أعمالهُ الفنيه.... وبذلك نلاحظ. وأنه حاول أكتشاف طريقه جديده في التعبير عن ماهية تلك الظواهر والقوى الكامنة ورءها.

- ضعف بصره تماما في العقد الأخير من حياته بسبب المياه الزرقاء، لكن المدهش انه واصل الرسم، وقدم وهو شبه أعمى أروع لوحاته التي بيعت بأرقام قياسية بعد سنوات طويلة من رحيله.

- من أهم أعماله:نساء في حديقة ((Femmes au jardin))، الفطور (le Déjeuner)، متحف أورسي، باريس، مستنقع الضفادع ((la Grenouillère، - متحف ميتروبوليتن، نيويورك، مجموعة من الصور عن "محطة سان لازار" (Gare Saint-Lazare)، مناظر

طبيعية من أرجونتويْ و فيتويْ (paysages d'Argenteuil et de Vétheuil)،
انطباع شروق الشمس.

- مات بمرض الرئة 1926. وكان في سن السادسة والثمانين..

الشاعر الكميت بن زيد
الاعاقة :الصمم

"كان شاعر الهاشميين وكان اصما و لكنه برع بالشعر حتى قيل فيه (لولا شعر الكميت لما كان للغة ترجمان، ولا للبيان لسان)".

- هو الشاعر المشهور الكميت بن زيد الأسدي (60 هـ-126 هـ).
- شاعر عربي من شعراء العصر الأموي، سكن الكوفة واشتهر بالتشيع وقصائده في ذلك المسماة بالهاشميات.
- ولد الكميت في سنة (60 هـ).
- قيل إنه كان ذكياً حاضر الجواب منذ صغره، كاتباً حسن الخط، خطيبا، فقيهاً متضلعاً بالفقه، فارساً، شجاعاً، سخياً، حافظاً للقرآن.
- وهو أول من ناظر في التشيع مجاهراً بذلك، ومما قال:

فَإِن هِيَ لَم تصلحْ لحيٍّ سِوَاهُمُ فإنَّ ذَوِي القُربى أحقُّ وأوجَبُ
يقولون لَم يُورثْ وَلَوْلا تُراثهُ لَقَد شركت فِيهَا بكيلٌ وأرحَبُ

- قال محمد العيساوي الجمحي : الكميت أول من أدخل الجدل المنطقي في الشعر العربي فهو مجدد بكل ما تحمل هذه الكلمة من معنى، وشعره ليس عاطفياً كبقية الشعراء، بل إن شعره شعر مذهبي، ذهني عقلي.فهو شاعر يناضل عن فكرة عقائدية معينة، وعن مبدأ واضح، ومنهج صحيح، ودعوته هذه قد آمن بها، وكرَّس لها حياته وجهده، وتحمل في سبيلها الأذى ومات بسببها.

- كان أصما ولكنه برع في الشعر حتى عد من فحول الشعر الأموي.
- وقال أبو الفرج : شاعر، مقدَّم، عالم بلغات العرب، خبير بأيامها، من شعراء مضر وألسنتها المتعصبين، ومن العلماء بالمثالب والأيام المفاخرين بها، كان في أيام بني أمية، ولم يدرك العباسية، وكان معروفاً بالتشيع لبني هاشم، مشهوراً بذلك [الغدير 2 / 286].
قال الفرزدق له : أنت والله أشعر من مضى وأشعر من بقي.
- وسُئل معاذ الهرَّاء : من أشعر الناس ؟ قال : أمن الجاهليين أم من الإسلاميين ؟قالوا : بل من الجاهليين، قال : امرؤ القيس، وزهير، وعبيد بن الأبرص.قالوا : فمن الإسلاميين ؟ قال : الفرزدق، وجرير، والأخطل، والراعي.قال : فقيل له : يا أبا محمد ما رأيناك ذكرت الكميت فيمن ذكرت ؟ قال : ذاك أشعر الأولين والآخرين.
- قتل في الكوفة في خلافة مروان بن محمد سنة (126 هـ)، وكان السبب في ذلك أنه مدح يوسف بن عمر، بعد عزل خالد القسري عن العراق في قصيدة قال فيها :
- خَرجتَ لهم تُمسِي البراحَ وَلَم تَكُن كَمَن حِصنُهُ فيه الرتاجُ المضَّببُ وَمَا خَالدٌ يَستَطِعمُ المَاءَ فَاغِراً بِعَدلِكَ والدَّاعِي إِلَى المَوتِ يَنعبُ
- وكان الجند على رأس يوسف متعصبين لخالد، فوضعوا نعال سيوفهم في بطن الكميت، فَوْجِؤوهُ بها، وقالوا : أتنشد الأمير ولم تستأمره ؟ فلم يزل ينزف الدم حتى مات. عام 126 هجري

- روي عن المستهل بن الكميت أنه قال : حضرت أبي عند الموت وهو يجود بنفسه، ثم أفاق ففتح عينه ثم قال : (اللهم آل محمد، اللهم آل محمد، اللهم آل محمد)، ثلاثاً.
- وروي أيضاً أنه قال لولده المستهل : إذا متُّ فامضِ بي إلى موضع يقال (مكران)، فادفنّي فيه، فدفن الكميت في ذلك الموضع، وكان أوَّل من دفن فيه، وهي مقبرة بني أسد.

ماجلان:

الاعاقة: العرج

"كان أعرجا عرجا شديدا دائما، ورغم هذا قام بعدة رحلات بحرية مهمه منها تلك الرحلة التي أكتشف فيها كروية الارض، وقد وصل إلى أقصى- جنوب قارة أمريكا الجنوبيه وعبر المحيط الهادي وسماه بهذا الاسم".

- هوالمستكشف البحار البرتغالي فرديناند ماجلان (ولد عام 1480).
- كان أعرجا عرجا شديدا دائما.
- هو الذي أبحر تحت أعلام كلتا الدولتين البرتغال (1505-1512 م) وإسبانيا (1519-1521 م).
- وهو أول من دار حول الكرة الأرضية.
- أبحر ماجلان من إسبانيا حول أميركا الجنوبية مكتشفاً "مضيق ماجلان" الذي عرف باسمه وعبر المحيط الهادى.

- كان عضواً في البحرية البرتغالية، وخدم في جزر الهند الشرقية، ثم مراكش (المغرب) وأصيب في إحدى المعارك بجراح أدت إلى إصابته بالعرج، فعاد إلى بلاده.

- عرض على ملك إسبانيا جورج الخامس القيام برحلة إلى جزر مولوكاس المعروفة بجزر التوابل التابعة لإندونيسيا الآن، وكانت الطريقة المعهودة العبور من خلال أفريقيا جنوبا ثم الإبحار شرقا، غير أن خطته للعبور كانت باتجاه معاكس.

- في 3 مارس عام 1521 م اكتشف البحار فرديناد ماجلان جزيرة جوام في المحيط الهادي في إطار رحلة ماجلان حول العالم التي انتهت به في الفلبين وعندما وصلت سفن ماجلان إلى شاطئ جزيرة جوام خرج أبناء قبيلة كاموروس التي كانت تسكن هذه الجزيرة للترحيب بهم.وربما لم يكن سكان هذه الجزيرة قد رأوا أي أوروبيين في ذلك الوقت ولكنهم كانوا قد اعتادوا ممارسة التجارة مع الآخرين القادمين من المناطق البعيدة بما في ذلك العرب الذين كانوا من أوائل من شقوا طرق التجارة البحرية مع سكان جنوب شرق آسيا والمحيط الهادي وشبه القارة الهندية لذلك لم يشعروا بالقلق من نزول رجال ذوي بشرة بيضاء على جزيرتهم.وقد سارع سكان الجزيرة بمقابلة سفن ماجلان قبل أن تصل إلى الشاطئ في قوارب صغيرة محملة بالطعام والغذاء. وكان سكان الجزيرة ينتظرون أن يرد لهم الأوروبيون الجميل بأجمل منه ولكن خاب ظنهم. فلم تمر سوى سنوات قليلة حتى تدفقت السفن الأوروبية المحملة بالتجار ومعهم المسلحون الذين فرضوا سيطرتهم

على تلك المناطق لتبدأ مرحلة من أطول مراحل الاستعمار في التاريخ.وقد بدأ الإسبان المسيرة الاستعمارية في جزيرة جوام حيث استمرت سيطرة إسبانيا على هذه الجزيرة أكثر من أربعمائة عام. وبعد الإسبان جاء الأمريكيون ليحتلوا جزيرة جوام بعد نجاحهم في هزيمة الإسبان في الحرب الأمريكية الإسبانية عام 1898 م التي انتهت باستيلاء الأمريكيين على أغلب المستعمرات الإسبانية في جنوب شرق آسيا مثل جوام والفلبين. وعندما بدأت الحرب العالمية الثانية استولى اليابانيون على جزيرة جوام عام 1941 م قبل أن يتمكن الأمريكيون من استعادتها مرة أخرى في أواخر الحرب. عمل ماجلان لدى الملك الأسباني علما بأنه برتغالي الأصل. ونفذ أكبر مشروع جغرافي ظهر في العالم، ألا وهو الطواف حول العالم في رحلة بحرية متصلة و في أتجاه واحد. كما حارب الإسلام و المسلمين في الفلبين، و قام بقتل أهلها ليحولهم من الإسلام إلى المسيحية.

* أنطلق من اشبيلية عام 1519 إلى المحيط الأطلسي فقطع مضيق ماجلان ثم عبر المحيط الهادئ. وصل إلى جزر الفلبين ثم قتل فيها سنة 1521 على يد القائد لابولابو في معركةماكاتان.(وتفصيل ذلك : أن ماجلان طلب التسليم من القائد المسلم (لابو لابو) فرفض ذلك وحرض عليه المسلمين من الجزر الأخرى، فما كان من ماجلان المعتد بما لديه من أسلحة ومعدات، إلا أن يفرح بتلك الفرصة التي تهيأت له ؛ ليستعرض ما لديه من أسلحة وقنابل على أولئك المسلمين، حتى يرهب بقية الأمراء والسلاطين. فذهب مع فرقةٍ من جنوده مزودين بأسلحتهم لقتال (لابو لابو) وتأديبه، وطلب ماجلان منه قائلاً (إنني

باسم المسيح أطلب إليك التسليم، ونحن العرق الأبيض أصحاب الحضارة أولى منكم بحكم هذه البلاد)، فأجابه السلطان (لابو لابو) : (إن الدين كله لله، وإن الإله الذي أعبده هو إله جميع البشر على اختلاف ألوانهم). ثم هجم على ماجلان وقتله بيده، وشتت شمل فرقته، ورفض تسليم جثته للاسبان، ولا يزال قبره هناك في جزيرة سيبو شاهداً على ذلك) انتهى من مذكرة الكشوف الجغرافية -دوافعها - حقيقتها لمحمود شاكر)وتولى متابعة الرحله عنه مساعده "سباستيان دل كانو" الذي عاد عبر المحيط الهندي ومن ثم رأس الرجاء الصالح و وصل إلى اسبانيا عام 1522.

ودامت رحلته 3 أعوام.

قصة البطل الفلبيني المسلم الذي قتل ماجلان؟!!!

عرف العرب والمسلمون منذ القدم جزر الفلبين وأطلقوا عليها اسم جزر المهراج كما جاء في كتاب مروج الذهب للمسعودي تم انتشر فيها الإسلام على يد التجار العرب والدعاة القادمين من الصين وسومطرة وكان ذلك في عام 1380 م.

وقبل مجيء الأسبان كان الإسلام قد وصل إلى حدود مانيلا ونظرا لأن الفلبين تتألف من أكثر من 7000 جزيرة فقد أسلم بعضها والبعض الآخر لم يصله نور الإسلام..

في عام 1521 م وصل الأسبان بقيادة فرديناند ماجلان للفلبين وأقام علاقة مع حاكم جزيرة سيبو وتم عقد اتفاق يقضي بأن يوليه ملك الجزر المجاورة تحت التاج الأسباني مقابل أن يساعده على تنصير الشعب الفلبيني وانتقل الأسبان إلى جزيرة صغيرة بالقرب منها على بعد كيلومترات تدعى جزيرة ماكتان عليها سلطان مسلم يدعى لابو لابو.

علم الأسبان بإسلام حاكم الجزيرة فطاردوا نساءها وسطوا على طعام أهلها فقاومهم الأهالي فأضرم الأسبان في أكواخ السكان النار وفروا هاربين..رفض لابو لابو الخضوع لماجلان وحرض سكان الجزر المجاورة عليه، ورأى ماجلان الفرصة مناسبة لإظهار قوته وأسلحته الحديثة فذهب مع بعض جنوده لتأديبه..

طلب ماجلان من لابو لابو التسليم قائلا: (إنني باسم المسيح أطلب إليك التسليم ونحن العرق الأبيض أصحاب الحضارة أولى منكم بحكم هذه البلاد)..فأجابه لابو لابو: (إن الدين لله وإن الإله الذي نعبده هو إله جميع البشر على اختلاف ألوانهم..

تعالوا معي نشاهد المشهد الأخير في حياه هذا الرحالة :

"عندما كانت الشمس في منتصف السماء..كانت سفن ماجلان تقترب من سواحل إحدى جزر المسلمين في الفلبين.. وكان ذلك أحد أيام عام 1521م..أعلن سكان الجزيرة تصميمهم على الوقوف في وجه الغزاة.. وتجمعوا تحت قياده زعيمهم الشاب "لابو لابو"واستعدوا للمواجه المرتقبة...في حين توقفت سفن ماجلان غير بعيده عن الشاطئ..أنزلت القوارب الصغيرة وعليها الرجال

المدججون بالسلاح والخوذ والتروس والدروع...في حين وقف اهالى الجزيرة ومعهم سهام مصنوعة من البامبو المنتشر في الجزيرة وبعض الرماح والسيوف القصيرة القديمة..

وتقدم جنود ماجلان متدافعين.. ونزلوا من قواربهم الصغيرة عندما اقتربوا من الشاطئ..والتقى الجمعان..

وانقض جنود ماجلان ليمزقوا الأجساد نصف العارية بسيوفهم الحادة ويضربوا الرؤوس بالتروس ومقاليع الحديد،ولم يهتموا بسهام البامبو المدببه وهى تنهال عليهم من كل صوب،فقد كانوا يصدونها ساخرين بالخوذ والدروع..وتلاحمت الرماح والسيوف..وكان لابد من لقاء المواجهة..اللقاء الشرس والفاصل..بين لابو لابو وماجلان..

بدأت المواجهة بحذر شديد..والتفاف كلاً حول الأخر ثم فجأه انقض ماجلان بسيفه-وهو يحمى صدره بدرعه الثقيل-على الفتى المسلم عاري الصدر(لابو لابو)ووجه إليه ضربه صاعقه،فانحرف الفتى بسرعة وتفادى الضربة بينما الرمح في يده يتجه في حركه خاطفه إلى عنق ماجلان..

لم تكن الاصابه قاتله،ولكن انبثاق الدم كان كافياً لتصطك ساقا القائد المغمورتان في الماء وهو يتراجع إلى الخلف وينقض بالترس الحديد على رأس الزعيم الشاب..وللمرة الثانية يتفادى لابو لابو ضربه ماجلان..في نفس اللحظة ينقض بكل قوه بسيفه القصير فيشق رأس ماجلان..الذي سقط مضرجاً بدمائه..بينما ارتفعت صيحات الصيادين..لابو..لابو..

وكان سقوط القائد الرحالة ماجلان كفيلاً بهز كيان من بقى حياً من رجاله..فأسرعوا يتراجعون عائدين إلى سفن الأسطول الذي لم يكن أمامه إلا أن

يبتعد هارباً..تاركاً خلفه جثه قائده ماجلان.ورفض تسليم جثته للأسبان ولا يزال قبره
شاهدا على ذلك هناك حتى الآن..

مارلي ماتلين

الاعاقة : الصمم

"كل من يرغب في الحصول على إثبات لما يستطيع شخص أصم أن يحققه في عالم يسمع، لا يحتاج لأن يذهب في بحثه إلى أبعد من الممثلة الناجحة الجميلة مارلي ماتلين. تقول مارلي إن "الشيء الوحيد الذي لا أستطيع أن أفعله هو السمع". وهو قول يلخص كل موقفها من الحياة".

- هي الممثلة الأميركية مارلي ماتلين.

- فقدت السمع وعمرها عام ونصف العام، لكن الإعاقة لم تقف حائلا بينها وبين النجاح في الحياة. بدأت التمثيل في المسرح وعمرها 7 سنوات، وقدمت أول فيلم لها عام 1986 وحصلت على جائزة الأوسكار لتكون أول معاقة وأصغر امرأة تفوز بهذه الجائزة العريقة.

- ماتلين متحدثة باسم الصليب الأحمر الأميركي، وتم تكريمها في أكثر من بلد لتحديها الإعاقة ومنحت الدكتوراه الفخرية، وهي زوجة وأم

ناجحة ومؤلفة أيضا حيث تكتب قصصا للأطفال. وتلخص تأثير الإعاقة عليها قائلة: الشيء الوحيد الذي لا استطيع القيام به هو السمع.

- في سن 21 أصبحت أصغر فائزة بجائزة الأكاديمية عن أفضل ممثلة لـدورها كامرأة شابة تخشى مغادرة تخوم مدرسة للصم في فيلم "أبناء إله أدنى مرتبة".

- انتقلت بعد ذلك لتمثيل دور البطولة في 14 فيلماً آخر، وفازت بأربع جوائز إيمي عن أعمالها في التلفزيون. ومؤخراً، ظهرت في سبعة مواسم تلفزيونية تمثل دور مستشارة في البيت الأبيض في الدراما السياسية الشعبية "الجناح الغربي".

- كتبت عدة قصص للأطفال حول الأطفال الصم.

- في عام 1990، كان دورها مؤثراً في إقناع الكونغرس بإصدار قانون ينص على تزويد كافة أجهزة التلفزيون المصنوعة في الولايات المتحدة بمربعات في أسفل الشاشة لكتابة الحوار الدائر على الشاشة، من أجل مساعدة المشاهدين الصمع على متابعة ما يشاهدون.

- تقول ماتلين، وهي زوجة ضابط شرطة وأم لأربعة أطفال: إنها تمارس في الحياة الواقعية أدوارا متعددة من بينها أنها "قائدة في فرق الكشافة للفتيات، وطباخة، وسائقة، ووسيطة للفصل في المنازعات، وتنظيم خزائن الملابس، وادعي البراعة العظيمة في الرياضيات."

- تنسب ماتلين الفضل إلى والديها اللذين شجعاها على العمل بصورة مستقلة. والآن تقول: "أعمل في كل يوم لمساعدة الناس على الفهم،

كما علمني ذلك والدي، بأن الأشخاص الصم لا يستحقون الاحترام فقط بل ويستحقون أيضاً أن نستمع إليهم."

مصطفى صادق الرفاعي
الاعاقة : الصمم

"كان صوت ابنته "وهيبة" آخر صوت للطفولة سمعه الرافعي في حياتـه، فقـد أصـابه الصمم بعد ذلك، وظلَّ صوت "وهيبة" يرن في أذنه كلما نظر إلى طفلٍ أمامه"

- هو الاديب المشهور مصطفى صادق بن عبد الرزاق بـن سـعيد بـن أحمـد بـن عبد القادر الرافعي.
- ولد في يناير سنة 1880
- دخل الرافعى المدرسة الابتدائية ونال شهادتها
- اصيب بمرض يقال انه التيفود اقعده عـدة شـهور في سريـره وخـرج مـن هـذا المرض مصابا في اذنيه وظل المرض يزيـد عليـه عاما بعـد عـام حتـى وصـل إلى الثلاثين من عمره وقد فقد سمعه بصورة نهائية.
- لم يحصل الرافعى في تعليمه النظامى على أكثر من الشهادة الابتدائية.

- اضطره المرض إلى ترك التعليم الرسمي، واستعاض عنه بمكتبة أبيه الزاخرة، إذ عكف عليها حتى استوعبها وأحاط بما فيها. عمل في عام 1899 ككاتب محكمة في محكمة طخا، ثم انتقل إلى محكمة طنطا الشرعية، ثم إلى المحكمة الأهلية، وبقي فيها وفاته.
- انصرف عن الشعر إلى الكتابة النثرية وعندما نتوقف اما ظاهرة انصرافه عن الشعر نجد انه كان على حق في هذا الموقف فرغم ما انجزه في هذا الميدان الادبي من نجاح ورغم انه استطاع ان يلفت الانظار إلا انه في الواقع لم يكن يستطيع ان يتجاوز المكانة التي وصل إليها الشعراء الكبار في عصره و خاصة احمد شوقي وحافظ إبراهيم فقد أعطى هذا الشعران االتعبير عن مشاعر الناس وهمومهم في هذا الجيل.
- لعل الرافعى هو من اطلق أول صرخة اعتراض على الشعر العربى التقليدى في ادبنا فقد كان يقول: "ان في الشعر العربى قيودا لا تتيح له ان ينظم بالشعر كل ما يريد ان يعبر به عن نفسه" وهذه القيود بالفعل هي الوزن والقافية.كانت وقفة الرافعى ضد قيود الشعر التقليدية اخطر وأول وقفة عرفها الادب العربى في تاريخه الطويل واهمية هذه الوقفة انها كانت حوالي سنة 1910 أى في اوائل هذا القرن وقبل ظهور معظم الدعوات الادبية الأخرى التي دعت إلى تحرير الشعر العربى جزئيا أو كليا من الوزن والقافية.
- - الميدان الأول الذى انتقل إليه الرافعى الذى كان مقيدا بالوزن والقافية هو ميدان النثر الشعرى الحر في التعبير عن عواطفه العتيقة

التي كانت تملأ قلبه ولا يتعداها إلى تصرفات تخرج به عـن حـدود الالتـزام الاخلاقى والدينى كما كان يتصوره.

• ا الميدان الثاني الذى خرج إليه الرافعى فهو ميدان الدراسات الادبية وأهمها كان كتابه عن "تاريخ اداب اللغة العربية" وهو كتاب بالغ القيمة ولعله كان أول كتاب في موضوعه يظهر في العصر الحديث لانه ظهر في اوائل القرن العشرين وبالتحديد سنة 1911. ثم كتب الرافعى بعد ذلك كتابه المشهور "تحت راية القرآن" وفيه يتحدث عن اعجاز القرآن. و يرد على آراء الدكتور طه حسين في كتابه المعروف بإسم "الشعر الجاهلى".

• - الميدان الاخير الذى تجلت فيه عبقرية الرافعى ووصل فيه إلى مكانته العالية في الادب العربى المعاصر والقديم وهو مجال المقال والذى اخلص له الرافعى في الجزء الاخير من حياته وأبدع فيه ابداعا عجيبا وهـذه المقـالات التـي جمعهـا الرافعى في كتابه "وحى القلم".

من اشهر مؤلفاته:

1- تــاريخ آداب العــرب (ثلاثــة أجــزاء)، صــدرت طبعتــه الأولى في جــزأين عــام 1329هـ1911م.

2- وصدر الجزء الثالث بعد وفاته بتحقيق محمد سعيد العريان وذلك عـام 1359هـ الموافق لعام 1940م.

3- إعجاز القرآن والبلاغة النبوية (وهو الجزء الثاني من كتابه تاريخ آداب العرب)، وقد صدرت طبعته الأولى باسم إعجاز القرآن والبلاغة النبوية عام 1928م.

4- المساكين، صدرت طبعته الأولى عام 1917م.

5- السحاب الأحمر.

6- حديث القمر.

7- رسائل الرافعي، وهي مجموعة رسائل خاصة كان يبعث بها إلى محمود أبي رية، وقد اشتملت على كثير من آرائه في الأدب والسياسة ورجالهما.

8- تحت راية القرآن، مقالات الأدب العربي في الجامعة، والـرد علـى كتـاب في الشعر الجاهلي لطه حسين.

9- على السفود، وهو رد على عباس محمود العقاد.

10- وحي القلم، (ثلاثة أجزاء) وهو مجموعة فصول ومقالات وقصص كتب المؤلف أكثره لمجلة الرسالة بين عامي 1934- 1937م.

11- أوراق الورد.

12- رسائل الأحزان.

13- ديوان الرافعي (ثلاثة أجزاء) صدرت طبعته الأولى عام 1900م.

14- ديوان النظرات (شعر) صدرت طبعته الأولى عام 1908م.

15- يذكر انه الف النشيد الرسمي التونسي الذي لا يزال معمولا به إلى يومنا هـذا وهـو النشيد المعروف بحماة الحمى.

- في يوم الاثنين العاشر من مايو لعام 1937 استيقظ لصلاة الفجر، ثم جلس يتلـو القرآن، فشعر بحرقة في معدته، تنـاول لهـا دواء، ثـم عـاد إلى مصـلاه، ومضـت ساعة، ثم نهض وسار، فلما كان بـالبهو سـقط عـلى الأرض، ولمـا هـب لـه أهـل الدار، وجدوه قد فاضت روحه الطيبـة إلى بارئهـا، وحمـل جثمانـه ودفـن بعـد صلاة الظهر إلى جوار أبويه في مقبرة العائلـة في طنطـا. مـات مصـطفى صـادق الرافعي عن عمر يناهز 57 عاماً.

المغيرة بن شعبة الثقفي
الاعاقة : العور

"استأذن المغيرة بن شعبة على هند بنت النعمان بن المنذر وهي في دير لها عمياء مترهبة، فقيل لها : أمير هذه المدينة بالباب. فقالت : قولوا له : أمن ولد جبلة بن الايهم أنت ؟ قال : لا. قالت : أفمن ولد المنذر بن ماء السماء ؟ قال: لا. قالت : فمن أنت ؟ قال : المغيرة بن شعبة الثقفي. قالت : فما حاجتك ؟ قال : جئتك خاطباً. قالت : لو كنت جئتني لجمال أو مال لأجبتك، ولكنك أردت أن تتشرف بي في محافل العرب فتقول : نكحت ابنة النعمان بن المنذر، وإلا فأي خير في اجتماع أعور وعمياء ".

- هو المغيرة بن شعبة بن أبي عامر بن مسعود الثقفي. أبو عيسى، ويقال: أبو عبد الله. من دهاة العرب وذوي آرائها.
- ولد في ثقيف بالطائف، وبها نشأ، وكان كثير الأسفار.
- أسلم عام الخندق بعدما قتل ثلاثة عشر رجلاً من بني مالك وفدوا معه على المقوقس في مصر، وأخذ أموالهم، فغرم دياتهم عمه عروة بن مسعود.
- وأقام المغيرة عند النبي صلى الله عليه وسلم وخرج معه في الحديبية، فبعثت قريش عروة بن مسعود إلى رسول الله صلى الله عليه وسلم ليفاوضه في الصلح وجعل يمس لحيته، والمغيرة قائم على رأس رسول الله صلى الله عليه وسلم مقنع في الحديد، فقال لعروة: كُفَّ يدك قبل ألا ترجع إليك فقال: من ذا يا محمد؟ ما أفظه وأغلظه،

قال: ابن أخيك المغيرة، فقال : يا غدر والله ما غسلت عني سوءتك إلا بالأمس.

- شهد المغيرة بيعة الرضوان والمشاهد بعدها، ولما قدم وفد ثقيف أنـزلهم النبـي صلى الله عليه وسلم عنده، فأحسن ضيافتهم.
- وبعثه عليه الصلاة والسلام مع أبي سفيان بن حـرب بعـد إسلام أهـل الطـائف فهدما اللات.
- لما دفن النبي صلى الله عليه وسلم وخرج علي من القبر الشريـف ألقـى المغـيرة خاتمه وقال: يا أبا الحسن خاتمي، قال: انزل فخذه قال المغيرة: فمسـحت يـدي على الكفن فكنت آخر الناس عهداً برسول الله صلى الله عليه وسلم.
- وحين تولى الصديق الخلافة أرسله إلى أهل النُجَير. ((حصـن منيـع بـاليمن لجـأ إليه أهل الردة مع الأشعث بن قيس)).
- شهد اليمامة وفتوح الشام وفقئت عينه باليرموك،
- كان احد رسل سعد بن أبي وقاص إلى رستم في القادسية.
- استعمله عمر على البحرين فنفر منه أهلها فعزله عمر، ثـم خـافوا أن يعيـده إليهم، فجمعوا مائة ألف وأرسلوها مع دهقانهم إلى عمر فقال لـه: إن المغـيرة اختان هذا من مال الله (أي اختلسه) وأودعه عندي، فدعا عمر المغـيرة فسـأله فقال: كذب ـ أصلحك الله ـ إنها كانت مائتي ألف. قال: ما حملك عـلى ذلـك ؟ قال: العيال والحاجة. فقال عمر للدهقان: ما تقول؟ قال: لا والله لأصـدقنك مـا دفع إلي قليلاً ولا كثيراً، فقال عمر للمغيرة: ما أردت إلى هذا؟ قـال: كـذب عـلي الخبيث فأحببت أن أخزيه.

- ولي البصرة لعمر ثلاث سنوات، فقـاد الجـيش وهـو وال عليهـا، وفتح بيسـان ودست بيسان، وأبز قباذ ولقي العجم بالمرغاب فهزمهم، وفتح سـوق الأهـواز، وغزا نهر تيرى ومغاذر الكبرى، وفتح همذان ثم شهد نهاوند، وكان على ميسرة النعمان بن مقرن، وكتب عمر وقتها: ((إن هلك النـعمان فـالأمير حذيفـة فإن هلك فالأمير المغيرة)).

- كان أول من وضع ديوان البصرة وجمع الناس ليعطَوا عليه، ثم عزل عن البصرة لتهمة لم تثبت، وولاه عمر بعدها الكوفة، فكان الرجل يقـول للآخـر: ((غضب الله عليك كما غضب أمير المؤمنين على المغيرة عزله عن البصرة وولاه الكوفة)).

- ظل والياً للكوفة حتى قتل عمر، فاستمر في عهد عثمان حيناً ثم عزله.

- اعتزل الفتنة أيام علي فلقيه عمار بن ياسر في سكك المدينة فقال له: هل لك يا مغيرة أن تدخل في هذه الدعوة فتسبق من معـك وتـدرك مـن سبقك؟ فقـال: وددت والله أني علمت ذلك، وإني والله ما رأيت عـثمان مصيباً ولا رأيت قبله صواباً فهل لك يا أبا اليقظان أن تدخل بيتك وتضع سيفك وأدخـل بيتـي حتـى تنجلي هذه الظلمة ويطلع قمرها فنمشي مبصرين؟ قـال عـمار: أعـوذ بـالله أن أعمى بعد إذ كنت بصيراً يدركني من سبقته ويعلمني من علمته. فقال المغيرة: يا أبا اليقظان إذا رأيت السيل فاجتنب جريته.

- حج بالناس سنة أربعين لما كان معتزلاً بالطائف.

- لما آل الأمر إلى معاوية بن أبي سفيان قدم عليه، فاستشاره معاوية في أن يولي عمرو بن العاص على الكوفة، وابنه عبد الله على مصر، فقال المغيرة: يا أمير المؤمنين تؤمر عمراً على الكوفة وابنه على مصر وتكون كالقاعد بين فكي الأسد، قال: ما ترى ؟ قال : أنا أكفيك الكوفة. فولي الكوفة لمعاوية إلى وفاته.

- وكان رجلاً طوالاً مهيباً، ضخم الهامة، أصيبت عينه في اليرموك وقيل: في القادسية، وقيل: بل نظر إلى الشمس وهي مكسوفة فذهب ضوء عينه.

- كان واحداً من دهاة العرب المشهورين حتى قيل له: مغيرة الرأي. حدث عنه بعض أصحابه قال: صحبت المغيرة فلو أن مدينة لها ثمانية أبواب لا يخرج من باب منها إلا بمكر لخرج من أبوابها كلها.وما غلبه أحد في الدنيا كما كان يقول إلا شاب من قبيلة بلحارث بن كعب، حين خطب المغيرة امرأة فقال له الشاب: أيها الأمير لا تنكحها فإني رأيت رجلاً يقبلها. فانصرف عنها، فتزوجها الشاب، فقال له المغيرة: ألم تقل إنك رأيت رجلاً يقبلها؟ قال: بلى رأيت أباها يقبلها وهي صغيرة.

- كان مزواجاً مطلاقاً أحصن أكثر من ثمانين امرأة، وطعن في بطنه يوم القادسية فجيء بامرأة من طيء تخيط بطنه فلما نظر إليها قال: ألك زوج؟ قالت: وما يشغلك ما أنت فيه من سؤالك إياي؟ وكان يقول: صاحب الواحدة إن زارت زار، وإن حاضت حاض، وإن نفست

نفـس، وإن اعتلـت اعتـل، وصاحب الثنتـين في حـرب هـما نـاران تشـتعلان، وصاحب الثلاث في نعيم، فإذا كن أربع كان في نعيم لا يعدله شيء.

- من أقواله: اشكر لمن أنعم عليك وأنعم على من شكرك، فإنه لا بقاء للنعمة إذا كفرت ولا زوال لها إذا شكرت، إن الشكر زيادة من النعم وأمان من الفقر.

- توفي في الكوفـة سـنة خمسـين عـن سـبعين سـنة.رضي الله عنـه وعـن الصـحابة اجمعين

لويس بريل
الاعاقة : العمى

"....وجرى أصدقاؤه يبلغونه بالأخبار الجميلة وقال لهم برايل والدموع تملأ عينيه
«لقد بكيت 3 مرات في حياتي أولها عندما فقدت بصري والثانية كانت عندما اكتشفت
طريقة حروف الكتابة وهذه هي المرة الثالثة وهذا يعني أن حياتي لم تذهب هباء»."

• في عام 1809 وفي قرية صغيرة اسمها كوبفراي على بعد حوالي 400 ميل من
باريس ولد لويس برايل وكان طفلاً ذا عينين جميلتين يحسده عليها كل من رآه
وكان على درجة عالية من الذكاء وعنده حب استطلاع كبير بالنسبة لسنه وكان
أحياناً يساعد والده في عمله بتصنيع سروج الخيل واللجام. وذات مرة بينما
كان والده منهمكاً في عمله قرر لويس أن يتعلم هو أيضاً حياكة الجلود على
طريقته فأخذ إبرة

كبيرة ومطرقة وقطعة من الجلد ووضع قطعة الجلد على الأرض وثبت عليها الإبرة وأخذ يطرق عليها بالمطرقة محاولاً إدخال الإبرة في الجلد وكان يجد مقاومة كبيرة من الجلد لدرجة أن الإبرة أفلتت من يده وللأسف جرحت عينه جرحاً عميقاً ووقع على الأرض يبكي ويصرخ من الألم وتسبب الجرح بسرعة في التهاب العصب البصري وفقد البصر بعينه اليسرى؛ ولما بلغ سن 3 سنوات أصاب الالتهاب عينه الأخرى وأصبح كفيفاً تماماً وسأل نفسه «لماذا يحدث كل ذلك لي أنا بالذات؟» وشعر بالحزن والوحدة

- مرت الأيام وأرسله والده لأخذ دروس في عزف البيانو وأصبح مولعاً بالعزف عليه وأصبح أيضاً ماهراً جداً في ذلك، ولما بلغ سن 8 سنوات أصبح مشهوراً جداً في فرنسا، وعندما بلغ العاشرة من عمره بدأ الدراسة في المعهد القومي للعميان في باريس وكان نابغاً في الموسيقى والرياضيات والعلوم والجغرافيا، وكانت طريقة تدريس القراءة في المعهد هي بلمس حروف كبيرة من المعدن كانت تقطع وتلصق على الورق، وكان الأطفال يتعلمون لمس الحروف المعدنية بالأصابع ويتعرفون على أشكالها، وفي اعتقاد لويس أن هذه الطريقة كانت غير عملية لأن طول الحروف كان يبلغ حوالي 3 بوصات بالإضافة إلى أنها كانت ثقيلة جداً مما دفعه إلى أن يقضي وقتاً طويلاً يفكر بينه وبين نفسه أنه لابد أن يكون هناك طريقة أفضل من ذلك، وحاول أن يبدأ بعمل حروف من الجلد السميك ولكن التقدم في هذا الطريق كان بطيئاً بالإضافة إلى المتاعب التي واجهته في محاولة تنفيذ ذلك.

- عندما بلغ عمر 10 سنوات، حصل بريل على منحة تعليمية إلى معهد للمكفوفين اليافعين في باريس. الأوضاع في المعهد كانت سيئة حيث لم يكن يحصل الطلاب في العادة على أكثر من الخبز والماء للطعام، وأحيانا كانت تساء معاملتهم كنوع من العقاب. بريل كان طالبا متفوقا في المعهد وخصوصا في دروس الموسيقى.
- تفتحت مواهب بريل في ميادين شتى ومن بينها الموسيقى، فأصبح عازفاً مرموقاً على آلتي الأرغن والتشيلّو.
- في عمر 14 سنة كان لويس يمضي الليالي ساهرا بينما كل اصدقائه في المدرسة الداخلية المعوقي البصر مثله يثبتون قي نوم عميق. كان لويس يعمل جاهدا في ثقب لوحة ورق المرة تلوى الأخرى. ولو مر به شخص لفكر في أن هاذا الصبي قد مسته نوع من الهوس الجنوني ولم يكن ليخطر ببال أح ان لويس برايل في ذلك الوقت كان يخترع طريقة برايل الشهيرة.
- لما بلغ العشرين من عمره تم تعيينه مدرساً في المعهد، وفي يوم من الأيام بينما كان جالساً في أحد المقاهي سمع شخصاً يقول أن واحداً من ضباط الجيش الفرنسي اكتشف طريقة للاتصال الصامت بالجنود التابعين لوحدته وكان يستعمل جلداً مدموغاً بأشكال ورموز اتفق عليها. فقفز لويس برايل من الفرحة وقال "وجدتها.. وجدتها " وخلال أسبوع قام بمقابلة الضابط الفرنسي وسأله عن الطريقة التي يستعملها فشرح له الضابط أنه من الممكن عمل علامات معينة باستخدام الضغط على قطعة من الورقة فمثلاً نقطة واحدة معناها تقدم،

ونقطتين معناها تراجع وكان النظام الذي اتبعه هذه الضابط يشتمل على استخدام 12 نقطة وقام الضابط بسؤال لويس عما إذا كان يعتقد أنه بهذه الطريقة يمكنه تكوين حروف الكتابة كاملة وكان رد لويس بالإيجاب وأنه سيكون أول ضرير في العالم يشكره بعمق.

- لم يكن ليتوقع احد ولا حتى لويس برايل نفسه أن تلك الطريقة ستغير وضع المكفوفين وسوف تفتحت باب القراءة لملايين من المعاقين ببصرهم وتكون لهم وسيلة للوصول إلى المعرفة والآداب. هذه الطريقة التي خدمت قضية الإعاقة البصرية خدمات جليلة، و تشعب عنها و بالإعتماد عليها وسائل و أدوات عديدة.

- كان يوجد في المعهد نظام كتابة مخصص للمكفوفين ابتكره مؤسس المعهد فالنتين أيوي، تطبع فيه الحروف بأشكالها العادية ولكن بحجم كبير على ورق سميك، تضغط على الورق من جهة فتبرز من الجهة الأخرى ويلمسها الكفيف بإصبعه لقراءتها. هذا النظام كان له الكثير من السلبيات إذ لم يكن نظامًا عمليًا لنشر الكتب. المعهد كان يحتوي على 14 كتاب بذلك النظام، بريل قرأها جميعها.

- في عام 1821 قام ضابط في الجيش الفرنسي للمعهد اسمه شارل باربيار بزيارة للمعهد، أبلغ خلالها لويس بريل بأنه ابتكر طريقة جديدة مشفرة للكتابة يستطيع بها الجنود التخاطب فيما بينهم في الأمور السرية بدون الحاجة للكلام، وهي بأن تبرز على ورق سميك أشكالا من النقاط أقصاها اثنتي عشرة نقطة، لكل منها دلالة كلامية.

- أظهر بريل اهتماماً بنظام الكتابة البارزة الذي كان مستخدماً في المعهد الذي تتلمذ فيه والذي يعود الفضل في اختراعه إلى المهندس العسكري تشارلز باربيير، وقد تمكن في سن الخامسة والعشرين من إنتاج أداة بسيطة سهلت على المكفوفين استخدام النظام المشار إليه. غير أنه لم يكن مقتنعاً بهذا النظام، فواصل العمل والتفكير والتجريب إلى أن تمكن في عام 1829 من تقديم أول نموذج لنظام الكتابة البارزة الذي نسب إليه فيما بعد. وفي عام 1837 نشر رسالة احتوت التفصيلات والتحسينات التي أعطت هذا النظام مزيداً من التيسير كتابة وقراءةً. وقد امتاز نظام بريل المؤلف من ست نقط بوصفه نظاماً شاملاً لكل مناحي الحياة تقريباً، إذ بوسع الكفيف استناداً إلى الصورة الأخيرة التي قدمها بريل لنظامه أن يكتب ويقرأ النوتة الموسيقية والمعادلات الرياضية والتفاعلات الكيمياوية والقوانين الفيزيائية، وهو ما لم تستطع جميع الأنظمة السابقة لنظام بريل أن تحققه.
- استخدم بريل في نظامه الجديد 6 نقاط فقط كرموز لحروف، بينما استخدم باربيار 12 نقطة كرموز لأصوات. بريل لاحقا قام بتوسيع نظام كتابته ليشمل رموز الرياضيات والموسيقى. نُشر أول كتاب بنظام كتابة بريل في عام 1829.
- أصبح بريل مدرّسا في المعهد ولكن رفض اعتماد نظام كتابته الجديد رسميًا في المعهد.
- . وفي أحد الأيام كانت إحدى تلميذاته تقوم بالعزف على البيانو في أحد أكبر مسارح باريس ولما انتهت من العزف صفق لها الحاضرون

بإعجـاب شـديد ونهـض الجميـع وقوفـاً معـبرين عـن تقـديرهم لأداء هـذه التلميذة، فاقتربت من الجمهور وقالت«لست أنا التي أستحق كل هذا التقدير ولكن الذي يستحقه هو الرجل الذي علّمني عن طريق اكتشافه الخـارق وهـو الآن يرقد في فراش المرض وحيداً منزوياً بعيـداً عـن الجميـع» فبـدأت الجرائـد والمجلات حملة قوية تساند لـويس برايـل وتؤيـد وتـدعم طريقتـه وكـان مـن نتيجة هذه الدعاية المكثفة أن اعترفـت الحكومـة الفرنسـية باكتشـافه وجـرى أصدقاؤه يبلغونه بالأخبار الجميلة.

- ووعندما بلغوه قال لهم برايل والـدموع تمـلأ عينيـه «لقـد بكيـت 3 مـرات في حياتي أولها عندما فقدت بصري والثانية كانت عندما اكتشفت طريقـة حـروف الكتابة وهذه هي المرة الثالثة وهذا يعني أن حياتي لم تذهب هباء.
- انعكس التقدم العلمي على طريقة بريل وعلى المكفـوفين بصـورة إيجابيـة. إذ تقوم حالياً أجهـزة الطباعـة الإلكترونيـة بنقـل المعلومـات الإعلاميـة المطبوعـة بالخط العادي بشكل فوري إلى نشرات مطبوعة بطريقة برايل (الفيرسـا بريـل) و (الميكرو بريل)، بل إن التقنية الحديثة قد مكنت الكفيف من قـراءة مـا هـو مكتوب على شاشة الحاسوب بصوت مسموع، بل لقد تحولـت هـذه الأصـوات المسموعة إلى حروف بارزة نتيجـة للتقـدم العلمـي في هـذا الميـدان. ومازالـت التقنيـات الإلكترونيـة الحاسـوبية تسـهم في تحسـين اتصـال المكفـوف بـالنص والرسم، والشكل.
- وفي عام 1852 توفي برايل بمرض السرطان ولم يتعدى عمره 43 عام.

- في عام 1929 أي بعد مائة عام من توصل برايل لحروف الكتابة في مرحلتها المتقدمة احتفلت فرنسا بذكراه فأقاموا له تمثالاً في قريته الأصلية وعندما أزيح الستار عن التمثال رفع المئات من المكفوفين أيديهم حتى يتمكنوا من لمس وجه الرجل الذي أنار لهم الطريق. واليوم يوجد أكثر من 20 مليون ضرير حول العالم يدينون بالشكر لهذا الرجل الذي ساعدهم على القراءة والكتابة والوصول لأعلى درجة ممكنة لهم، وكل هذا الإنجاز بدأ برجل واحد كرس حياته لمساعدة نفسه ومساعدة الآخرين وفهم تماماً قوة الصبر.

ميخائيل كوتوزوف

الاعاقة : العور

"في يوليو/تموز عام 1774 تم ايفاد كوتوزوف الى شبه جزيرة القرم ليقود كتيبة. فاصيب في احدى المعارك مع الاتراك بجرح خطير بالعين اليمنى ومنحته الامبراطورة كاترينا الثانية لقاء بطولاته وسام القديس جورجيوس من الدرجة الرابعة وأرسلته الى خارج البلاد للعلاج"

• هو المارشال ميخائيل إيلاريونوفيتش كوتوزوف القائد العسكري الروسي البارز والدبلوماسي ونصير ألكسندر سوفوروف وبطل الحرب الوطنية مع نابليون عام 1812. والملقب بمنقذ روسيا وقاهر نابليون

- ولد في 5 سبتمبر/ايلـول عـام 1745 في مدينـة بطرسـبورغ. واتصفت اسرتـه بقـدم انحـدارها الذي يعود الى النبـلاء الـروس. وكان والده إيلاريـون كوتـوزوف جنرالا وعضوا في مجلس الشيوخ.

- تلقى تعليمه الاول في منزل ابيه. ثم التحق في عام 1759 بمدرسة المدفعية والهندسة للنبلاء، حيث كان والده يدرس مادة المدفعية. وتخرج مـن المدرسة في عـام 1761 برتبة ملازم مهندس، وتم تعيينه مرافقا للمحافظ العسكري لمقاطعة ريفيل (مدينة تالين المعاصرة).

- وفي عام 1762 تم تعيينه قائدا لسرية في فوج المشاة الـذي كـان يقـوده الكسندر سوفوروف القائد العسكري العظيم مستقبلا.

- شارك ميخائيل كوتوزوف عام 1767 في وضع مجموعة القوانين التي كان مـن شـأنها ان تثبت اسس الحكم القيصري المنور. ويبدو ان مشاركته في هذا العمل تعود الى اتقانه لعدة لغات اجنبية، بما فيها اللغات الالمانية والفرنسية واللاتينية.

- وشـارك ميخائيل كوتـوزوف في عـامي 1764 – 1765 في العمليـات الحربيـة التـي خاضها الجيش الـروسي ضـد الكونفيدرالية البولندية، ثم في الحرب الروسية التركية (1768 – 1774).

- في يوليو/تموز عام 1774 تم ايفاد كوتوزوف الى شبه جزيرة القرم ليقود كتيبة. فاصيب في احدى المعارك مع الاتراك بجرح خطير بالعين اليمنى ومنحته الامبراطورة كاترينا الثانية لقاء بطولاته وسام القديس جورجيوس من الدرجة الرابعة وأرسلته الى خارج البلاد للعلاج، حيث امضى كوتوزف سنتين منتهزا فرصة متاحة له لاتمام تعليمه.

وفي عام 1776 عاد كوتوزوف الى الخدمة العسكرية وتمت ترقيته عام 1784 الى رتبة لواء، بعد قمعه الناجح لانتفاضة التتار في القرم.

- شارك عام 1790 في اقتحام قلعة اسماعيل الذي كان يشرف عليها المارشال سوفوروف. ويقال ان كوتوزوف كان يقود احد الارتال المهاجمة للقلعة. وبمجرد صعود جنوده الى احد ابراج القلعة ابلغ كوتوزوف قائده سوفوروف ان الاتراك يغلبون عليه. لكن سوفوروف بعث اليه برسالة تفيد بانه قد ارسل ضابطا الى بطرسبورغ ليحيط الامبراطورة علما بان القلعة قد سقطت. فحث كوتوزوف جنوده على الانتقال الى الهجوم على العدو المتفوق عليه فسقطت القلعة بايدي الروس بالفعل. وترقى كوتوزوف بعد انتصاره على الاتراك الى رتبة فريق ومنح وسام القديس جورجيوس من الدرجة الثالثة.

- في عام 1792 تم ايفاد كوتوزوف الى القسطنطينية عاصمة الامبراطورية العثمانية سفيرا فوق العادة، حيث حل بعض المسائل الهامة لمصلحة روسيا وساعد في تحسين علاقاتها مع تركيا.

- في عام 1795 تم تعيين كوتوزوف قائدا عاما للقوات البرية والاساطيل والحصون في فنلندا ومديرا للكلية الحربية في آن واحد. وبذل كوتوزوف جهودا لا تستهان بها من اجل اتقان التدريب القتالي للضباط. وكان يقوم بتدريس الطلبة في التاريخ العسكري والتكتيك، وغيرها من المواد العسكرية. وكانت الامبراطورة كثيرا ما تدعوه ليشاركها في تناول وجبة العشاء والحديث معها. ويقال ان كوتوزوف حضر في غرفتها بالقصر وامضى معها آخر لحظاتها قبل الوفاة.

- تمكن كوتوزوف من البقاء في الخدمة الحكومية بعد وفاة كاترينا الثانية خلافا عن بقية المقربين. وتمت ترقيته الى رتبة فريق اول وإيفاده الى بروسيا ليترأس البعثة الدبلوماسية الروسية فيها. ونجح كوتوزوف في جذب بروسيا الى جانب التحالف ضد نابليون.

- تم تعيين كوتوزوف في عهد الامبراطور الكسندر الاول محافظا عسكريا لمدينة بطرسبورغ. لكن فيما بعد لم يحظ كوتوزوف برضا الامبراطور فتم اعفاؤه من منصب المحافظ، رغم انه ما زال قيد الخدمة العسكرية ويشغل منصب المشرف على فوج الرماة.

- دخلت روسيا عام 1804 التحالف المعادي لنابليون.وقام الامبراطور الكسندر الاول بارسال جيش الى النمسا، وترأسه كوتوزوف. لكن الجيش النمساوي الذي لم يلحق الانضمام الى الجيش الروسي منـي بهزيمة على ايدي نابليون في اكتوبر/تشرين الاول عام 1805. واضطر كوتوزوف الى ان يواجه بمفرده قوات نابليون المتفوقة على القوات الروسية في عدد الجنود. وقام كوتوزوف بمناورة ماهرة وسحب قواته من الحصار المحكم عليها، ثم اوصل قواته الى مؤخرة قوات المارشال مراد الفرنسي- والحق هزيمة به. وتعتبر هذه العملية مثالا للمناورة الاستراتيجية في تاريخ الفن الحربي. واقترح كوتوزوف على ألكسندر بان ينسحب الى الحدود الروسية ليزود الجيش بامدادات وينتظر قدوم الجيش النمساوي من إيطاليا الشمالية. لكن الامبراطوران الروسي والنمساوي اصرا على الانتقال الى الهجوم على نابليون مستندين الى تفوق ضئيل على القوات الفرنسية.

- في 20 نوفمبر/تشرين الثاني وقعت معركة أوستيرليتس حيث مني الجيشان الروسي والنمساوي بهزيمة تامة. واصيب كوتوزوف بجرح في الوجه. لم يتهم الامبراطور كوتوزوف بالفشل، اذ انه كان يدرك ذنبه ومنحه وسام القديس فلاديمير. لكنه لم يغفر لكوتوزوف هزيمته.
- في عام 1811 ترأس كوتوزوف قوات روسيا في حربها مع تركيا. وكانت تركيا حينذاك حليفة لنابليون وعلق نابليون آماله عليها. اذ عول على ان القوات التركية تقيّد قوات روسيا الرئيسية، مما يمنحه فرصة للانتصار عليها. لكن كوتوزوف الذي تألفت قواته من 15 الف جندي فقط الحق هزيمة ساحقة بقوات الوزير العثماني احمد اغا البالغ تعدادها 60 الف جندي، واضطره الى الاستسلام وعقد اتفاقية بوخارست للسلام في 4 مايو/آيار عام 1812، اي عشية نشوب الحرب الفرنسية الروسية. ومنح القيصر كوتوزوف لقب كونت الامبراطورية الروسية لقاء انتصاره على الاتراك.
- لم يشارك كوتوزوف في المرحلة الاولى للحرب مع نابليون التي بدأت في يونيو/حزيران عام 1812. واضطر الجيش الروسي الى الانسحاب تحت ضغط من القوات الفرنسية المتفوقة عليه.
- أخذ كوتوزوف بالحسبان التفوق الفرنسي في عدد الجنود والمدفعية فواصل اتباع تكتيك الانسحاب الى عمق روسيا. واستمر الحال كذلك حتى اقتراب القوات الروسية من موسكو، حيث قرر كوتوزوف الانخراط الى معركة عامة وقعت بالقرب من بلدة بورودينو في 26 اغسطس/آب عام 1812. والحق الجيش الروسي خسائر فادحة

بقوات نابليون. غير انه خسر هو ايضا نصف تعداده. وابدى الجنود والضباط والجنرالات الروس امثلة للبطولة والشجاعة، ولم يسمحوا للفرنسين بالتقدم نحو موسكو. لكن كوتوزوف قام ليلة 27 اغسطس/آب بتقييم الوضع تقييما موضوعيا واتخذ قرارا بالانسحاب الى منطقة ما وراء موسكو. ثم قام بمناورة واسعة ليصل الى مؤخرة القوات الفرنسية ويقطع عليها الطريق الى المناطق الجنوبية للبلاد.

- بعد دخول القوات الفرنسية موسكو حاول نابليون عقد اتفاقية سلام مع روسيا. لكن الامبراطور ألكسندر رفض ذلك. ومكث نابليون في موسكو حتى 7 اكتوبر/تشرين الاول عام 1812، ثم بدأ في سحب قواته منها، اذ انه كان يواجه حاجة ماسة في الامدادات التي عول على استكمالها في مدينة كالوغا في جنوب غرب روسيا. لكن كوتوزوف اوقفه في مدينة مالوياروسلافيتس والحق به الهزيمة، الامر الذي حمل نابليون على الانسحاب مرورا بطرق ومدن غربية لا تتوفر فيها اية امدادات. فخسر نابليون قسما اكبر من قواته اثناء الانسحاب من روسيا متعرضا لهجمات دائمة من قبل القوات الروسية من الجوانب، واضطر الى ترك قواته والفرار بمفرده الى فرنسا بعد فشلها في عبور نهر بيريزينا وغرق عدد كبير من الجنود الفرنسيين.
- منح القيصر قائده العام وسام القديس جورجيوس من الدرجة الاولى، وكان كوتوزوف اصبح اول من حاز على هذا الوسام بكامل درجاته.
- وصلت القوات الروسية في يناير/كانون الثاني عام 1813 الى حدود روسيا، ثم الى نهر ألبا الالماني، حيث اصيب كوتوزوف ببرد، مما

ادى الى وفاته في 16 ابريل/نيسان عام 1913. ووصل الامبراطور الكسندر قبل وفاة كوتوزوف ليودعـه. ويقـال انـه طلـب مـن كوتـوزوف ليغفـر لـه فقـال كوتوزوف" انا اغفر لجلالتك، لكن روسيا لن تغفر لك ابدا ".

نيك نيكولاس

الاعاقة: فقدان الاطراف

"لدي إيمان قوي، ولا أعـرف اليـأس أو الملـل، وقـررت ألا تقـف إعـاقتي عائقـاً أمـامي لتغيرني، وتعلمت أنني لست وحدي ذا إعاقة فجميع البشر لديهم إعاقـات، فـالخوف إعاقـة، والخجل إعاقة، والتردد إعاقة، والكمال لله وحـده، ولكـن الأمـل والثقـة والإرادة هـي الأشـياء الأساسية التي يجب أن يحصل عليها الشخص السوي في حياته، وهذه الأشياء لا فرق فيها بين معاق وغيره، وهي أشياء لا تشتري من السوق "

- في نبذة عن حياته الحافلة بالمآسي والنجاحات في وقت واحد، عرف نفسه للعالم بأنه نيك نيكولاس، أسترالي الجنسية، ويعيش حاليا في أمريكا، ودرس إدارة الإعلام، وحصل علي الدكتوراه في العقارات، وإدارة الإعلام، وحول حياته من حياة دون أطراف إلي حياة بلا حدود.وأضاف أنه حينما كان عمره 8 سنوات حاول الانتحار لأنه شعر بأنه وحيد ولكن أبيه وأمه كانا معجزة حياتي وقالا له إن الحياة اختياران إما المحاولة أو اليأس والفشل.
- حينما كان عمره 8 سنوات حاول الانتحار لأنه شعر بأنه وحيد ولكن أبيه وأمه كانا معجزة حياتي وقالا له إن الحياة اختياران إما المحاولة أو اليأس والفشل.
- بالنسبة لرد فعل والديه عندما ولد معاقا، قال :" أمي أصيبت بخيبة أمل لمدة 4 شهور لتقبل الموضوع، وتتخلص من الصدمة والإحساس بالذنب، وكانت دائماً تلوم نفسها لأنها جاءت بي معاقاً، خاصة أن الأطباء قالوا إنه من المستحيل أن أتحرك بمثل هذه الإعاقة، لكن والدي الذي كان يعمل قسا بالكنيسة كان مؤمناً بالله، يعلم أن الله لديه حكمة في ذلك، وشجع والدتي علي تخطي هذه المحنة، وأعظم شيء فعلاه أنهما كانا يعاملانني مثل أخي وأختي، ولم يفرقا في المعاملة بيننا علي الإطلاق، ودائماً كانا يقولان لي نظرتك لنفسك.. هي ما تجعل الآخرين ينظرون لك."
- يستطيع أن يفعل كل ما يقوم به الأصحاء، كالسباحة، وركوب الخيل، وكرة القدم والجولف، و القراءة والكتابة علي الكمبيوتر

- بالإضافة لإجادته للسباحه وركوب الخيل والجولف وكرة القدم ، فقد استطاع التغلب على إعاقته حتى أصبح رئيسا لواحده من أكبر المؤسسات الأهلية فى أمريكا التى ترعى الإعاقة وهى "attitudeisaltitude"، ورئيسا لشركتين من أكبر الشركات المعنية بمجال الاقتصاد فى استراليا. ويساعد نيكولاس كل صاحب إعاقه من خلال توفير المناخ الصحى والطبي للمعاقين وإمدادهم بالأجهزه التعويضية.وهو يجوب العالم حاليا سعيا وراء عمل علاقات مع الحكومات والمؤسسات الأهليه في مختلف أنحاء العالم لتغيير نظرة المجتمعات للمعاقين وتفعيل دورهم فى المجتمع، حيث قام بزيارة 19 دولة زار فيها مؤسسات رعاية المعاقين والملاجىء والسجون والمؤسسات المعنية برعاية الأطفال الأيتام، راجيا بذلك نشر الامل فى نفوسهم وتقديم الدعم لهم.وقد حضر إلى مصر بدعوه من قرية الأمل له وللاستاذه "ايفت البياض" الاعلاميه المقيمه بأمريكا، والتى أقامت أول برنامج حوارى تضمن قصة حياته وحقق نجاحا كبيرا في المجتمع الأمريكي، مما دعى كبرى مؤسسات الاعاقه الامريكيه "road of success" الى التضامن معه ومساعدته في تحقيق رسالته.

- يقول أنا لست سوبر مان، ومن الطبيعي أن تواجهني الكثير من الصعوبات، وفي عام 1990 غيرت الحكومة الأسترالية القانون، ولم يسمحوا للأطفال المعاقين بالذهاب للمدارس العادية، ولم تدفع أي مساعدات مالية لوالدي لمساعدتي علي إكمال تعليمي، ولكن أهلي قرروا أن يتكبدوا عبء مصاريف مدرس خاص لي، لأستكمل

تعليمي من المرحلتين الابتدائية والثانوية، وفي الجامعة كانت المصروفات غالية جداً وأهلي كانوا لا يقدرون علي دفعها بمفردهم، لـذا قامـت إحـدى الشركات الخاصة بمساعدتي علي استكمال تعليمي".

- وفي رده على سؤال حول أسباب عدم تفكيره في تركيب أطراف صناعية بعـد أن أصبح غنياً، قال :" لأنني عندما كان عمري 8 سنوات كان وزني 24 كيلو جراماً، وجسدي لم يتحمل ثقل الأطراف الصناعية
- " وعن الحلم الذي يسعى لتحقيقه، أجاب " كان نفسي أقود سيارة، وأنوي هـذا العام أن أتعلم قيادة السيارات، وأستطيع أن أركب خيلاً."
- من أقواله المأثورة: «أنا لا أستطيع أن أصافحك باليد لكنني ربما أطلب منـك أن تضمني» و«نحتاج أن نعرف أننا مميزون تماماً لأننـا متميـزون بالفعـل» و«نمـر أحياناً بأيام جيدة وأيام سيئة، لكن عندما يستهزئ بنا الناس لا يجـب أن نقلـق أنفسنا بما يقولون، إن الموضوع ليس كيف أبدو للناس بمظهري الخارجي، وإنمـا المهم من أنا وما هو جوهر شخصيتي».
- "لدي إيمان قـوي، ولا أعـرف اليـأس أو الملـل، وقـررت ألا تقـف إعـاقتي عائقـاً أمامي لتغيرني، وتعلمـت أننـي لسـت وحـدي ذا إعاقـة فجميـع البشر- لـديهم إعاقات، فالخوف اعاقـة، والخجـل إعاقـة، والـتردد إعاقـة، والكـمال لله وحـده، ولكن الأمل والثقة والإرادة هي الأشياء الأساسية التـي يجـب أن يحصـل عليهـا الشخص السوي في حياته، وهذه الأشياء لا فرق فيهـا بـين معـاق وغـيره، وهـي أشياء لا تشتري من

السوق "، بتلك الكلمات الجميلة التي تحمل مشاعر إنسانية راقية، عبر أشهر معاق في العالم عن تجربة فريدة في الاصرار والتحدي وقبـل كـل شيء الإيمـان بإرادة الله سبحانه وتعالى.

هوميروس

الاعاقة : العمى

"قيل أن اسم هوميروس يعني "الرهينة" أو "الأعمى" (أو الضرير) ".

❖ هوميروس شاعر إغريقي شهير وكاتب الملحمتين - الإلياذة والأوديسا

❖ - قام بتخليد حرب طروادة شعرا بدقة متناهية التي يعتقد حـدوثها العـام 1250 ق.م. ولم يكتف بذلك حتى أنجز ملحمة شعرية أخـرى تـروي مغـامرات أوديسيوس وهو عائد لوطنه بعد سقوط طروادة في القرن الثالـث عشرـ قبـل الميلاد.

❖ امتازت الإلياذة بسلاسة واضحة، وبلاغة لغوية راقية، وكان دقـة رسـم الملامـح من أهم خصائصها، إلى جانب حسن استخدام تقنية التصوير والتشـبيه، والتي أحصيت - بحسب المترجمين - إلى أكثر من مئة وثمانين تشـبيها، تعكـس الفعل الملحمي بدقة مفصلة.

❖ ويختلف المؤرخون في تحديد الـزمن التـي عـاش فيهـا هـوميروس، فمـنهم مـن يقول إنه عاصر حرب طروادة وشارك فيها أي أنه عاش في القرن الثالـث عشرـ ق.م. أما أرجح الأقوال فتؤكد أنه عاش في القرن الثامن أو العاشر ق.م، أي أنـه لم يعـاصر الحـرب ويـدل علـى ذلـك عـدم ورود اسـمه بـين أسـماء المحـاربين المشاركين في الحرب.

❖ من الناحية التاريخية يعتبر هوميروس هـو (شاعر الحضارة الاغريقية) الـذي كتب هاتين الاسطوريتين الاغريقيتين اليـاذة واوديسا علـى شكل ابيـات شعر. حسب اراء المؤرخين يقال انه عاش في قرن التاسع قبل الميلاد في منطقـة ايونـا التي تقع الان على الساحل التركي من بحر ايجه المنطقة التي يقال كانت فيهـا مدينة Troy

❖ في الحقيقة لا يوجد برهان تاريخي على وجود شخصية هوميروس في التاريخ او هل هو فعلا قام بتاليف الملحمتين؟ لكن معظم الاراء تميل على انه هو مؤلفها الحقيقي.

❖ بعد موت هوميروس اصبحت هذه القصائد الشعرية الطويلة مهمة بالنسبة للاغريق ،حيث كانت تردد في المراسيم والطقوس الدينية او مهرجانات الوطنية في زمـن كـلا الامبراطـوريتين الاغريقيـة والرومانيـة وكانـت الاعمـال العظيمـة والاحداث كلها تقاس بفكرة هاتين الملحمتين.

❖ اما عن حياة هوميروس نفسه لا يعرف شيء سوى انه كان راوي عظيم ورجـل ضرير

❖ تناول الشهرستاني كذلك هوميروس في "كتاب الملل والنحل" وعدّه "من القدماء الكبار الذي يجريه أفلاطون وأرسطو طاليس في أعلى المراتب، ويستدل بشعره لما كان يجمع فيه من اتقان المعرفة ومتانة الحكمة وجودة الرأي وجزالة اللفظ".

❖ قال أفلاطون عنه إن من بين الإغريق من يعتقد اعتقاداً راسخاً أن "هوميروس يستحق أن ينظر إليه كمعلم في مجال إدارة الشئون الإنسانية وتهذيبها، وأن على المرء أن ينسق حياته كلها مترسماً خطى هذا الشاعر".

❖ عرفت أشعار هوميروس بتأثيرها البالغ في الأدب والثقافة والتربية، والتي أصبح ينظر إليها على أنها أساس للأخلاق ومعين للعلم والمعرفة، عمل هوميروس على التدقيق والتهذيب في أساليبه الشعرية مما جعله دائم الارتقاء بها وقد ظهر هذا في ملحمتيه الشعريتين الخالدتين " الإلياذة والأوديسا" وهما عبارة عن قصتين شعريتين تمكن بهما هوميروس من احتلال مكانة بارزة في الأدب العالمي.

❖ تعددت آراء العلماء حول نشأة هوميروس فلا أحد يعلم على وجه الدقة شيء عن حياة هذا الشاعر، فمنهم من يرجع نسبه إلى عدد من الآلهة الإغريقية القديمة، ومنهم من يرجع نسبه إلى عائلة متواضعة الحال.

❖ يقال إن هوميروس قد مال في الصغر إلى سماع القصائد وحفظ الأناشيد، وأنه بدأ يتغنى بشعره فتم رفضه في بداية الأمر وذاق مرارة الفقر، ثم نبغ بعد ذلك وزاد إتقانه للأدوات الشعرية فوجد

الاستحسان والقبول من طبقة الأثرياء التي تنافست لدعوته للقصور من اجل التغني بأمجادهم والإشادة بتاريخهم هم وأسرهم وأبطالهم، ومن خلال ذلك تنقل هوميروس بين العديد من المدن الأمر الذي جعله يجمع قدر كبير من الثقافات والمعرفة عن عادات ومعتقدات مختلفة، مما جعل عنده رصيد ضخم من المعلومات والذي ساعده بعد ذلك على نظم العديد من القصائد التي تخلد المواقف والأحداث التاريخية.

❖ وتشير عدد من الروايات أن هوميروس ولد ضريراً أو أنه فقد بصره بعد ذلك، كما يقال إنه عمر طويلاً ومات بجزيرة تدعى "ايوس".

❖ اختلف العلماء في العصر الذي وجد به هوميروس فقال هيكاتيوس والذي يعد أول مؤرخ يوناني "أن هوميروس عاصر الحرب الطروادية والتي قام بوصف أحداثها، ويدل هذا على أنه ازدهر في منتصف القرن الثاني عشر ـ قبل الميلاد"، ولكن جاء هيرودت مخالفاً لهذا الرأي مؤكداً أن هوميروس ظهر في منتصف القرن التاسع، ثم ظهر رأي آخر جاء به السفسطائي "ثيوبوميوس" وجعله معاصراً للشاعر الهجائي أرخيلوخوس والذي ذاعت شهرته في منتصف القرن السابع قبل الميلاد وبالتالي كان لكل من المؤرخين الثلاثة رأياً مختلفاً عن الأخر.

❖ و جاءت الأبحاث بعد ذلك مؤيده لرأي هيرودت فعندما تم دراسة لغة هوميروس وجدوها لغة القرنين التاسع والثامن ق.م وليست لغة العصر الموكيني التي كانت ضاربة في القدم وتضم العديد من الألفاظ النادرة والكلمات العتيقة الغير مألوفة، كما أنها لم تكن لغة الشعر

الغنائي والتي تمتلئ بالحركة لتوافق الألحان الموسيقية، وكانت نتيجة هذه الدراسات أن هوميروس عاش في أواخر القرن التاسع ق.م بعد انتهاء حرب طروادة وقبل ازدهار الشعر الغنائي بقرون، فقام بوصف أحداث هذه المعركة بناء على الروايات التي سمعها والآثار التي شاهدها في ربوع اليونان، ثم قام بوصف الأحداث في لوحات تصور المجتمع الذي عاش فيه، والحضارات التي عاصرها، فقام بتسجيل حياة اليونانيين فيما بين القرن الثاني عشر وأوائل الثامن قبل الميلاد وقام بعرضها في أسلوب قصصي روائي يمزج بين الواقع والأسطورة.

هيلين كيلر

الاعاقة : العمى

"إن العمى ليس بشيء وإن الصمم ليس بشيء، فكلنا في حقيقة الأمر عمي وصم عن الجلائل الخالدة في هذا الكون العظيم". هيلين كيلر

❖ ولدت هيلين كيلر في مدينة (تسكمبيا) مـن أعـمال ولايـة (ألا بامـا) بالولايـات المتحدة الأمريكية عام 1880م.

❖ قبل أن تبلغ الثانية من عمرها أصيبت بمرض أفقدها السـمع والبصرــ وبالتـالي عجزت عن الكلام لانعدام السمع.اذ انها بعدما أتمت عامًا ونصف عام أصابتها حمى شديدة حار الأطباء في نوعها وعجـزوا عـن علاجهـا، ولم تمـض عـدة أيـام حتى دبت الحياة في جسد الصغيرة وعادت الحمرة تعلو وجنتيها.ولكن والديها اللذين غمرتهما الفرحة

بنجاتها لم يدركا أن المرض قد سلبها قبل أن يغادر جسمها أهـم حاستين وهـما حاستا السمع والبصر.

❖ تتمثل معجزة هيلين كيلر في أنها قهرت ظلمات ثلاث، وشـقت طريقها الـوعر بالإرادة الصلبة. وظلت قصة حياتها إلى يومنا الحالي مصدر إلهام للكثيرين، لم تكن إلا فتاة صماء عمياء بكماء، ومع ذلك فقد بلغت من الأهمية أن قال عنها مارك توين الأديب الأميركي الساخر: «أهم شخصيتين في القرن العشرين على الإطلاق هما: نابليون وهيلين كيلر.

❖ عاشت هيلين في سنواتها الأولى لا تفقه من الحياة غير حاجاتها الفطرية. ولم تجد الصغيرة طريقة للتواصل ببعض الإيماءات والإشارات البدائية، حتى إذا ما فشلت في التعبير عـن نفسـها والحصول على رغباتها انتابتها نوبـات غضب شديدة، وجنحت إلى البكاء والعويل وتحطيم كل ما يصادف طريقها .

❖ ووجـد أهلها أنفسـهم أمـام فتاة صعبة المـراس وأعيتهم الحيل في التعامـل معها.فسعت والدتها إلى تعليمها استعمال يديها في عمل إشارات تفصح بها جزئياً عما تود قوله.

❖ وضعها والدها في معهد للعميان، وطلبا من رئس القسم أن يرشدها إلى معلمة لهـا، فأرشـدها إلى (آن سـوليفان) التـي كانت قـد أصيبت أول عمرها بمرض أفقدها بصرها، ودخلت معهد العميان في الرابعة عشرة من عمرها، وبعد حين عاد إليها بصرها جزئياً.وقد التقت بعد انتهاء

دراستها بهيلين كيلر لتبدأ معها رحلة طويلة مثيرة هي أشبه بالأعجوبة وتمثل في الحقيقة أروع إنجاز تم في حقل تأهيل المعوقين.

- رحبت أسرة كيلر بالمعلمة سوليفان ترحيباً حاراً، وكانت هيلين آنذاك في جوالي السادسة من عمرها. بدأت سوليفان تعلمها الحروف الأبجدية بكتابتها على كفها بأصابعها واستعملت كذلك قطعاً من الكرتون عليها أحرف نافرة، كانت هيلين تلمسها بيديها وتدريجياً بدأت تؤلف الكلمات والجمل بنفسها.

- ثم في مرحلة ثانية أخذت سوليفان تلميذتها إلى معلمة قديرة تدعى (سارة فولر) تعمل رئيسة لمعهد) هوارس مان) للصم في بوسطن وبدأت المعلمة الجديدة مهمة تعليمها الكلام، بوضعها يديها على فمها أثناء حديثها لتحس بدقة طريقة تأليف الكلمات باللسان والشفتين.

- انقضت فترة طويلة قبل أن يصبح باستطاعة أحد أن يفهم الأصوات التي كانت هيلين تصدرها.لم يكن الصوت مفهوماً للجميع في البداية، فبدأت هيلين صراعها من أجل تحسين النطق واللفظ، وأخذت تجهد نفسها بإعادة الكلمات والجمل طوال ساعات مستخدمة أصابعها لالتقاط اهتزازات حنجرة المدرسة وحركة لسانها وشفتيها تعابير وجهها أثناء الحديث.وتحسن لفظها وازداد وضوحاً عاماً بعد عام فيما يعد من أعظم الانجازات الفردية في تاريخ تربية وتأهيل المعوقين.ولقد أتقنت هيلين الكتابة وكان خطها جميلاً مرتباً.

- ثم التحقت هيلين بمعهد كمبردج للفتيات، وكانت الآنسة سوليفان ترافقها وتجلس بقربها في الصف لتنقل لها المحاضرات التي كانت تلقى

وأمكنها أن تتخرج من الجامعة عام 1904م حاصلة على بكالوريوس علوم في سن الرابعة والعشرين.

- وكانت معلمتها الرائعة معها في قاعة المحاضرة تتهجى في يد هيلين بصبر متناه كل ما يقوله الأستاذ المحاضر، وفي المنزل كانت تنقب لها في القواميس عن معاني الكلمات الجديدة، وتقرأ لها مرات عديدة الكتب التي لم تكن مكتوبة بطريقة برايل .

- بعد مرورعام تعلمت هيلين تسعمئة كلمة، واستطاعت دراسة الجغرافيا بواسطة خرائط صنعت على أرض الحديقة كما درست علم النبات.

- وفي سن العاشرة تعلمت هيلين قراءة الأبجدية الخاصة بالمكفوفين وأصبح بإمكانها الاتصال بالآخرين عن طريقها.

- وبينما كان تيار من الماء البارد ينهمر على إحدى يدي كانت معلمتي تكتب بإصبعها على يدي الأخرى كلمة water في البداية ببطء ثم بعد ذلك بسرعة. وقفت ساكنة وكل تركيزي منصب على حركة أصابعها وفجأة شعرت بحالة وعي ضبابية لشيء كان منسياً، بالإثارة المصاحبة لفكرة عائدة، وهكذا تكشف أمامي غموض اللغة. وكم كانت فرحة هيلين عظيمة، وقد أصبحت تبصر- باللمس، ولم تعد إلى البيت إلا بعد أن سألت عن اسم كل شيء مرت به .

- منذ تلك اللحظة بدأت هيلين رحلتها مع المعرفة تلك الرحلة التي لم يكن زادها فيها إلا العزيمة والإصرار والإرادة. فتعلمت القراءة بطريقة برايل التي أصبحت متعتها المفضلة، وانكبت على الكتب تلتهم ما

تقرؤه أصابعها، وعن طريق القراءة تعلمت الكتابة وتمكنت منها بـل فاقـت في أسلوبها الأدبي أقرانها من المبصرين. عندما سـئلت عـن سـبب غرامهـا بالكتـب أجابت: لأنها تحـدثني عـن الكثير مـن الحقـائق الممتعـة عـن الأشياء التـي لا أستطيع مشاهدتها.

❖ كما أن الكتب بخلاف النـاس لا تتعـب ولا تتضايق فتظل تحـدثني المـرة تلـو الأخرى عما أود معرفته، ثم ما هي إلا فترة بسيطة حتى تسمع عن فتاة صماء استطاعت تعلم الكلام فأصرت على المحاولة والخضوع للتجربة، وبذلت العديد من المحاولات المضنية لتعلم المحادثة، وهي الفتاة الصماء التي لم تسمع الكلام فكانت تضع يديها على حنجرة المعلمة وشفتيها حتى تتبين مخارج الحروف. ورغم هذه المحاولات المستميتة فإن كلامها لا يفهمه إلا المقربون منها .

❖ دخلت هيلين الكلية لتدرس جنباً إلى جنب مع فتيات مبصرات متحدية إعاقتها وجميع من تنبأ بفشلها أو أشفق عليها مـن مـرارة الفشـل، لتكـون أول عميـاء صماء تنال درجة جامعية.

❖ كانت إلى جانب ثقافتها الواسعة تتقن أكثر من لغة قراءة وكتابة، فبالإضافة إلى الإنجليزية أتقنت الفرنسية والألمانية واللاتينيـة. وبعـد تخرجهـا دارت هيلـين ومعلمتها المخلصة في جميـع أنحـاء العالم تلقي المحاضرات وتقوم بحمـلات لجمع التبرعات للجمعيات التي تعنى بفاقـدي البصر– وتبصر– العـالم بحقـوق العميان .

❖ لازمتها سوليفان في جولاتها إلى أن توفيت عام 1936م.

❖ ألفت هيلين العديد من الكتب والمقالات التي نشرت في الصحف والمجلات والدوريات في تلك الأيام، والتقت جميع رؤساء الولايات المتحدة في عهدها، كما التقت بالعديد من الشخصيات المشهورة. ومنحت العديد من الأوسمة.

❖ ذاعت شهرة هيلين كيلر فراحت تنهال عليها الطلبات لالقاء المحاضرات وكتابة المقالات في الصحف والمجلات.

❖ بعد تخرجها من الجامعة عزمت هيلين على تكريس كل جهودها للعمل من أجل المكفوفين، وشاركت في التعليم وكتابة الكتب ومحاولة مساعدة هؤلاء المعاقين قدر الإمكان.

❖ ثم دخلت في كلية (رد كليف) لدراسة العلوم العليا فدرست النحو وآداب اللغة الانجليزية، كما درست اللغة الألمانية والفرنسية واللاتينية واليونانية. ثم قفزت قفزة هائلة بحصولها على شهادة الدكتوراه في العلوم والدكتوراه في الفلسفة.

❖ في الثلاثينات من القرن قامت هيلين بجولات في مختلف أرجاء العالم في رحلة دعائية لصالح المعوقين للحديث عنهم وجمع الأموال اللازمة لمساعدتهم، كما عملت على إنشاء كلية لتعليم المعوقين وتأهيلهم، وراحت الدرجات الفخرية والأوسمة تتدفق عليها من مختلف البلدان.

❖ توفيت هيلين عام 1968م عن عمر يناهز الثامنة والثمانين وهي من الخالدين، ولتكون دليلاً ناطقًا على أن إرادة الإنسان أقوى من الألم والمحن وظروف الحياة، ولتضرب لنا أكبر مثال على قدرة الإنسان على فلسفة الألم .

من اقوالها:"يتعجب كثير من الناس عندما أقول لهم باني سعيدة، فهم يتخيلون أن النقص في حواسي عبء كبير على ذهني يربطني دائماً بصخرة اليأس، ومع ذلك فإنه يبدو لي أن علاقة السعادة بالحواس صغيرة جداً فإننا إذا قررنا في أذهاننا أن هذا العالم تافه يسير جزافاً بلا غاية فإنه يبقى كذلك ولم تتبدل صورته، بينما نحن إذا اعتقدنا أن هذا العالم لنا خاصة وأن الشمس والقمر يتعلقان في الفضاء لنتمتع بهما فإن هذا الاعتقاد يملأنا سروراً.

يعقوب عليه السلام

الاعاقة : العمى

ضريح يعقوب عليه السلام

"وَتَوَلَّى عَنْهُمْ وَقَالَ يَا أَسَفَى عَلَى يُوسُفَ وَابْيَضَّتْ عَيْنَاهُ مِنَ الْحُزْنِ فَهُوَ كَظِيمٌ 84)"({يوسف: 84} هو يعقوب بن إسحاق بن إبراهيم.. اسمه إسرائيل.. كان نبيا إلى قومه.. ذكر الله تعالى ثلاث أجزاء من قصته.. بشارة ميلاده.. وقد بشر الملائكة به إبراهيم جده.. وسارة جدته.. أيضا ذكر الله تعالى وصيته عند وفاته.. وسيذكره الله فيما بعد - بغير إشارة لاسمه- في قصة يوسف.

- لم يفصل القرآن الكريم من قصة يعقوب سوى حزنه على فراق يوسف، لذلك فإن ما يذكر في الكتب عن يعقوب منقول من التوراة والاصحاحات.فيعقوب ورد اسمه في القرآن الكريم في عشر سور: البقرة وآل عمران والنساء والانعام وهود ويوسف ومريم والانبياء والعنكبوب وص.ولم ترد حكاية عماه الا في سورة يوسف.

- أما نسبه فهو يعقوب بن اسحاق بن ابراهيم عليهم السلام، وأمه رفقة بنت بتوئيل ويقال بأن يعقوب هو أحد توأمي نبي الله اسحاق وهما عيسى- ويعقوب الذي يسمى اسرائيل ايضا.

- عاش يعقوب عند خاله لابان في العراق، فزوجه بنتيه لئيل وراحيل، ولابان عندما زوجهما من يعقوب اهدى كلا منهما جارية. وهما بدورهما أهدتا الجاريتين الى يعقوب الزوج، وبذلك صار يعقوب لأربع زوجات هن: ليئل وراحيل وزلفا وبلهة. اما ليئلفقد أنجبت له روبين وشمعون ولاوي ويهوذا ويساكر وزبولون.

- وأما راحيل فأنجبت له يوسف وبنيامين، كما أنجبت له بلهة دان ونفتالين،وأنجبت زلفا جاد وأشير، وبذلك صار يعقوب في غمضة عين زوجا لأربع زوجات وأبا لاثني عشر ولدا عرفوا بالاسباط فيما بعد.

❖ ولنقف مع يعقوب عدة وقفات أيضا:

1- لم يخرج يعقوب الى خاله بعيدا عن أبويه لولا جفوة عيسى توأمه له، فهو كان يرى ان يعقوب أحب الى قلب أمه فكان يكرهه، لذلك فإن أباه اقترح عليه ان يبتعد فأخذ باقتراحه ولم يعد الى مسقط رأسه الا بعد ان تزوج وعرف ان عيسى لان قلبه قليلا.

2- كانت راحيل والدة يوسف وبنيامين أحب الى قلب يعقوب، لأنه أرادها زوجة له من البداية، لولا ان خاله قال: لا أزوجك الصغرى قبل الكبرى، فطلب منه يعقوب ان يزوجه إياها فقال اخدمني عشر سنوات اخرى أزوجك إياها والآن تزوج لئيل فتزوجها، ثم تزوج راحيل بعد عشر سنوات.

3- كان يوسف الاحب الى قلب يعقوب، وقد كان يرى فيه النجابة وأثر النبوة، وهذا لم يرض إخوته فكادوا له فافتعلوا قصة الذئب.

قاسى يعقوب من فقد يوسف كثيرا، ولكن ربما كان هو السبب لأنه قرب يوسف وأخاه بنيامين اكثر، مما جعل إخوته يفكرون في التخلص منه، وقبل ان يقدموا على فعلتهم رأى يوسف رؤيا فقال: (إِذْ قَالَ يُوسُفُ لِأَبِيهِ يَا أَبَتِ إِنِّي رَأَيْتُ أَحَدَ عَشَرَ كَوْكَبًا وَالشَّمْسَ وَالْقَمَرَ رَأَيْتُهُمْ لِي سَاجِدِينَ(4)) {يوسف: ٤ }، عندئذ أحس يعقوب بخطورة الموقف فقال ليوسف:(قَالَ يَا بُنَيَّ لَا تَقْصُصْ رُؤْيَاكَ عَلَى إِخْوَتِكَ فَيَكِيدُوا لَكَ كَيْدًا إِنَّ الشَّيْطَانَ لِلْإِنْسَانِ عَدُوٌّ مُبِينٌ){يوسف:5 } ذهب الاخوة ونفذوا مؤامرتهم واتفقوا على ان الاسلوب الأمثل ان يوضع يوسف في

الجب فلعل قافلة تلتقطه وتأخذه بعيدا عن عيونهم وعين أبيه، فاحتالوا على الأب المسكين وأخذوا يوسف بحجة انه سوف يخرج معهم للتنزه، فقال الأب(قَالَ إِنِّي لَيَحْزُنُنِي أَنْ تَذْهَبُوا بِهِ وَأَخَافُ أَنْ يَأْكُلَهُ الذِّئْبُ وَأَنْتُمْ عَنْهُ غَافِلُونَ(13) قَالُوا لَئِنْ أَكَلَهُ الذِّئْبُ وَنَحْنُ عُصْبَةٌ إِنَّا إِذًا لَخَاسِرُونَ(14) {يوسف: ١٣ - 14. نعم ذهبوا به ووقع ما توقعه يعقوب فألقوه في الجب وجاؤوا يبكون ويتصنعون بالدم الكذب وقالوا الذئب أكله.- لم يصدقهم يعقوب وقال:(وَجَاءُوا عَلَى قَمِيصِهِ بِدَمٍ كَذِبٍ قَالَ بَلْ سَوَّلَتْ لَكُمْ أَنْفُسُكُمْ أَمْرًا فَصَبْرٌ جَمِيلٌ وَاللَّهُ الْمُسْتَعَانُ عَلَى مَا تَصِفُونَ(18) {يوسف: 18}.

- هذه الحادثة لم تمر على يعقوب بسلام، فحزن حزنا شديدا، وبكى حتى عميت عيناه واستسلم لقضاء الله.

● نعرف مقدار تقواه من هذه الإشارة السريعة إلى وفاته.. نعلم أن الموت كارثة تدهم الإنسان، فلا يذكر غير همه ومصيبته. غير أن يعقوب لا ينسى- وهو يموت أن يدعو إلى ربه.. قال تعالى في سورة (البقرة): (أَمْ كُنْتُمْ شُهَدَاءَ إِذْ حَضَرَ يَعْقُوبَ الْمَوْتُ إِذْ قَالَ لِبَنِيهِ مَا تَعْبُدُونَ مِنْ بَعْدِي قَالُوا نَعْبُدُ إِلَهَكَ وَإِلَهَ آبَائِكَ إِبْرَاهِيمَ وَإِسْمَاعِيلَ وَإِسْحَاقَ إِلَهًا وَاحِدًا وَنَحْنُ لَهُ مُسْلِمُونَ) (133االبقرة: ١٣٣ } إن هذا المشهد بين يعقوب وبنيه في ساعة الموت ولحظات الاحتضار، مشهد عظيم الدلالة.. نحن أمام ميت يحتضر.. ما القضية التي تشغل باله في ساعة الاحتضار..؟ ما الأفكار التي تعبر ذهنه الذي يتهيأ للانزلاق مع سكرات الموت..؟ ما

الأمر الخطير الذي يريد أن يطمئن عليه قبل موته..؟ ما التركة التي يريد أن يخلفها لأبنائه وأحفاده..؟ ما الشيء الذي يريد أن يطمئن -قبل موته- على سلامة وصوله للناس.. كل الناس..؟

ستجد الجواب عن هذه الأسئلة كلها في سؤاله(مَا تَعْبُدُونَ مِنْ بَعْدِي)هذا ما يشغله ويؤرقه ويحرص عليه في سكرات الموت.. قضية الإيمان بالله. هي القضية الأولى والوحيدة، وهي الميراث الحقيقي الذي لا ينخره السوس ولا يفسده.. وهي الذخر والملاذ.

قال أبناء إسرائيل:(قَالُوا نَعْبُدُ إِلَهَكَ وَإِلَهَ آَبَائِكَ إِبْرَاهِيمَ وَإِسْمَاعِيلَ وَإِسْحَاقَ إِلَهًا وَاحِدًا وَنَحْنُ لَهُ مُسْلِمُونَ).. والنص قاطع في أنهم بعثوا على الإسلام.. إن خرجوا عنه، خرجوا من رحمة الله.. وإن ظلوا فيه، أدركتهم الرحمة.

مات يعقوب وهو يسأل أبناءه عن الإسلام، ويطمئن على عقيدتهم.. وقبل موته، ابتلي بلاء شديدا في ابنه يوسف.

- توفي يعقوب عليه السلام بعد ان بلغ 180 سنة ودفن في الخليل بفلسطين.

المراجع

1. الإصابة في تمييز الصحابة – ابن حجر العسقلاني.
2. الأعلام، خير الدين الزركلي.
3. الأغاني، أبو فرج الأصفهاني.
4. الأمالي : للشيخ الصدوق.
5. (ايقظ قدراتك واصنع مستقبلك)، الدكتور إبراهيم الفقي.
6. البداية والنهاية – ابن الاثير.
7. تاريخ الطبري الطبري.
8. البداية والنهاية، للإمام إسماعيل بن كثير الدمشقي.
9. تهذيب الكمال، جمال الدين المزى.
10. البداية والنهاية، لابن كثير.
11. بشار بن برد ، تأليف عبد القادر المازني.
12. تاريخ ابن عساكر ، ابن عساكر.
13. تاريخ العلوم عند العرب ، للأستاذ حكمت.
14. تاريخ الأدب العربي، للدكتور بلاشير.
15. تاريخ الأدب العربي ، لحنا فاخوري.
16. تاريخ بغداد ، للخطيب البغدادي.
17. تاريخ الإسلام، للذهبي ((عهد معاوية)).
18. تجربة الشعر العربية للدكتور صلاح فضل.
19. تزيين الأسواق في أخبار العشاق ، للعلامة داود الأنطاكي.
20. تهذيب التهذيب، لابن حجر.

21. توماس إديسون ، عبدالحليم منتصر.

22. الثقات، لابن حبان.

23. دراساتي في تاريخ العلوم عند العرب، حكمت نجيب عبدالرحمن.

24. ديوان بشار بن برد – الشيخ محمد الطاهر بن عاشور.

25. ذوو الصعوبات السمعية وكيفية ربطهم بالمجتمع: سلمان ظافر الشهري.

26. رحلة الشعر من الأموي للعباسي، للدكتور مصطفى الشكعة ببيروت 1971 م.

27. سير أعلام، الذهبي.

28. شذرات الذهب، ابن العماد الحنبلي.

29. صفين، ابن مزاحم 126.

30. طبقات الشعراء، ابن المعتز.

31. الطب عند العرب والمسلمين، الدكتور محمد حاج قاسم.

32. العمدة: ابن رشيق.

33. الغدير: الأميني.

34. معجم الشعراء، المرزباني.

35. مصادر التاريخ الإسلامى ومناهج البحث فيه، سيدة إسماعيل كاشف.

36. مختصر تاريخ دمشق، لابن عساكر.

37. معجم الأدباء، ياقوت الحموي.

38. مشكاة الأنوار، محمد البحراني.

39. مؤجج الأحزان، عبد الرضا.

40. المعوق والمجتمع في الشريعة الإسلامية، سعدي أبو حبيب.

41. المفاتيح العشرة للنجاح، ابراهيم الفقي.